U0135817

# 社會學動動腦

## *Thinking Sociologically*

SOCIOLOGICALLY

Zygmunt Bauman ⊙ 原著

朱 道 凱 ⊙ 翻 譯

孫 中 興 教 授 ⊙ 審 訂

*Copyright © Zygmunt Bauman,1990*
*Originally published by Blackwell Publishers Ltd.,1990*
*Reprinted 1991,1992,1993(twice),1995,1996...*
*Complex Chinese Language Copyright ©2002 Socio Publishing Co., Ltd.*
*All Rights Reserved*

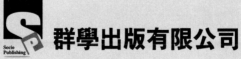

群學出版有限公司

ZYGMUNT BAUMAN

國家圖書館出版品預行編目資料

社會學動動腦 / Zygmunt Bauman 原著；朱道凱
翻譯. —— 一版. —— 台北市： 群學，
2002[民91]
　　面 ；　　公分.
含索引
譯自：Thinking Sociologically
ISBN 957-30710-4-5（平裝）

1．社會學

540　　　　　　　　　　　　　　　91010679

# 社會學動動腦

原　著：*Thinking Sociologically*

著　者：Zygmunt Bauman

譯　者：朱道凱

審訂者：孫中興

總編輯：劉鈐佑

發行人：劉鈐佑

出版者：群學出版有限公司
　地址：台北市重慶南路一段61號7樓712室
　電話：(02)2370-2123
　傳真：(02)2370-2232
　e-mail: socialsp@seed.net.tw
　網址：http://socio.com.tw
　信箱：台北郵政 39-1195 號信箱
　郵撥：19269524 群學出版有限公司

印刷者：權森印刷事業社

2002.08 一版 1 印　　　　定價：新台幣 250 元
2005.10 一版 6 印

著作權所有　翻印必究

# 編輯體例

【內文部份】原文常見的專有名詞和人名均以黑體表示，較不常見的專有名詞則以斜體表示（常見與較不常見為作者之分類）。繁體中文版為適應中文特性改為三種表示法，原文則視情況附加：

1. 常見專有名詞：黑體外加括號如 **「互惠」**（recipriocity）；

2. 人名：皆以黑體表示。如**帕深思**（Talcott Parsons）；

3. 較不常見專有名詞：黑體，不加括號。如**破壞性共同體**（destructive Gemeinschaft）。

【索引部份】原文較不常見的專有名詞以斜體表示，人名則為黑體。本譯本保留原文的表示法，中譯不需另作處理。


# 編輯室說明

本書做了一個小小的實驗：我們特別邀請非社會學專業的朱道凱小姐來翻譯，因為這本書本來就是要讓門外人來一窺社會學堂奧的，其次，我們認為社會學不可能也不應該獨立於社會之外或之上（作者主張社會學式思考有別於常識，但這不是在說社會學應自築象牙塔，與社會隔絕），社會學與社會之間應該形成互動關係。因此我們敦請朱道凱小姐來幫我們檢驗社會學術語和社會之間的落差，之後請台大社會系孫中興教授幫忙校訂，然後譯、校、編三方再共同討論。最後再由譯者重校一遍視文義脈絡，選擇一種譯法，然後由編者將其他常見譯法列入索引當中。之所以由譯者決定，不僅因為譯者要為譯文負責，而且因為譯者在本實驗中亦是一位本書設定的閱讀對象。在不失社會學原味的情況下，我們希望讀者不會望社會學而生怯。如同本社另一本大家都喜歡的《見樹又見林》，《社會學動動腦》裡的社會學亦是生活的、可實踐的，而不是刻板的、術語化的。本書略深，思辨過程跌宕有致。至於實驗結果，簡單說就融在這本書裡面了。

# 致　謝

Tim Goodfellow, Simon Prosser, Tracy Traynor 以及
Kate Chapman 和 Hellen Jeffrey，各以其方式（激發想
法、婉轉的刺激、專業的指點，或在編輯及在其工作上
的專注），對於本書的出品，都有所貢獻。不提這些名
字，本書不能算功德圓滿。

　　另外還有難以計數的人，他們的名字在此無法一一
列出，本書從構思、書寫到出版，都蘊有他們的心血。
尤其是我的同事和學生們：這本書就是在與他們對談中
產生的。思考和寫作，再怎麼私密，仍有其社會意義。

# 目 錄

致謝 ...................................................iv

前言：社會學——目的何在？ ...........................1

第 *1* 章　自由與依賴 .................................23

第 *2* 章　我們與他們 .................................43

第 *3* 章　陌生人 .....................................61

第 *4* 章　一起與分開 .................................81

第 *5* 章　禮物與交換 .................................101

第 *6* 章　權力與選擇 .................................121

第 *7* 章　自我保護與道德責任 .........................143

第 *8* 章　自然與文化 .................................161

第 *9* 章　國家與民族 .................................183

第 *10* 章　秩序與混亂 ................................203

第 *11* 章　過日子 ....................................223

第 *12* 章　社會學方法與手段 ..........................245

再接再厲：進一步讀物 .................................267

索引 .................................................275

前言：社會學──目的何在？

*Thinking Sociologically*

社會學動動腦

1　　　我們可以從不同的方向來思考什麼是社會學。最簡單的辦法是，想像圖書館裡面有一長排書架，架子上密密麻麻塞滿了書。每一本書的書名或副標題或目錄中，都有「社會學」三個字（當初圖書館管理員會把這些書擱在這兒，原因即在於此）。書上印了作者的名字，作者則一概自稱「社會學家」（即他們的正式頭銜是社會學教授或社會學研究員）。當我們想到這些書和這些作者的時候，我們想到了一堆知識，那是經年累月從事社會學研究工作和教學累積下來的知識。所以我們把社會學想像成一種具約束力的傳統——一套浩瀚經卷，凡是新來乍到者，無論是否希望以社會學家為畢生志業，或只是想一窺社會學奧妙，都必須咀嚼之、消化之、據之為己有。或者，我們可以想得更美，想像社會學還包括一群前仆後繼的新來者（畢竟，書架上總是不斷有新書添入），想像它是一個綿延不絕的活動——一種永續的關懷，一項不斷以新經驗來檢視前人的智慧，一個不停往累積的知識中添加新東西，並在過程中改變那套知識的演進過程。

　　　這種思考社會學的方法，似乎再自然、再明顯也不過。畢竟，那是我們回答任何「什麼是X」之類問題的慣常反應。舉例來說，如果有人問我們：「什麼是獅子？」，我們會伸出手指，指著動物園獸欄裡關著的某一個動物，或書上的某一張圖片。如果有一位不懂英文的人問我們：「什麼是pencil？」，我們會從口袋裡掏出一隻鉛筆給他看。在獅子與鉛筆這兩個例子裡，我們尋找並指出某一個字（word）與某一件物（object）

2　的連結關係。我們用字彙來**指涉**（referring）物件，用字彙來代表物件；每一個字為我們指引了一個特定的物件，不管該物

是動物，還是書寫工具。找到問題中的那個字所指涉的物件（亦即，找到那個字的**指示對象**〔referent〕），是回答原始問題的正確與有用的答案。一旦我取得了這一類的答案，我就知道如何使用一個我過去不熟悉的字了，我知道那個字指什麼東西，兩者有什麼樣的相關性，在什麼條件下發生關係。這一類答案教給我的恰是如此：如何使用某一個字。

指給我看我問的那個字的指示對象，並不能教給我關於那個對象本身的知識。我只知道此物長什麼樣子，因此下一回再看到它的時候，我能夠一眼認出它來，知道它就是那個字所代表的東西。所以這種指指點點的方法能教給我的有限，而且相當有限。知道一個字所指的對象之後，我可能立刻忍不住要問：「這東西有什麼獨特的地方？跟其他東西有什麼不同，以致它可以名正言順地叫另一個名字？」你說這是一頭獅子，不是老虎。這是一支鉛筆，不是鋼筆。如果叫這個動物為獅子是叫對了，叫牠做老虎則是叫錯了，那麼獅子身上一定有什麼特點，是老虎身上所沒有的（使獅子成為獅子，使老虎不是獅子的特點）。獅子與老虎之間，一定有某些**差異**可以區別牠們。唯有發掘這個差異，我們方知獅子真正是什麼——這跟知道「獅子」一詞代表什麼物件是兩碼子事。

所以以上關於什麼是社會學的初步答案，不可能令我們完全滿意。我們需要再想一想。既然我們已經知道「社會學」一詞代表一個知識體（a body of knowledge），也知道有些行業一邊使用那套知識，一邊增進那套知識，現在我們必須繼續追問關於那套知識和那些行業的問題。它們有什麼獨特的地方，使它們非「社會學」莫屬？它們與其他知識體，與其他使用和

製造知識的行業有何不同？

的確，當我們環顧圖書館內擺滿社會學書籍的架子時，我們首先注意到，這些書架的四周還有其他書架，架上貼的標籤不是「社會學」。在大多數大學圖書館裡，你會發現緊鄰著社會學的書架，多半貼著「歷史」、「政治學」、「法律」、「社會政策」、「經濟學」的標籤。圖書館管理員把這類書架放在鄰近的地方，也許是好心替讀者的舒適和便利著想。他們假設（或我們猜他們如此假設），瀏覽社會學書籍的讀者，偶爾會伸手拿一本擱在，譬如說，歷史或政治學書架上的書；發生此事的機率，可能大於他們在物理或機械工程的書架上找書的機率。換句話說，圖書館管理員假設社會學研究的主題，與「政治學」或「經濟學」之類學科所代表的知識體，多少有些相近之處；而且，社會學書籍與左鄰右舍書籍的差別，比起社會學與譬如化學或醫學書籍的差異，似乎較不顯著、較不清晰，而且較非毫無爭議。

不管圖書館管理員是否真的如此好心，總之他們做對了。在他們安排下當了鄰居的這些知識體，的確有不少共通之處。它們一致關心**人造世界**（human-made world）：刻畫人類活動的痕跡，若非人類行動，不可能存在的部分世界或世界層面。歷史、法律、經濟學、政治學和社會學，一概討論人類行動及人類行動的後果。在這一層上，它們趣味相投，為了這個理由，它們確實應該歸在一處。可是，如果這些知識體探索的是同一個領域，那麼如何區分它們呢，如果真的能區分的話？什麼是它們的「關鍵差異」（that difference which makes the difference）──把它們分成不同學科，冠上不同名字的道理

何在？我們憑什麼堅持歷史不是社會學，政治學也不是社會學，既然它們如此相似，並且有共同的基礎和興趣？

猛然被問到這類問題，我們很容易脫口而出一個簡單的答案：知識體的區別，一定是反映調查領域上的區別。人類行動或行動層面一定有所不同，知識體的區別不過是認清這個事實而已。所以我們很想說，歷史是關於過去發生的，如今不復存在的行動，社會學則關注目前的行動，或不會隨著時間而改變的普遍行動素質；人類學告訴我們發生在距離我們很遙遠，跟我們不大一樣的社會中的人類行動，社會學則專注於發生在我們社會的行動（不管我們社會指的是什麼），或不會因社會不同而改變的行動層面。至於社會學的其他一些近親，這個「顯然」的答案就不是如此顯然了，但我們還是可以試著作答如下：政治學多半討論與權力和政府有關的行動；經濟學研究的行動，與資源之使用、貨財之生產與分配有關；法律則關心管制人類行為的規範，以及如何闡述這些規範，使之成為人人遵守的義務，如何執行……。慢著，如果沿著這條思路下去，我們遲早會得出一個結論：社會學是一門剩餘學科，專門揀別的學科不處理的東西。其他學科的顯微鏡底下看的東西愈多，社會學愈沒有東西可談；似乎在「外在世界」，在人類世界，只有有限的事實等著被分類、被撿拾，按照它們各自的特性，被專門的研究學門揀拾而去。

這類「顯然」的答案，和其他大部分表面上不證自明和顯然為真的信仰一樣，毛病在於，除非我們克制自己，不去追究其中包含的一切必須默認才能接受的假設，否則就不會是顯然答案。所以讓我們試著追溯，我們當初究竟是如何看出那個答

案是顯然的答案。

　　我們怎麼知道人類行動分成幾個不同的類型，這個念頭到底從何而來？來自事實上人類活動已經被如此分類，而且每一類活動已經各自取好一個不同的名字了（所以我們知道什麼時候談政治，什麼時候談經濟，什麼時候談法律事務，而且知道去什麼地方找什麼東西）；也來自事實上已經有一群信譽卓著的專家、飽學和德高望重的人士，宣稱他們在此類或彼類活動上，獨佔研究、發表高見、指導或建議的權利。但是，讓我們再深究下去，我們又怎麼知道人類世界「本身」是什麼，亦即，尚未被我們分成經濟、政治或社會政策之前，並且獨立於這種分類之外的世界是什麼樣貌？有一點可以肯定，這個念頭絕不是來自我們自己的生活經驗。一個人不會此時此刻活在政治之中，下一刻又活在經濟之中；當一個人從英國出發，去南美洲旅行時，他不會一下子從社會學跳進了人類學；過生日那天，他也不會突然從歷史轉入社會學。如果我們能夠如此分類自己的經驗，如果我們能夠說出此時此地的行動屬於政治，而另一個行動則具有經濟性質，那只是因為我們事先已經被教會如此區分了。所以我們真正知道的，並不是世界本身，而是我們自己對世界做了什麼事情；不妨這麼說吧，我們只不過是把自己想像的世界(image of the world)付諸實踐，用我們從語言和訓練中得來的一塊塊積木，整整齊齊地疊起一個世界模型。

　　於是我們可以說，學術科目的分類，反映的並不是人類世界的自然區隔。相反的，那是研究人類行動的學者之間的分工（這個分工是靠各學科的專家互相區隔，加上各團體有權自行決定什麼東西屬於或不屬於自己的控制範圍，而獲得支持與強

化），投射在我們心中，繼而運用在我們行為上的人類世界心靈地圖（mental map of the human world)。此一分工，給我們生活的世界帶來了架構。因此，如果我們希望揭開謎底，找到「關鍵差異」的藏身之地，我們最好去看看那些完全雷同的學科，也就是起初讓我們覺得僅是反映自然世界架構的學科，在實踐方法上有啥不同。現在我們可能猜測，也許正因為它們有不同的實踐方法，才形成不同的學科；若說學術科目的分類反映了什麼，則其反映的方向恰恰與我們方才的假設相反。

不同學科的實踐方法有何不同？首先，無論它們選擇的研究題材是什麼，在對待研究題材的態度上，它們甚少差別或毫無差別。它們一致宣稱自己在處理研究題材上，遵守相同的行為規則。它們努力蒐集一切相關**事實**（fact），盡力保證所蒐集的事實是正確的，經過再三查證，因而相關資訊是可靠的；它們力求用清晰明確、不致引起誤解的方式，陳述自己關於該事實所做的主張，並證明自己的主張經得起任何證據的考驗，包括它們自己推論出來的證據，以及未來可能出現的任何證據；它們力圖預防或排除自己提出的或擁護的主張可能存在的矛盾，以免出現兩個主張不能同時為真的情形。簡言之，他們一致努力履行自己的諾言，以**負責任**的方式（亦即，咸信通往**真理**的方式）獲取和呈現自己的研究結果。而且他們都做好了心理準備，萬一不符合這套標準，就必須接受批判和撤回主張。因此各學科對於什麼是專家工作及其註冊商標—學術責任—的認知與實踐，並無不同。在大部分其他學術工作層面上，恐怕也找不到什麼差異。所有自稱是，且被肯定是學者專家的人，似乎都運用類似的策略來蒐集和處理事實：他們觀察其研究對象在

自然棲息環境中的情形（譬如，觀察人類在家裡、在公共場合、在工作或娛樂場所的「正常」日常生活），或在特別設計與嚴格控制的實驗條件下的反應（譬如，觀察人類在刻意設計的環境中的反應，或要求人們回答一些經過特別設計，以排除不必要干擾的問題）；另外，它們也採用從前的類似觀察所留下的證據（譬如教區紀錄、人口普查數據、警局檔案等等），做為自己的事實。所有學者一致採用同一個普遍邏輯原則，就自己蒐集和查證的事實，引申和證實（或推翻）結論。

因此，我們尋找「關鍵差異」的最後一線希望，似乎存在於各學術科目特有的問題當中，那些問題左右了不同學科的學者，在觀察、探索和描述人類行動時，所採取的角度（**認知觀點**cognitive perspectives）；亦存在於他們在整理這類問題所產生的資訊時，以及在彙整那些資訊，組成一個關於人類生活既定部分或層面的模型時，所採用的**原則**。

7　　例如經濟學，非常粗略來說，主要是觀察人類行動之成本與效益的關係。經濟學可能從稀有資源管理的觀點來觀察人類行動，人類行動者（actors）希望取得和利用稀有資源，以替自己創造最大的利益。因此經濟學看到的行動者之間的關係，屬於財貨與服務的創造和交換層面，而受到供需關係的調節。最後，經濟學把它的發現整理成一個模型，用來描述資源的創造、取得和如何在各種需求之間進行分配的流程。另方面，政治學則往往更關心如何改變其他行動者的實際或預期行為，或是被其他行動者的實際或預期行為所改變的人類行動層面（這種衝擊通常稱做權力或影響力）。政治學從權力和影響力不對稱的觀點來考慮人類行動：有些行動者在互動關係中特別突

出，相較於他們的夥伴，其行為改變的程度更為顯著。政治學可能圍繞著諸如權力、支配、權威等概念來組織它的發現，而這些概念全部指涉互動關係中各方在遂其所願上的機會差別。

經濟學和政治學關切的事情（其他人類科學追逐的興趣亦然），對社會學來講毫不陌生。你只消看一眼任何社會學系學生的參考書單就知道了，書單中肯定包括了不少自稱是，且被歸類為歷史學者、政治學者、人類學者所寫的書。不過社會學和其他社會研究學科一樣，有自己的認知觀點，有自己一套調查人類行動的問題，以及自己一套詮釋的原則。

我們可以做出第一個和暫時性的總結如下：使社會學不同於其他學科，並賦予它獨特性格的關鍵差異，在於社會學習慣把人類行動看成**較大形構的組成元素**（elements of wider figurations），而所謂較大形構，是指一群非隨機性聚集的行動者，交織而成的**互相依存**網（a web of mutual dependency）（依存性是一種狀態，在此狀態下，人們採取行動的或然率和行動成功的機率，會隨著其他行動者是誰、做了什麼或可能做些什麼而改變）。社會學家關心的問題是，交織在一起這回事，對於人類行動者的可能與實際行為會產生什麼後果。這個興趣形塑了社會學的調查對象，因此形構、互依網、行動之交互制約（reciprocal conditioning of action）、行動者之自由擴張或自由限制，遂成為社會學念茲在茲的課題。單一行動者如你我，被社會研究看成互依網中的單元（units）、成員（members）或夥伴（partners）。我們可以說，社會學的核心問題是，人不管做什麼或可能做什麼均需依賴他人，此事到底有什麼重要性？人永遠活在（且不得不活在）其他人類的陪伴

之中，永遠與其他人類進行溝通、交換、競爭與合作，此事到底有什麼重要性？正是這一類的問題（而不是專門為了研究而挑選的一群人或一堆事件，也不是遭到其他學科忽略的一組人類行動），構成了社會學論述的特殊領域，並且界定社會學為一門相對獨立的人類與社會科學分支。我們可以如是結論，社會學最主要是一種**思考人類世界的方式**；原則上，人可以用不同的方式來思考同一個世界。

在不同於社會學的其他思考方式當中，所謂「**常識**」（common sense）佔有一席特殊的地位。比起其他學術科目，社會學與常識（我們靠它過日子的那套豐富而雜亂無章、沒有系統，往往難以言喻和無法形容的知識）的關係，或許更加糾纏不清、問題重重，對社會學的地位與實務造成決定性的影響。

的確，很少科學如此亟於釐清自己與常識的關係，大部分科學甚至視常識如無物，遑論受到常識的困擾。大部分科學只需要釐清自己與其他科學——同自己一樣值得尊敬、系統化的研究路線——之間的分界線，或自己與其他科學之間的橋樑就夠了。它們不覺得自己和常識有多少共同基礎，多到必須劃清界線或建立橋樑的地步。而你不得不承認，它們對常識的漠不關心乃合情合理。物理或化學或天文學或地理談論的東西，常識幾乎無置喙餘地（就算插得上嘴，還是靠科學本身的謙讓，以便讓門外漢也能領悟和瞭解深奧艱澀的科學發現）。物理學家或天文學家探討的題目，幾乎從來不會出現在尋常男女的視線之中，可以說不存在於你我的日常經驗內。所以我們這些門外漢、尋常老百姓，除非有科學家的協助——確實，除非在他們

指導之下，否則不可能對這些事務有什麼意見。這類科學探索的對象，僅僅出現在非常特殊的情況中：在價值數百萬元的加速器銀幕上，在巨型望遠鏡的鏡頭上，在一千呎深的井底，外行人根本接觸不到。唯有科學家能看到它們、實驗它們；這些物件和事件，是特定科學學門（甚或它的菁英從業人員）的壟斷財產，除了同行，絕不跟任何人分享。經驗提供了研究素材，而科學家是唯一擁有此經驗的人，所以科學家能夠完全控制研究素材的處理、分析和詮釋。固然研究結果必須接受其他科學家的嚴格檢驗，但也僅止於其他科學家的檢驗而已。它們不必和輿論、常識或其他任何形式的非專業觀點搶地盤，原因很簡單，在他們研究和發言的領域，不存在輿論，也不存在常識性的觀點。

　　社會學的境遇自嘆不如。從事社會學研究，用不上巨型加速器或遠程望遠鏡之類的東西。提供素材給社會學研究的經驗──構成社會學知識的材料，完全是一般人在日常生活中的經驗；是原則上人人接觸得到，雖然實際上未必會去接觸的經驗；是尚未放在社會學家的放大鏡底下，已經被某個人生活過的經驗，那個人不是社會學家，沒有受過社會學訓練，不會使用社會學語言，也不會從社會學觀點來看問題。畢竟，我們每個人都活在旁人的陪伴之中，而且彼此互動。我們每個人都心知肚明，我們擁有的一切，完全仰賴他人的作為。我們每個人都不只一次嘗過與朋友和陌生人溝通不良的痛苦經驗。社會學談的任何事情，早已在我們的生活之中。而且必然如此，否則我們應無可能過我們的日子。為了與他人共同生活，我們需要大量的知識，而常識正是那套知識的名字。

10

儘管如此，日復一日爲生活奔波忙碌，我們很少有空停下來，想一想我們所經歷的事情的意義，甚至更少機會去比較自己的經驗與他人的命運，去發掘**個人身上的社會性**（the social in the individual），去尋找**特殊事件的普遍性**（the general in the particular）；這些正是社會學家能夠爲我們做的。我們期待社會學家告訴我們，我們的**個人生命史**，如何與人類共同**歷史**交織在一起。然而，無論社會學家能否做到這一點，他們別無起點，只能從他們與你我共享的日常生活經驗出發，只能從滲透我們每個人日常生活的未加工知識開始。光憑這一點，就足以讓社會學家在效法物理學家和生物學家，冷眼旁觀他們的研究對象（亦即把你我的生活經驗當做「身外之物」，如同一位超然、公正的觀察者所當爲）之餘，卻仍舊斬不斷他們的圈內人的知識，不能完全自外於他們試圖理解的經驗。無論多麼努力嘗試，社會學家無可避免地站在他們努力詮釋的經驗的兩面，「出乎其外又入乎其內」。（你可曾注意到，社會學家在寫研究報告和闡述普遍命題的時候，經常用「我們」兩個字。「我們」代表了包括研究者本人和研究對象在內的一個「物件」。你能想像物理學家用「我們」來表示他自己和分子嗎？或天文學家用「我們」來概括他自己和星星嗎？）

這還不是全部呢，社會學與常識還有其他糾纏不清的關係。現代物理學家或天文學家所觀察和理論化的現象，是以一種天眞素樸的姿態出現，未經加工處理，不受標籤、現成定義和預先解釋的拘束（除非那些解釋是當初設計實驗，好讓現象顯示出來的物理學家預先提供的）。那些現象等著物理學家和天文學家來給它們命名，把它們和其他現象歸在一處，結合成一個

井然有序的整體；簡言之，賦予它們**意義**（meaning）。但是在社會學的領域，很少出現這般乾淨、嶄新、從來沒被賦予意義的現象，即便有也是鳳毛麟角。社會學家探索的人類行動與互動，已經被行動者本人命了名和理論化了，不管那個理論多麼散漫、多麼辭不達意。在社會學家開始觀察它們之前，它們已經是常識討論的對象了。家庭、組織、家族、鄰里、城市與村落、民族與教會，以及其他種種由於正常人類互動而集結的群體，已經被行動者賦予意義和重要性了，所以行動者在行動中稱呼它們的時候，是意識清楚地表達那種意義。外行的行動者和專業的社會學家，皆必須使用相同的名稱和相同的語言來談它們。社會學家可能用到的每一個詞彙，皆已駄負了沈重的意義，那是「平常」人如你我的常識所賦予它們的意義。

由此可知，社會學與常識的關係過於親密，乃至社會學無法像化學或地理之類的科學那般不食人間煙火似的對常識處之泰然。你與我都可以高談闊論人類互依性和人類互動，而且擺出一副權威的樣子。難道那些題目不是我們每個人都實踐和經驗的事情嗎？社會學論述門戶大開，雖不是一直敞開門歡迎人人進來，但也沒有清楚標示的界限，或有效的邊防。既然界限不清，就無法保障安全（不像科學，科學探討的對象，外行人根本接觸不到），社會學對社會知識的主權，社會學家針對研究主題發表權威性言論的權利，也許永遠受到挑戰。這便是為什麼在社會學知識範圍與一向充滿社會學概念的常識之間劃一條清楚的界線，是如此重要的原因所在，此事關係了社會學的身分能否成為一套凝聚的知識體；這也是為什麼社會學家對此事的關切，遠勝於其他科學家的原因所在。

永遠的対拉者？

社會學與常識——你我過日子用的「未加工」知識——在
處理共同話題，即人類經驗上，有無不同之處？我們可以想到
起碼四個相當重要的差異。

首先，社會學（不像常識）刻意遵守「**負責言論**」
（responsible speech）的嚴格紀律，這個紀律被認為是科學的
一個屬性（科學與其他咸認為較鬆散、較難自我控制的知識體的
區別）。這表示，我們期待社會學家小心翼翼地，以人人看得
清楚、聽得明白的方式，仔細區分根據有效證據的陳述與尚未
證實的論點，後者頂多只能算是暫時、未經考驗的臆測。社會
學家應當克制自己，不把純粹基於個人信仰的理念（縱使是最
虔誠、最熱情擁抱的信仰），不實地表述為經過測試的發現，
具有普受尊敬的科學權威。負責言論的紀律，要求個人「工作
室」——導出最後結論，並且號稱可以保證可信度的整個程序
——敞開大門，接受無限度的公共檢驗；它必須永遠歡迎任何
人前來複製測試，以便證明它的發現是錯誤的。凡是負責的言
論，也必須關切在此話題上的其他言論；其他人既然已經發表
看法了，你就不能等閒視之或沉默以待，不管你多麼強烈反對
那個觀點，多麼不屑做出回應。一旦誠實地、一絲不苟地遵守
負責言論的規定，接踵而至的命題，其可信度、可靠性和最後
的實際有用性，即使不能百分之百保證，亦可望大幅增加。我
們對於科學背書的信仰之所以有共同信心，主要是基於我們期
待科學家會切切實實地遵守負責言論的紀律，而且科學界整體
會確保它的每一位成員，在每一個場合，遵守負責言論的紀
律。至於科學家本人，則指出負責言論的美德，有利於提升科
學知識的優越性。

　　第二個差異，與採集資料以供判斷的**「場域大小」**（size of the field）有關。對我們大多數非專業人士來說，採集資料的場域，限於我們自己的生活世界：我們所做的事情，我們遇到的人，我們爲自己設定的目標，我們猜測別人爲他們自己設定的目標。我們鮮少刻意把自己提昇到一個更高的層次，超越自己平素關心的事務，以便擴大自己的經驗範圍，因爲那樣做需要時間和資源，而我們大多數人負擔不起或不願意下此功夫。然而，生活形態形形色色，有無數變化，純粹基於個人生活世界的經驗，必然是局部的，極可能是片面的。要矯正這個缺點，唯一辦法是收集和比較來自各式各樣生活世界的經驗。唯有如此，個人經驗的不完整性方會暴露出來，與個人經驗盤根錯節糾纏在一起的依賴與互連網，也才會暴露出來，那個網路伸展之遠，遠超過個人傳記視野所及的範圍。擴大視野的整體效果是，你會發現個人傳記與廣大社會流程密不可分，個人可能不知道那些流程的存在，而且肯定無法控制之。爲此，社會學家所追求的比個人生活世界寬廣得多的觀點，可以產生巨大的影響，影響不僅是數量上的（更多數據、更多事實，以統計數字取代個案研究），而且是品質上及知識運用上的。對於你我之輩汲汲營營於人生目標，苦苦掙扎企圖掌控自己命運之人，社會學知識所能提供的幫助，是常識做不到的。

　　社會學與常識的第三個差異在於，兩者**「理解」**（making sense）人類現實的方法不同；在於它們如何爲自己解釋，爲什麼發生此事而非彼事，或爲何事態如此。我想，你（和我差不多）從自己的經驗得知，你是自己行動的「作者」；你知道你的所作所爲（雖然未必是你的行動後果），是你的意圖、希望

或目的所產生的效果。你做的事情，通常是爲了達到一個你渴望的境界，無論你的願望是想擁有一樣東西，或贏得老師的讚美，或讓你的朋友停止戲弄你。你考慮自己行動的方法，自然而然地成爲你理解其他一切行動的模型。你把其他人的行動，歸因於根據你自己經驗所知的其他意圖，以此來向自己解釋那些行動。當然了，這是我們唯一能夠理解周遭人類世界的方法，如果我們的解釋工具純粹取材於個人生活世界的話。我們很容易把大千世界發生的每一件事，想成某某人刻意行動的後果。我們尋找那位應該替事件負責的人，一旦找到了，我們就相信答案已經找到了。我們假定，我們喜歡的每一件事背後一定有某人的善意，而我們討厭的每一件事背後一定有某人的惡意。我們很難接受，有的形勢並不是一位可以辨認的「某人」的刻意行動造成的；我們相信，只要某地的某人願意採取正確的行動，任何討厭的情形都可以改善，我們不肯輕易放棄這個信念。那些最常向我們解釋世界的人——政治人物、媒體記者、廣告人——摸清楚了我們這個脾氣，於是夸夸而談「國家需要」或「經濟需求」，好像國家或經濟是按照個人尺寸訂製的，可以有自己的需要和提出自己的要求似的。另方面，他們把民族、國家和經濟體系的複雜問題（深嵌在這類形構本身的結構之中），描述成少數人的思想與行爲的後果，那些人你叫得出名字，經常上鏡頭和接受訪問。社會學反對這種個人化的世界觀。因爲社會學研究始於**形構**（figurations）（依存網），而非個人行動者或單一行動，它證明了用「有動機的個人」（motivated individual）這個尋常比喻來理解人類世界，包括我們自己徹底個人化和私密的思想與行爲世界，乃是不恰當

的。當你從社會學的角度來思考時，你會透過分析各式各樣的人類互依網來理解人類狀況，而人類互依網這個最難纏的現實，還可以解釋我們的動機，而且可以解釋動機催化的效果。

最後，讓我們回想一下常識何以有這麼大的力量，能夠影響我們認識世界、認識自己的方法（常識免受質疑及自我肯定的能力）。常識的力量來自格言諺語，有一種不證自明的特性。這種特性繼而仰賴日常生活例行公事、千篇一律的特性，而此特性既滋養我們的常識，同時又從常識中汲取養分。只要我們按部就班做我們每天做的慣性動作，我們就不需要多少自我反省和自我分析。當你重複做某一件事，做多了之後，那件事就會變得很熟悉，而熟悉的事情是理所當然不需要解釋的；它們不會變成問題，不會引起好奇。在某個意義上，你看不到它們的存在。沒有人會去質疑它們，因為人們接受了「事情本來如此」、「人的本性如此」，你能奈之如何。熟悉感是好奇心與批判性最頑強的敵人——因此也是創新與勇於改變的天敵。當社會學碰到了熟悉世界，那個被習慣和反覆主張、自我肯定的信仰所統治的世界時，社會學扮演的角色是好管閒事，經常惹人討厭的陌生人。它吹皺一池春水，攪亂了舒適安寧的生活，因為它喜歡問一大堆「本地人」從來沒有聽過，遑論回答的問題。這類問題把顯而易見的事情，變成大惑不解的謎題：把熟悉的事情「**去熟悉化**」（defamiliarize the familiar）了。突然之間，我們每天過日子的方式必須接受檢驗。如今看來，那個方式只是諸多可能的方式之一，而不是唯一的生活方式，不是「自然」的生活方式。

不是每個人都樂見自己過慣的日子遭到懷疑和干擾；很多

15

人會憎恨去熟悉化的挑戰，因為「天下本無事」，它卻偏偏堅持做理性分析。（還記得吉卜林〔Kipling〕小說中的那條蜈蚣吧。蜈蚣本來用牠的一百隻腳走得好好的，直到一個馬屁精開始讚美牠的敏銳記憶力，說牠永遠不會在踏完第三十七隻腳之後，接著踏第八十五隻腳，或在該踏第十九隻腳的時候，踏下第五十二隻腳……可憐的蜈蚣，就這樣活生生的被弄得進退失據，從此再也不會走路了。）有些人也許覺得受辱，他們一向熟知和引以為豪的生活，現在貶值了，甚至變得一文不值和惹人訕笑，這種震撼，沒有人會喜歡。但不管這種憎恨心理如何可以理解，去熟悉化也有它的好處。最重要的是，它揭開了嶄新的、意料之外的可能性，用更自覺、更全面的方式過日子的可能性——或許也是更多自由與控制的生活方式。

凡是認為用更自覺的方式過日子是值得一試的人，都會樂見社會學的幫助。社會學雖然跟常識保持固定與親密的對話，卻立志克服常識的侷限性；常識天生傾向於關閉可能性，社會學則努力打開被常識關閉的可能性。當社會學討論和挑戰我們共有的常識時，它也可能喚起和鼓勵我們去重新評估自己的經驗，去發掘更多的可能詮釋，而最後使我們變得更具批判性，不向現狀或我們自以為是的現狀（或毋寧說，從未想過那不是現狀）低頭。

你可以說，社會學思考的藝術，對我們每一個人的最大貢獻是，使我們更**敏感**；它靈敏了我們的感官，開拓了我們的眼界，使我們能夠探索過去視而不見的人類狀況。一旦我們明白我們生活中看似自然、不可避免、永恆不變的層面，其實是人類力量和人類資源的操作所致，我們就再也難以接受那些層面

是人類行動——包括我們自己的行動在內——改變不了和滲透不了的。你可以說，社會學思考本身是一股力量，一股**反固定化**（anti-fixating）的力量。它打破了一成不變的壓迫感，恢復了世界的彈性；它顯示世界面貌大可以和今天不同。你可以辯稱，社會學思考的藝術，可以擴大你我的**自由**（freedom）的範圍與實效。一旦學習和精通了這門藝術，個人可能變得比較不容易被操縱，比較不易屈服於外在壓迫和管制，比較可能抗拒被號稱不可抗拒的力量固定化。

社會學思考的意思是，稍微更完整地瞭解我們周遭的人，瞭解他們的渴望與夢想，他們的憂慮和他們的苦難。然後我們或許會更體諒他們做為個人的獨特性，甚至更尊重他們和我們一樣的，做自己愛做的事情的權利：選擇和實踐自己喜歡的生活方式，決定自己的人生計劃，界定自己，以及最後但非最不重要的一點，誓死捍衛自己的尊嚴。我們會瞭解，當其他人在做上述這些事情的時候，他們碰到的困難和我們一樣，因此我們知道，他們的痛苦與焦慮也會和我們一樣。到頭來，社會學思考很可能促進我們的**團結**，一種基於共同瞭解和互相尊重的團結，團結在我們共同抗拒苦難和同聲譴責製造苦難的殘酷行為之中。如果能夠達到這個效果，那麼自由的理想便會提昇到人類**共同**目標的層次，因而更加壯大。

社會學思考也可能幫助我們瞭解其他生活形態，那是我們的直接經驗無法觸及的，而且常以刻板印象（stereotype）潛入常識之中，以片面、偏見式的滑稽形象，嘲諷和我們不同的人（遠方的人，或因為我們的厭惡或猜忌而保持距離的人）過日子的方式。洞悉和我們不同的生活形態的內在邏輯與意義，

也許能夠促使我們重新思考劃分我們與他人、「我們」與「他們」的那條界線，是否真的如傳聞所說的那般牢不可破。最重要的是，它可能促使我們懷疑那條界線是否自然，是否命中注定。新的瞭解，很可能使我們比過去更容易與「他人」溝通，而且更可能導致共識。它可能促使我們用容忍來取代恐懼與對立。新的瞭解亦有助於我們的共同自由，因為不能保證我的自由大於所有人的自由；這也表示其他人可以選擇運用他們的自由，過一種和我不一樣的生活。只有在這樣的條件下，我們才能行使自己的選擇自由。

基於上述理由，社會學所強調的把個人自由奠立在集體自由的堅實基礎上，藉此強化個人自由的觀念，遂被認為有「**動搖**」（destabilizing）既有權力關係（通常被既有權力捍衛者稱之為社會秩序）的嫌疑。這便是為什麼政府和其他控制社會秩序的掌權者，經常給社會學戴上「政治不忠」帽子的原因（尤其是決意箝制人民自由和摧毀人民反抗力量的政府，因為若要人民服從，就必須把箝制自由形容成「必要的」、「不可避免的」或「唯一合理做法」）。當你目擊新一波攻擊社會學「顛覆力量」的運動再度掀起時，你可以十分有把握地假設，另一波旨在打壓人民能力，使他們無力反抗高壓管制的攻勢即將展開。無獨有偶，這類攻擊社會學的運動，常常和嚴刑峻法同時出籠，後者的目的是消滅殘存的自我管理形式和集體權利自衛的形式，換言之，消滅個人自由的集體基礎。

有人說，社會學是無權無勢者的力量。不過，這個說法並非一貫正確。取得社會學式的理解，並不能保證你能化解和消弭人生「冷酷現實」的頑抗力量；理解的力量，無法抗衡結合

了強制與認命、順服的常識所構成的壓力。然而，若無社會學式的理解，個人生活管理和共同生活環境的集體管理獲得成功的機會，恐怕更加渺茫。

　　我懷了一個目的寫這本書：幫助你我這樣的普通人透視我們的經驗，並證明顯然熟悉的生活層面，可以用新奇的方法來詮釋，用不同的眼光來看待。書上每一章討論一個日常生活層面，討論我們天天面對，但沒有空或沒有機會去深入思考的兩難問題與抉擇。每一章的用意是喚起你做這樣的思考；不是「糾正」你的知識，而是擴大它；不是用不容懷疑的真理來取代錯誤，而是鼓勵你嚴格檢驗過去不假思索就全盤接受的信仰；是提倡自我分析的習慣，是督促你懷疑那些偽裝成確定無疑的觀點。

　　因此這本書是為了個人用途而寫的──幫助你了解我們人類在日常生活中碰到的種種問題。在這一層上，這本書和其他許多關於社會學的書籍不大一樣：它是按照日常生活的邏輯而編排的，而不是根據研究日常生活的學術科目的邏輯。專業社會學者所鑽研的題目，有很多是出於他們在自己的「生活形態」（亦即專業社會學者的生活）中碰到的問題，對於這些題目，書上只簡略提到或完全忽略。另方面，有些事情只沾到一點點社會學智慧主體的邊，書上卻著墨甚多，根據它們在外行人生活中所佔的份量，而予以適當的篇幅。因此學術機構研究和教授的完整社會學面貌，不會在這本書出現。如果你希望對社會學有全盤的認識，則需要參考其他教科書；我在書後提供了一些這方面的建議。

　　一本旨在評論日常經驗的書，不可能寫得比經驗本身更系統化。所以書中敘述方式是兜圈子打轉，而不是沿著直線發展。有些話題談過之後，又因爲後來討論的東西，而回頭再檢討一次。這正是我們理解任何事物的方式。在理解過程中，每往前跨一步，都有必要回頭看看上一步。剛以爲自己完全瞭解了，卻又暴露出先前沒有想到的問題。這個流程可能永無止境，但在反覆探索的過程中，可以學到很多東西。

# 自由與依賴

*1*

*Thinking Sociologically*

社會學動動腦

20　　　既自由且不自由，可能是我們最普遍的經驗。或許也是最令人困惑的經驗。毫無疑問，它是社會學企圖解開人類狀況之謎當中，最深奧難解的一個。確實如此，整部社會學發展史，泰半可以解釋成破解這個謎題的奮鬥史。

　　　我自由，因為我可以選擇，而且我確實自己做選擇。我可以繼續讀這本書，或休息一下，喝一杯咖啡。或把書一扔，出門散步去也。不僅如此，我還可以把修社會學，修到一張大學文憑的計畫拋到九霄雲外，乾脆去找一份工作算了。因為我大可以做其他所有事情，而我卻繼續讀這本書，堅持自己當初決定唸社會學，唸到大學畢業的志願，肯定是我的選擇所致；是我從諸多可能的選項中挑選出來的行動方向。我做決策，故我自由。沒錯，「**自由**」（freedom）的意思就是決策和選擇的能力。

　　　即使我很少花時間考慮我的選擇，在做決定之前，也很少好好調查有沒有其他的替代方案，三不五時的，別人還是會提醒我我的自由。他們告訴我：「這是你自己的決定，除了你，沒有人需要為後果負責」，或者「誰強迫你來的？除了你自己，你又能怪誰！」假如我做了別人禁止，或通常避免去做的事情（譬如說，違反某項規定），我可能會受到懲罰。懲罰確定了我必須為自己的作為**負責**（responsible），確定了只要我願意，我能夠克制自己不去違反規定。例如，我能夠準時上學，21　而不是無故曠課。有的時候，我被告知我的自由（乃至我的責任）的方式，可能比前面的例子更讓我難以接受。例如，我可能被告知，我長期失業在家，錯完全在我，如果我夠努力的話，我一定可以自食其力。或者，如果我肯打拼，肯埋頭苦

*（手寫）or 正確，二總比沒做好*
*過於以權思考，还有更大的社会影响*

幹，我可以有完全不同的人生際遇。

　　如果最後這幾個例子尚不足以讓我停下來，想一想我是否真的擁有自由和掌控自己的生命（我可能費了九牛二虎之力找工作，但還是找不到，因爲根本沒有公司在雇人；或者我可能用盡一切辦法轉換工作跑道，卻仍舊被擋在我想進去的那個行業門外），一定還有其他許多經歷，斬釘截鐵地告訴我，我的自由其實有限。那些經歷告訴我，自己立定志向，並且誠心誠意追求目標是一回事，能否坐言起行和達到我渴望的目標，完全是另一碼子事。

　　首先，我學到其他人可能和我一樣追逐同一個目標，因爲僧多粥少，所以不是人人都能夠達到目標。果眞如此，我便會發現自己捲入競爭之中，而競爭結果，不是單憑個人的努力就能夠決定的。譬如說，我可能報考大學，卻發現大學招生錄取比率是二十人取一人，而且大部分考生都符合所有的入學條件，也都很理性地運用他們的自由——規規矩矩進考場、答考卷，做考生被要求做和期待做的一切事情。此外，我發現我和其他考生的行動後果操之在人，操之在決定今年招多少名新生，以及改考卷、判斷考生程度的那些人的手中。那些人既制定遊戲規則，又擔任遊戲裁判：在決定誰勝誰負這件事上，他們說了算數。他們擁有自行裁決的權利——自己選擇與決策的自由，而這一回，他們決定的是我和我的競爭者的命運。他們的自由，似乎給我的自由劃下了界限。我依賴他們決定自己行動的方式，因爲他們的選擇自由給我的處境帶來了一個未知數。22 那是一個我無法控制的因素，卻嚴重影響了我的努力成果。我依賴他們，因爲他們控制了那個未知數。畢竟，最後宣判我是

否夠努力、夠資格進大學的人是他們。

其次，我學到光有決心和美意，但沒有付諸行動和貫徹到底的手段，仍不足以成事。舉例來說，我可能效法「良禽擇木而棲」，好不容易搬到遍地工作機會的南部，去了之後，才發現那兒的房價和租金貴得嚇人，遠遠超出我的財力範圍。或者，我可能厭倦吵雜擁擠的都市住家環境，而希望搬到空氣清新、綠草如茵的郊區，卻再度發現我根本動彈不得，因為座落在令人垂涎的好區的房子，價錢不是我負擔得起。還有，我可能對我孩子就學的學校很不滿意，希望他們能夠獲得更好的教育。可是我住的學區只有這一所學校，我聽人家說，如果我希望孩子受更好的教育，就必須送他們去上經費更多、設備更好的私立學校，那兒的學費，通常比我的全年收入還要高。這些例子（以及你自己隨便一舉就能夠舉出一大堆的例子）說明的是，僅有選擇自由，不能保證有效實踐個人選擇的自由，更不能保證達到預期結果的自由。為了能夠自由行動，除了自由意志，還需要資源。

錢是最常見的資源。但錢不是行動自由所依賴的唯一資源。我可能發現，實踐我的願望的自由，並不是取決於我**做**了什麼，或甚至我**擁有**什麼，反而取決於我**是**什麼人。例如，我可能被某個俱樂部擋駕，或不被某公司雇用，原因出於我的素質──比如種族、性別、年齡、族裔或國籍。這些屬性無一取決於我的意志或行動，無論我擁有多少自由，都無法改變它們。另外，我能不能加入俱樂部，會不會被雇用，是否被學校錄取，可能取決於我過去的成就（或缺乏成就）：我以前拿到的技術或學位，或我在上一份工作待了多長時間，或我累積了

哪一種性質的經驗，或我小時候學過但忘了差不多的方言。果 23
眞如此，我的結論可能是，這些資格條件跟自由意志和替自己
行動負責的原則不符，因爲欠缺技術或光榮就業紀錄，是我過
去抉擇的延續後果。現在我根本改變不了它們。我今天的自
由，被我昨天的自由限制了；我被我的過去行動「**決定**」
（determined）了——過去的行動拘禁了目前的自由。

　　其三，我可能發現（肯定遲早會發現），生爲英國人，英
語是我的母語，我覺得住在英國，和英國人相處，最讓我感到
舒適自在。在別的地方，我不確定我的行動會產生什麼後果，
不肯定我該有什麼樣的言行舉止，因此我感覺不自由。我不能
輕易與人溝通，不知道別人的行爲代表什麼意義，不確定如何
表達我的意願和達到我希望的結果。不僅在訪問別的國家時如
此，在其他許多場合，我也有同樣坐立不安的感覺。出生工人
階級家庭，和富裕、中產階級的鄰居相處，可能令我感到渾身
不自在。或身爲天主教徒，我可能發現自己不能適應比較放
任、寬鬆，把離婚與墮胎當做家常便飯的習俗。倘若我有時間
思考這類經驗的話，我的結論恐怕是，讓我覺得最如魚得水的
群體，同時也限制了我的自由——使我必須依附他們來取得我
的自由。置身於這個群體，我才能夠充分行使我的自由（意思
是，唯有在這個群體當中，我才能夠正確地盱衡形勢，才知道
如何選擇其他人贊同，而且適合那個形勢的行動方向）。我適
應我所屬群體的行動環境，適應得如此之好，事實上侷限了我
在其他環境的行動自由，一旦離開我所屬的群體，來到遼闊、
界限模糊，往往讓人退避三舍和害怕的空間，我就失去行動自
由了。我的群體把我按照它的方法和手段訓練好了，使我能夠

行使我的自由。但同樣的，它也把我行使自由的範圍限制在它
自己的疆域之內。

　　所以在自由這件事上，我所屬的群體扮演了一個曖昧的角
色。一方面，它**使**我自由；另方面，它**圈定**我的自由範圍，束
縛了我。它使我自由，因為它傳授給我，哪一類的欲望可以被
我的群體接受，同時符合群體內部的「現實」；它教我如何選
擇合適的手段來追求那些欲望，並賦予我正確解讀形勢的能
力，使我知道哪些人可能對我的行動結果造成影響，使我能夠
準確地順應他們的行動與意圖。在此同時，它限定我可以行使
自由而不逾矩的範圍，由於我擁有的許多資產完全拜其所賜，
一旦我冒險跨出自己群體的疆界，闖入一個陌生的環境，那兒
的人追求不同的欲望，對於什麼是合適的手段有不同的解讀，
而且其他人的行為與意圖之間的關係，也和我習以為常的不同，
於是我從我的群體取得的寶貴技術，頓時從資產變成負債。

　　但是，如果我能夠且願意徹底想清楚我的經驗的話，這不
會是我下的唯一結論。我會發現一件讓我甚至更迷惑的事情：
那個在我的自由中扮演如此曖昧但關鍵角色的群體，通常不是
我自己自由選擇的。我是該群體之一員，因為我誕生於其中。
我行使自由的範圍，本身並不屬於自由選擇的範圍。使我成為
一個自由人，並且繼續保衛我的自由範疇的那個群體，在未經
邀請之下，控制了我的生命（我的慾望、我的目的、我會採取
什麼行動和克制什麼行動等等）。成為該群體的成員，並不是
我 行 使 自 由 的 結 果 。 相 反 的 ， 它 說 明 了 我 的 **從 屬**
（dependence）。我從來沒有決定當法國人，或變成黑人，或屬
於中產階級。我可以冷靜或認命地接受我的宿命，或視之為天

之降大任於斯人也,而珍惜它,熱烈擁抱它,決心好好利用它
──宣傳我的法國味道,或吹噓黑人之美,或謹慎小心地過我
的日子,像一名高尚的中產階級人士應有的樣子。但如果我想
改變群體所造就的我,變成另一種人,我就必須使出渾身解
數,改變需要更多的努力、自我犧牲、決心和耐力,比起安分
守己、循規蹈矩地服從我出生的群體給我的教養,需要付出更
多。於是我發現我自己的群體,是我最可怕的敵人,是我必須
征服才能贏得勝利的對手。隨波逐流的輕鬆,與改變立場的困
難形成對比,在此對比之中,隱藏了我的自然群體控制我的秘
密,我依賴我的群體的秘密。

　　如果我仔細看清楚,並試圖一一列出我欠我所屬──貧賤
不移永生相屬──的群體的東西,結果會是一張非常長的清
單。為了簡便起見,我可以把清單上列出的所有項目分成四大
類。在第一類底下,我區分哪些「**目的**」(ends)值得追求,哪
些不值得追求。如果我恰巧生在一個中產階級家庭,我多半會
認為取得更高學歷,似乎是追求高尚、成功、幸福人生不可或
缺的條件,但如果我剛好是工人子弟,我恐怕會贊成早點離開
學校,找一份不需要太高教育程度,但可以讓我立刻「享受人
生」,日後或許還可以養家活口的差事。所以我從我的群體取
得我的目的,為此目的,我應當運用我「自由選擇」的能力。
第二類列出我用什麼「**手段**」(means),追求我的群體教我追
求的目的。手段也是群體供應的,一旦採用,即構成我的「私
有資本」,我可以將這些資本運用在我和別人溝通我的意願時採
用的語言和「肢體語言」上,在我追求不同目的時表現的熱中
程度上,以及一般而言,在我處理手上工作時採取的適當行為

25

模式上。第三類是「**相關性**」（relevance），即辨別哪些人或事
與我希望完成的計畫有關或無關的藝術。我的群體指導我如何
區分盟友和敵人，或競爭對手，以及無關緊要，大可不予理
會、不屑一顧的非敵非友。最後但非最不重要的一類，是我的
「世界地圖」；每一個人的地圖都不一樣，有些東西也許在別
人的地圖上十分明顯，在我的地圖上卻一片空白。地圖在我的
生命中扮演許多角色，其中之一是，挑選一套可以想像的，適
合「像我這種人」的人生旅程──一套切實可行的「**人生計畫**」
（life-projects）。總而言之，我欠我的群體太多了，所有幫助
我度過人生每一天，沒有它我根本不能正常過日子的龐大知
識，全部來自我的群體。

　　事實上，在大多數情況下，我並不知道自己擁有這許多知
識。如果有人問我，我用什麼符碼與人溝通，並解讀其他人的
行動對我的意義，十之八九我會楞在那裡；我可能不大明白他
的問題，好不容易搞懂了，還是解釋不了我使用的符碼（就像
我不能解釋最簡單的文法規則一樣，儘管我用那套規則所指導
的語言，用的得心應手、流暢無比）。無論如何，在我體內某
處，儲存了應付日常工作與挑戰所需的知識。我似乎可以隨手
拈來，即使不是我背誦得出的規則（rules），也是一套我不費吹
灰之力每天使用，用了一輩子的實用技術（skills）。

　　由於那套知識，使我覺得安全，使我不需要到處尋找正確
的處世之道。如果我能夠在不知不覺中掌握了這許多知識，那
是因為我在幼兒時期，如今已不復記憶的年代，學會了它的大
部分基本規則。所以不論我怎麼搜索我的經驗或記憶深處，我
還是對自己如何取得那套知識說不出個所以然來。要不是我對

自己的起源忘得一乾二淨，恐怕我的知識還不會如此根深蒂固，如此強有力地控制我呢；感謝我的記性差，我才能夠如此理所當然地把那套知識當做「自然」的事情，鮮少去懷疑它。如果想知道日常生活知識到底是如何製造出來，然後由群體「移交」給我，我就必須查閱專業心理學家和社會學家的研究結果。查閱之後，往往令我惶惑不安。以往似乎顯而易見、證據確鑿、自然而然的事情，現在原形畢露，原來只是一組信仰，而其權威僅及於無數群體中的一個而已。

我們對於群體標準的「**內化**」過程（internalization of group standards）的理解，深受美國社會心理學家**喬治‧赫伯‧米德**（George Herbert Mead）的影響，他在這方面的貢獻，也許至今仍無人能出其右。關於社會生活必要技術取得過程的學說，主要是採用他創造的概念。其中最著名的是「**主我與客我**」（I and Me）的概念，指自我的雙重性，自我分裂為兩個：一個是「客我」（me），客我是自我的外在部分（更精確來講，彷彿一個人從體外，從周遭社會來看自己，看到的是有待滿足的要求，和有待遵循的行為模式）；另一個是「主我」（I），主我是自我的內在核心，它負責審查、評估、紀錄，最後反應外在社會的要求與期待。在自我的塑造上，群體扮演的角色，是透過「客我」部分來完成的。兒童學到自己被觀察、評估、申斥和誘導，直到他們表現出某種行為為止，萬一偏離必要的行為，則會被糾正過來。這個經驗在兒童逐漸成長的自我中沈澱下來，形成其他人對我的**期待**的印象。他們——其他人——顯然有辦法區別恰當與不恰當的行為。他們贊許恰當的行為，懲罰**偏離**常態（deviation from the norm）的錯誤行為。

獎勵與懲罰的記憶，逐漸混合成不自覺的對於**規則**（rule）的理解，對於什麼行為是被期待的、什麼是不被期待的理解——混合成「客我」，而客我無非是自我想像的其他人對我的印象。此外，「其他人」並不是任何剛好出現在我身邊的人。在兒童接觸的無數人當中，有一些人被自我挑選為「**重要他人**」（significant others），那些人的評價與反應比其他任何人來得重要，因為感受得更持久或更深刻，因此也更有效。

讀到這裡，你可能得出一個錯誤的結論，認為透過學習與訓練的自我發展是一個被動的過程；以為只有其他人採取主動，兒童則只是被動地被灌滿一腦袋的命令，在棍子和紅蘿蔔的協助下，被哄騙、施壓和操練成乖乖服從命令。但事實並非如此。自我成長於兒童與環境的互動中。互動雙方均有活動，也都有主動。而且勢必如此。兒童很早就會發現，「他人」不盡相同。他們各說各話，鮮少一致，他們下達的命令往往互相牴觸，不可能同時服從。很多時候，滿足一個命令，即等於違抗另一個命令。差別對待和選擇，是兒童必須學習的頭幾項技術之一，這種技術的取得，非得靠抗拒和承受壓力、採取立場、反抗至少一些外在力量的能力不可。換句話說，兒童學習**選擇**（choose），學習為自己的行動**負責**（responsibility）。自我中的「主我」部分，代表的正是這些能力。由於「客我」的內容充滿矛盾和不一致（不同重要他人的期待發出矛盾的訊號），「主我」必須保持距離，冷眼旁觀，彷彿從體外看外在壓力在「客我」的內化，審視之，分類之，評價之。最後做抉擇的是「主我」，因此主我變成後續行動真正的、名副其實的「作者」。「主我」愈強，兒童的**個性**（personality）愈**自主**

（autonomous）。「主我」的強度，展現在一個人有多少能力和意願去考驗內化在「客我」中的社會壓力，去測試它們的真正力量和它們的限度，去挑戰它們——並承擔後果。

兒童玩的「扮家家酒」（角色扮演，role playing）遊戲，在「主我」與「客我」的分離（亦即自我出現一種能力，能夠想像、檢查、監督重要他人的要求）上，發揮了重要的作用。透過假扮他人，譬如爸爸或媽媽，和實驗他們的行為（包括他們對待兒童本人的行為），兒童學習如何從**假設的**角色來觀察行動的奧妙，學習什麼事可以做、什麼事不可以做，學習行動的意思是做形勢所逼的事情，而且行動可以隨形勢而改變。這個人，這個扮演者，不是真正的我——不是「主我」。當兒童長大，累積了不少關於不同角色的知識，他們可能捲入**遊戲**之中，跟扮家家酒不同的是，此時的遊戲內容包括與其他角色扮演者合作與協調的成份在內。這時候童年試驗的藝術，對於真正自主的自我，發揮了最大的作用：選擇適當的行動去回應其他人的行動，誘導或強迫其他人的行動來順從我的意願。在扮演和玩耍當中，兒童同時取得了外在社會世界灌輸給他的習慣與技術，以及如何在那個世界中以一個自由——自主和負責——人的身分來行動的能力。在取得技術與能力的過程中，兒童發展出一種特別曖昧的態度，那種態度是我們每個人都很熟悉的：既**擁有**自我（having a self）（彷彿從體外觀察自己的行為，讚美它或反對它，企圖控制它，必要時糾正它），又**是**自我（being a self）（問自己：「真正的我是什麼？」和「我是誰？」，偶而叛逆一下，抗拒其他人企圖強迫我過的生活模式，力圖追求我心目中的「真實人生」，符合我真正身分的生

29

活）。我嚐到了自由與依賴的矛盾，那是我希望做的，以及我覺得有義務做的──因為重要他人叫我做或打算叫我做──在我內心中的衝突矛盾。

重要他人並不是憑空鑄造兒童的自我；相反的，他們是把自己的形象鑄刻在兒童的「天賦」（入社會之前，或更精確來說，受教育之前）稟性上。雖然整體而言，天賦稟性──**本能**（instincts）或**內趨力**（drives）──在人類生命中扮演的角色，不像它對其他動物那樣重要，但它仍然存在於每一個新生兒的生物本性之中。至於人類到底有哪些本能，則是一個懸而未決的問題。在這個問題上，學者意見紛紜，從試圖用生物性決定因素來解釋大部分顯然是社會引致的行為，到相信幾乎一切人類行為潛在上都可能經過社會加工處理。不過，大部分學者都支持一個主張，就是社會有權制定和執行可接受的行為標準，而且都同意這個主張背後所本的論點：社會執行的訓練乃不可或缺，因為人的天賦稟性使得人無法共同生活，或使得共同生活的品質粗劣、危險到不可忍受的地步。大部分學者均同意，有些天生內趨力的壓力特別強大，因此任何人類群體都必須設法處理之，不管用什麼辦法。**性**（sexual）與**侵略**（aggressive）的內趨力，是兩個最常被提及的內趨力，群體必須施以控制，否則會陷自己於萬劫不復之境。學者指出，如果放任這兩種內趨力不管，將會導致劇烈衝突，劇烈到任何群體皆無法承受的地步，社會生活亦將為之蕩然無存。

學者說，所有能夠存活下來的群體，必然已經發展出有效的辦法，以馴服、約束、壓制這類內趨力，不然則控制這類內趨力的表露。**心理分析**（psychoanalysis）之父**佛洛伊德**

（Sigmund Freud）提出，整個自我發展的過程和人類群體的社會組織，都可以從需要控制對社會有害的內趨力，尤其性與侵略的本能，以及必要的控制手段來解釋。佛洛伊德認為，本能並沒有被消滅；它們不可能被摧毀，只可能被「壓抑」，被驅趕到「**潛意識**」（subconscious）之中。把本能拘禁在那個半睡半醒狀態的力量是「**超我**」（superego），超我是將群體下達的命令和壓力內化後所產生的知識。佛洛伊德形容超我有一個妙喻，他說，超我是打贏戰爭的社會大軍，「在佔領的城池內留下的衛戍部隊」，目的是讓被壓抑的本能──潛意識──永遠臣服。因此「**自我**」（ego）永遠懸在兩股力量之間：一股是本能，被趕進潛意識裡面，但強壯和叛逆如昔；另一股是超我（近似米德的「客我」），它向自我施壓（近似米德的「主我」），把內趨力關進潛意識裡，並防止內趨力逃出牢籠。用廣泛歷史研究來詮釋佛洛伊德學說的德裔英國社會學家**艾利亞斯**（Norbert Elias）則建議，我們每個人都有的自我經驗，正是出於這種籠罩了每一個人的雙重壓力。前面提到的人人對自己的曖昧態度，便是這種處於兩種壓力之間，被兩股力量向相反方向拉扯的矛盾處境所造成的結果。活在群體之中，**我（I）**必須控制**自己（myself）**。 自我（self）是需要控制的東西，而我是控制它的人……

所有社會均控制成員的天賦稟性，並竭力限制可允許的互動範圍，這是毫無疑問的事情。至於過程中是否僅有病態的、反社會的天賦稟性遭到壓制，則無定論（雖然假社會之名發言的掌權者斷言如此）。據我們所知，沒有證據可以確鑿無疑地證明，人類天生具有侵略性，因此必須約束之、馴服之。有些行

30

為很容易被解讀為天生侵略性的爆發,其實往往只是麻木不仁或仇恨所造成的,這兩種態度均可以追溯到社會性,而非基因性的起源。換句話說,群體訓練和控制成員的行為,這固然是事實,但不表示群體的控制必然使成員的行為更合乎人性和道德。它只能證明一點,經過操練、監督和糾正之後,成員的行為更符合某種行為模式,這種行為模式被認為適合某個社會群體,並且為該群體所強制執行。

「主我」與「客我」的形成過程,壓抑本能和製造超我的過程,時常被稱為「**社會化**」(socialization)。我被社會化了(換言之,轉化成一個能夠活在社會中的人),因為我已經將社會壓力內化,而變成適合在群體中生活和行動;因為我已經取得技術,知道如何表現才符合社會要求,並因此取得我的「自由」,能夠為我自己的行動負責。在取得這些技術的過程中,重要他人扮演了無比重要的角色,因此重要他人可說是社會化的媒介(socializing agents)。但他們是誰呢?我們談過,在自我發展的過程中,真正運作的力量是兒童腦中**想像**的其他人的意圖與期待,未必是其他人心裡所想的意圖與期待;我們也說過,重要他人是兒童自己從進入其視線範圍內的許多人當中挑選出來的。沒錯,兒童沒有完全的選擇自由;有些「他人」可以比其他「他人」更有效地強行進入兒童的世界,以致干預了兒童的選擇。然而,世界上充滿各式各樣的群體,每一個群體追求不同的目的,嚮往不同的生活模式,在這樣一個世界中成長,兒童很難避免選擇;如果其他人的要求互相牴觸,無法同時滿足,那麼其中一些必然會獲得更多的注意力,因此也分配到更多的重要性。

　　需要**以優先順序排列**重要性（相關性），並不是只有兒童才
需面對的困擾。你我幾乎天天有此需要。我沒有一天不需要在
家人、朋友或老闆的要求中間做選擇，人人希望我在同一時間
內為他們做某件事。我必須冒著得罪一些我珍惜和尊敬的朋友
的風險，才能夠安撫另一些我同樣喜愛的人。每當我發表政治
觀點，保證有一些我認識和在乎的人會反對我的看法，並因此
對我懷恨在心。我很難避免我的選擇造成不愉快的後果。分配
相關性，不可避免的，意謂了分配不相關性；選擇某些人為重
要他人，無可迴避的，意謂了宣告其他人不重要，或至少比較
不重要。這往往意味了與人結怨的風險。這種風險，與我的生
活環境「**異質**」（heterogeneous）——衝突不斷，分裂成許多
理想和生活模式背道而馳的群體——的程度成正比。

　　在這種環境中，選擇重要他人的意思是，在眾多群體中，
挑選一個做為我的「**參考團體**」（reference group）；我用那個
團體來衡量自己的行為，我接受那個團體做為我一生或特定生
活層面的標準。我根據自己對該參考團體的認識，評估自己的
行為，判斷自己行為的價值和品質。我從這個知識中，衍生出
知道自己做對事情時的欣慰，或知道自己做錯事情時的不安。
我的說話方式，我的用字遣詞，我的穿著打扮，處處以我的參
考團體為榜樣。我試圖向該團體學習，在什麼情況下可以大膽
無禮，在什麼時候最好循規蹈矩，遵守共同標準。我從自己對
參考團體的印象，汲取什麼事值得注意、什麼事可以不甩的忠
告。我做所有這一切，好像我在尋求我的參考團體的認可似
的；好像我希望被它接納為成員，成為「他們之一」，希望它
滿意我的生活方式；好像我千方百計想避免參考團體對我施以

嚴厲懲罰，好讓我回到正途，或報復我的犯規行為。

但是，在形塑我的行為上，參考團體之所以是如此強有力的觸媒，大體上是**我自己**的選擇與分析、結論與行動所造成的。參考團體本身往往渾然不覺我的關愛眼神，我費盡力氣模仿我想像的他們的生活方式，應用我所想像的他們的標準，他們卻完全不領情。當然了，有些群體名正言順的可以叫做「**規範性參考團體**」（normative reference group），因為他們的確制定了我的行為規範，並監督我的舉止，至少有時候是如此，因此它們能夠用獎勵或懲罰、肯定或糾正的辦法，「規範性影響」我的行動。其中特別重要者是我的家人、經常往來的朋友、我的老師、工作場所的長官，還有我不得不經常碰面，我的一舉一動均躲不過他們眼睛的鄰居。但是有辦法對我的行動做出反應，並不會自動把他們變成我的參考團體。唯有當我選擇他們時──當我用分配重要性來回報他們的關心時，當我喜歡他們的監護時，他們才會成為我的參考團體。我仍可能不理會他們的壓力（即使冒了自食惡果的危險），反倒追隨他們譴責的標準。舉例來說，我可以把屋前的院子設計得稀奇古怪，故意跟我鄰居心目中的理想庭院設計唱反調，或請一些他們認為有失身分的人來家作客，在他們認為不應該請客的時間在家宴客。我也可以挑戰我的朋友討厭用功讀書，喜歡遊手好閒的習慣。當團體要求我全力參與、熱烈響應時，我反而「扮酷」。所以縱令是規範性參考團體，若要發揮規範性影響力，仍需我同意把他們當做參考團體，仍需我為了某種原因，克制自己不去抗拒他們的壓力，乖乖順從他們的要求。

是我自己送上門去被束縛的，這個事實，在「**比較性參考**

團體」（comparative reference group）的例子上更加明顯；我不是比較性參考團體的成員，他們對我可說是鞭長莫及。我看得到比較性參考團體，他們卻看不到我。分配重要性在此處純粹是單方面的：我重視他們的行動與標準，他們卻幾乎無視於我的存在。由於我和他們之間有一段距離，他們通常實際上無可能監視和評估我的行動，因此他們不能懲罰我的偏差，但同樣的，也不能獎勵我的服從（拜大眾傳播媒體，尤其是電視所賜，我們越來越暴露於氾濫的資訊之下，越來越熟悉不同的生活方式，這一切種種指出，比較性參考團體對於當代人的自我塑造，扮演了越來越吃重的角色）大眾傳播媒體以驚人的速度，把關於流行服裝、最新時尚的消息，送到最偏遠的世界角落。同樣的，它們也在拜其所賜我們才有眼福看到的生活模式上，蓋上了權威的大印：夠資格上電視，讓全世界成千上萬人觀賞的生活方式，肯定值得考慮，而且如有可能，肯定值得模仿……

　　我相信，到目前為止我們討論的東西，已傳達了社會化過程不限於童年經驗的正確印象。事實上，社會化過程永無止境，它貫穿你的一生，使你永遠糾纏在自由與依賴的複雜互動中。社會學家有時候用「**次級社會化**」（secondary socialization）一詞，來表示成年以後的持續自我轉型，以示與童年時期的基礎社會技術內化過程不同。社會學家關切的情境是，前期——**初級社會化**（primary socialization）的不充分或不適當突然暴露出來，與現狀形成鮮明對比：例如當一個人遠走他鄉，移民國外，面對陌生的習俗與不熟悉的語言，不但必須取得新技術，而且必須忘記舊技術，昔日所學突然成了障

礙的時候；或者當一位在偏遠鄉村長大的人，搬到大城市，面對車水馬龍、熙來攘往的人潮、冷漠的路人和鄰居，而感到迷失和無助的時候。學者建議，這種劇烈變化很容易引起強烈的焦慮感，發生精神崩潰，甚至心理病的機率甚高。學者亦指出，除了個人遷徙之外，外在社會環境的變化，也可能帶來後果同樣劇烈的次級社會化情境。諸如經濟突然衰退、大批人開始失業、戰爭爆發、通貨膨脹率高漲導致畢生儲蓄化為烏有、繼承權遭到剝奪以致喪失安全等等，或相反的，突然發了大財、改善生活的機會湧現、夢想不到的新契機降臨等等，都是次級社會化情境的例子。所有這些例子，均宣告以往的社會化成就「無效」，需要激進重組個人行為，繼而要求新的技術與新的知識。

上述這兩種例子，代表次級社會化最尖銳、最嚴重的形態，可以幫助我們思考次級社會化所引起的問題。但是我們幾乎天天碰到次級社會化問題，只不過沒那麼轟轟烈烈而已；轉學、進大學或畢業、開始新工作、結婚、買第一棟房子、搬家、生孩子、退休等等，肯定會讓我們嚐到次級社會化問題的滋味。也許把社會化想成一個綿延不斷的過程，好過把它分成兩個不同的階段。自由與依賴的辯證，始於出生，終於死亡。

不過，自由與依賴的均勢，在持續辯證關係中此消彼長，不斷改變。人在小的時候，沒有多少自由可言，不能選擇自己依賴的群體。人一生下來，他的家庭、故鄉、鄰里、階級或國家已經決定了。沒有人問過他的意見，就斷定他屬於哪一個民族，或社會認可的兩性之一。隨著年齡增長（表示累積的技術和行動資源越來越多），選擇範圍也變得更寬廣；他可能挑戰和

拒絕某些依賴性，主動尋求和承擔其他的依賴性。不過，自由
始終是不完全的。別忘了，我們往往被自己的過去行動所決
定；由於過去的行動，我們發現無論何時何地，無論多麼嚮
往，有些選擇總是遙不可及，而改變的代價何其昂貴和令人卻
步。有太多的過去所學需要「消磁」（de-learned），太多的習
慣需要忘記。有些技術和資源只有小時候才學得會，小時候錯
過了，現在已來不及彌補失去的機會。大體上，超過某個年齡
之後，我們發現「捲土重來」的可行性與可能性，離我們漸行
漸遠。

　　自由與依賴的均勢也因人而異。別忘了，你有多少可利用
的資源，關係到你的選擇是否有效和切實可行。別忘了，你出
生的社會地點賦予你的「眼界」（horizons），影響了你日後選
擇的人生計畫，以及你認為值得追求的目標。只要考慮到這兩
個因素扮演的角色，就足以讓我們明白，儘管人人自由，而且
不可能不自由（因為人人都必須為自己的行動負責），有些人
卻比其他人自由：他們的眼界（選擇範圍）更寬，而且一旦決
定了追求哪一種人生計畫，他們擁有實踐該計畫所需的大部分
資源（金錢、人脈、教育、文雅談吐等等）；他們比其他人更
自由地渴望，更自由地實踐他們的願望，更自由地達到他們所
欲的結果。

　　我們可以說，自由與依賴的比率，是一個人或一整類人在　36
社會上的相對地位指標。我們稱之為特權的東西，在放大鏡的
檢驗下，顯示出來的是較高的自由度和較低的依賴度。在被稱為
弱勢者的身上，則呈現相反的比率。

# 我們與他們

## 2

*Thinking Sociologically*

社會學動動腦

37　　**亞當‧史密斯**（Adam　Smith）對社會生活的自相矛盾觀察入微，曾有如下評語：「在文明社會，（一個人）時時刻刻需要無數人的合作與幫助，但人生苦短，窮其一生只能獲得寥寥可數的友人。」

　　想想看，那許多不知其名、不計其數，沒有他們你就活不下去的人（多虧他們的勞動，你每天才有米下鍋；多虧他們不停地維護道路，你才能以每小時一百公里的速度在公路上馳騁，而不必擔心一轉彎就掉進坑洞裡；多虧他們遵守共同生活規範，你才能安心出門，而不必害怕被搶，或才能呼吸空氣，不必害怕吸進有毒氣體）。想想看，那許多同樣不知其名、不計其數，卻侷限你的選擇自由，使你無法過你喜愛生活的人（他們希望擁有你也想要的東西，使得百貨公司可以趁機抬高價錢；他們發現機器人比活生生的員工更能賺錢，使得你找到合適工作的機會大減；他們自私自利，製造骯髒的空氣、噪音、壅塞的交通和惡臭的水，使你無所遁形）。比較一下，這許許多多無名氏，與你見過面、認得出臉孔、叫得出名字的人的數目。你無疑會發現，在所有影響你生活的人當中，你認識或知道的人，相對於你沒見過、沒聽過的人，只佔了很小一部分。至於那部分有多小，你永遠也不會知道……

38　　當我想到人類物種的成員時（包括過去、現在和未來），他們以不同身分在我腦中浮現。有些人我經常見面，因此我對他們似乎知之甚詳；我相信，我知道我能期待他們什麼，不能期待他們什麼，我知道如何從他們身上得到我期待和渴望的東西，我知道如何讓他們對我的行動做出合乎我希望的反應。我和這類人保持**互動**（interact），我們**溝通**（communicate）——交談、分享知識、辯論共同關心的話題，以期達成共識。有些人我只是偶爾見面，通常是在特殊的場合，

當我或他們希望取得或交換特殊的、相當特定的服務時（除了上課時間，我很少見到我的老師；只有在買東西的時候，我才會碰到某位店員；除非牙疼，我極少看到我的牙醫——謝天謝地！）。我和這類人的關係，可說是功能性的。這些人在我生活中扮演某項「**功能**」（function），我們的互動不多，僅限於我的（我假設也是他們的）某些興趣和活動層面。在大多數情況下，他們的其他生活層面，只要與我期待他們扮演的功能無關，我就毫無興趣。所以我不會去問那位店員的家庭生活，不會去問我的牙醫有什麼嗜好，不會去問我的政治學教授的藝術品味。我期待我對他們的禮貌，會換來他們對我同樣的態度。如果他們問我私人問題，我會嫌他們多管閒事，侵犯了我的**隱私**（privacy）。當我覺得被侵犯時，我會抗拒，會認為他們踐踏或破壞了我們關係的不成文規定，畢竟我們的關係僅止於**交換**（exchange）一項特殊服務而已。最後，還有一些人我幾乎從未見過面。我聽過他們名字，知道他們存在，但他們跟我的日常生活似乎沒有直接關係，我不會認真考慮和他們直接溝通的可能性。事實上，除了一閃即逝的念頭，我鮮少想到他們。

德裔美國社會學家**舒茲**（Alfred Schutz），是所謂社會學現象學派（phenomenological school）的創始人，他曾經建議，從任何一個人的觀點來看，人類物種的其他所有成員，都可以標示在一條假想線上，那是一條用「**社會距離**」（social distance）來丈量的連續線；社會距離愈大，表示社交的次數和密度愈小。以我自己（、自我）做為這條線的起點，我可以說，標示在離我位置最近的人，是我的**同伴**（consociates），我和他們有真正直接、面對面的關係。同伴在為數更多的我的**同代人**（contemporaries）當中，只佔一小部分；同代人是和我生長在同一個時代，至少潛在上我可以和他們建立面對面關係的

人。對於同代人,我的實際經驗當然因人而異。從認識本人,到僅僅視之為某個**類型**(types)的代表(老人、黑人、猶太人、美國南方人、富人、不良少年、軍人、官僚等等),依我的分類能力而定。在連續線上的位置距離我越遠的人,我對他們的認識越籠統、越典型化,我對他們的反應亦是如此:如果沒見過面,我對他們的心態是如此,如果見面了,我的實際舉止是如此。除了同代人之外,還有(至少在我對人類物種的心靈地圖上)我的**先人**(predecessors)與**後人**(successors)。跟同代人不同的是,我和這類人的溝通是不完全的、單向的,而且勢必如此——目前如此,或許永遠如此。先人可以送信給我(我們通常稱這種信息為**傳統**,保存在**歷史記憶**之中),但我不能回信。後人的情形剛好相反,我和我的同代人留信給他們,保存在我們共同或各別建立的或撰寫的歷史之中,但我不指望他們回信。請注意,以上所述的類型,並非一旦固定即永遠不變。類型與類型之間的分界線「漏洞百出」,個人可能也的確會改變位置,從一個類型移到另一個,移向連續線上我的那一端,或離我越來越遠,從同代人變成先人,或從後人變成同代人。

人與人之間的距離有兩種,一種是心理的,另一種是身體的,兩者不一定重疊。在人口稠密的地方,例如都市鬧區,無論何時,我們都和一大堆人摩肩接踵,但鮮少覺得和他們心靈相通;如第三章所述,置身都市擁擠的空間,軀體的接近往往和心靈的遙遠一起出現(的確,在大城市居住,需要一套複雜的藝術來「中和」身體接近的壓力,否則會被過重的心理負荷和過多的道德義務壓垮;城裡人個個練就了一身這套功夫)。心理或道德的接近,是由我們「**感同身受**」(fellow-feeling)的能力(及意願)構成的:把他人當做和我們一樣的主體,有他們自己的目標和追求目標的權利,有類似我們的情緒,

以及類似我們的感到喜悅和痛苦的能力。感同身受通常包括**同理心**（empathy）：設身處地為他人著想，從他人的角度看事情的能力及意願。感同身受也包括**同情心**（commiseration）：喜他人之喜，憂他人之憂。這種感同身受的感覺，是心理與道德接近最明顯的標記（事實上，正是它的定義）。距離越遠，感覺越淡、越薄弱。

　　人與人之間的差異和區隔，使我看到了「連續性的中斷」，使那一條原本平滑順暢的連續線出現裂痕，使我把人分門別類，並且用不同的態度和不同的行為對待之。其中有一個區隔最為明顯，對我與他人的關係衝擊也最大，大於其他任何區隔我存乎於心、形諸於外的，那就是「我們」與「他們」的區隔。「我們」與「他們」不僅代表兩個不同的群體，而且區分了兩種截然不同的態度：喜歡與討厭、信任與懷疑、安全與恐懼、合作與對立。「我們」代表我歸屬的群體。我對這個群體內部發生的事情知之甚詳——因為瞭解，所以知道如何應對進退，所以感到安全自在。這個群體可說是我的自然棲息地，是我喜歡逗留的地方，一回到那兒，我就覺得如釋重負。相反的，「他們」代表我不能夠或不願意歸屬的群體。我對那個群體只有模糊和殘缺不全的印象，我很難理解它的行為，因此它所做的事情，對我而言，大體上不可預料，也因此令我害怕。我傾向於懷疑「他們」用保留和焦慮，來回應我對他們的保留和焦慮，用懷疑來回報我的懷疑，而且他們討厭我的程度，不亞於我對他們的反感。所以我期待他們處處跟我作對，處心積慮想傷害我、帶給我不幸，把他們的快樂建築在我的痛苦上。

　　在社會學，「我們」與「他們」的區別，有時候用「**內群**」（in-group）與「**外群**」（out-group）的區別來代表。這一對相反的態度，秤不離鉈、鉈不離秤；沒有「外群」的情緒，就沒有「內群」的

感覺，反之亦然。兩者在概念—行為式的對立（conceptual-behavioural opposition）中相輔相成，且互相制約；兩者各自從對立關係中取得自己存在的意義。「他們」不是「我們」，「我們」不是「他們」；只有把「我們」和「他們」擺在一起，擺在彼此的對立中來考量，才能瞭解兩者的真諦。我把我的內群看做「我們」，沒有別的原因，僅僅因為我把其他群體當做「他們」。彷彿兩個對立群體沈澱在我的世界地圖上，形成敵對關係的兩極，而正是這種**敵對**（antagonism），使我覺得這兩個群體「真實」存在，使我相信兩者確如我想像的各自擁有內部團結與凝聚。

對立性，最主要是一種工具，我用它來繪我的世界地圖（我的分類原則，把其他人分配到我的分裂宇宙地圖上的架構）。我用這個工具來區別我的學校與附近的學校；或區別「我的」足球隊與對方的足球隊，包括對方那群惹是生非的球迷；或區別像我這樣高收入，因此想必高尚的納稅人，與不勞而獲的「寄生蟲」；或區別我的愛好和平，只不過想找點樂子的朋友，與存心掃興的警察；或區別我們這種奉公守法的公民，與違反所有規則、討厭一切秩序的「暴民」；或區別我們這樣誠實可靠、勤勉努力的成年人，與放蕩不羈、遊手好閒的青少年；或區別我們這樣希望盡一己之力改善世界的青年，與抱殘守缺、觀念落伍的老人；或區別我的溫柔敦厚的民族，與侵略成性、陰險邪惡的鄰國。

我們與他們，內群與外群，各自從彼此的敵對意識中，衍生自己的性格和自己獨特的感情色彩。你可以說，敵對意識界定了對立雙方。也可以說，雙方均從自認為捲入勢不兩立的敵對意識中，衍生自己的身分。從上述觀察，我們可以得出一個驚奇的結論：外群恰恰是內群虛構的負面自我，為了建立自我認同，為了凝聚共識，為了內部

團結和心理安全，內群需要這個負面形象。彷彿在內群範圍內的合作意願，需要靠拒絕與外敵合作來支撐。你甚至可以說，真正表現得符合我們期待的外群行為的群體，實際上根本不存在；既然不存在，只好發明一個——為了群體的凝聚和整合，必須有一個假想敵，如此才能劃清界限和防守家園，才能保障內部忠貞與合作。好比我需要對荒野的恐懼，方能感受家居的安全。沒有「外」，焉能由衷感激「內」。

我們常歸因於內群，或要求內群提供，或希望從內群取得的互相同情與幫助，通常是以「家庭」（family）為模型（未必符合我們自己的並非永遠快樂的家庭經驗，而是我們想像的「理想家庭」應有的樣子，或我們夢寐以求的家庭）。我們對大部分內群的態度，染上了一層團結、互信與「共同約定」（亦即，當對方需要援助時，即使必須犧牲自己，也有義務及時伸出援手）的理想色彩。那是我們期待一個理想家庭的成員對待彼此的態度。理想的父母與子女關係，提供了愛與照顧，以及力量或權力較大的一方僅可運用自己的力量來扶助弱小一方的模式。理想的夫妻關係，提供了互補的範例；唯有攜手同行，各盡所能地為對方服務，方能達到雙方共同嚮往與追求的目標。理想的兄弟姊妹關係，為無私的合作、同心協力共赴理想、「人人為我，我為人人」的團結行為，提供了原型。你恐怕不只一次注意到，凡是希望喚起聽眾共同效忠的人，最喜歡引用兄弟情或姊妹情的比喻，動不動稱聽眾為「兄弟」或「姊妹」。用「我們的母親」或「祖國」來比喻本土，藉此喚起民族團結意識，以及為民族赴湯蹈火的決心。43

互相幫助、保護和友誼，遂成為幻想的內群生活規範。當我們想到被我們歸為「我們群體」（we-group）的其他人時，我們盼望，如果他們中間出現爭議，他們會一致努力尋找一個對全體有利，且獲得

全體共識的解決方案，這種解決方案原則上既值得追求，且實際可行。我們希望，他們在友善的氣氛中，在關切共同利益的前提下，和平共商解決方案。相反的，萬一有吵架絕交之事，我們認為那只是暫時的不幸，只要大家「看到全部事實真相」，說出內心真正想法，而不是被各式各樣的麻煩製造者（多半只是偽裝成「我們」一員，其實是「對方」派來「臥底」的奸細）所誤導，這種不幸完全可以避免。所有這一切，使我們一想到內群關係，就覺得溫暖窩心，充滿互相同情，以致激勵了每一個人的忠心，與團結一致保護群體，共同抵禦一切閒雜人等的決心。

不言可喻，任何關於被我們認同為我們群體共同成員者的負面意見，我們絕不輕易放過。一聽到這種批評，我們就極力反駁，捍衛「被誣告者」的名譽。如果證據擺在眼前，那位屬於我們內群的人確實行為不檢，我們便盡量找理由替他開脫，或者斥之為惡意造謠，存心不良或無中生有的宣傳伎倆。當然啦，換了是我們對「他們」的指控，情形就調轉過來。我們的指控一概是事實。一定是事實。最好是事實……

以上種種，無非是一種感覺，這種感覺**凌駕**於一切想法和論述之上：一種共同體感，或內群感，對於一個愉悅的地方，你真正的歸宿，應有的感覺；這塊地方的疆界，你自然應該不惜任何代價捍衛到底，如同捍衛你自己的家一樣。在內群裡面，事情不見得一直順利，但最後總找得到解決辦法。人有時候表現得刻薄自私，但必要時他們不會見死不救。最重要的是，你能夠了解他們，而且確知他們了解你。誤解他們行為的可能性幾乎不存在。總歸一句話，你喜歡那種令你欣慰的安全感，你相信如果出現危險，一定會被及時發現，然後「我們」會同心協力共渡危機。

這是每一回談到「我們」的時候，我們內心的感覺，儘管我們沒有如此明說，或甚至從來沒有這樣子想過。我們**感覺**到它，重要的是這種感覺，而不是被我們列入「我們」這群人的真正作為。這群人的實際作為，有時候我們所知有限，尤其如果這種親近感只是心靈上，不是身體上，不是經常碰面、時相往來、「**面對面**」（face-to-face）接觸的話。

雖然在我們印象中，所有內群，無分大小，有著相同的重要特質，但實際上，被我們運用這個想像力的群體，本身相差極大。有些內群很小，事實上小到每一位成員，在一天中的大部分時間，可以近距離觀察彼此的大部分活動，同時彼此之間維持頻繁與密切的互動。這些內群是面對面群體（face-to-face groups）。家庭（尤其住在同一個屋頂下的家庭）是其中最明顯，實為最主要的例子。不過，一群忠心耿耿，一有空就聚在一起，沒空時則思念不已的死黨，也可以算做另一個例子。雖然對於家庭組合，我們只有局部選擇，對於朋友，則可以隨心所欲地選擇、改變或拋棄，但因為兩者的規模皆在可管理的範圍之內，所以兩者均可以達到只有面對面接觸才辦得到的親密程度。在這種群體內，我們可以有效地用自己的期待與理想形象，測試其他人的實際行為與行事方法。如果發現同伴的實際行為未臻我們預期的標準，我們甚至可以試圖改變他們的行為，使之更接近我們的理想。對他們的表現不滿時，可以責備之、處罰之；滿意時，則讚美之、獎勵之。如此一來，我們的理想形象，便取得了有形的、「實質」的力量。透過我們的糾正行動，對我們群體全體成員的行為不斷施壓。最後，甚至可以讓現實合乎我們贊成的標準，符合我們想像的、希望的形象。可是，如果內群規模太大、分佈太廣，除了極少數人之外，大部分成員沒有機會面對面接觸，情形就不同了。

45　　　階級、性別和民族，是第二種內群的典型例子。雖然我們經常將這類群體想像成和我們知道的小而親密的群體差不多，只不過規模大些，「按比例放大了而已」，實則它們不帶有任何小群體的親密性；它們的一致性，大部分存在於把它們想成是「我們」的人的腦海中。它們是道道地地的**想像的共同體**（imaginary communities）（或毋寧說，他們被想像成共同體；它們的共同特徵，不足以保證一定會出現團結行動和共同理解，若是真正的我們群體，則可以合理與可信地做此聯想）。一群職業地位與收入相若，性別相同，說同樣語言，有同樣習俗的人，可能被強烈的利益衝突，撕裂成敵對的派系，被難以彌合的信仰與理想分隔開來，而且事實上經常如此。他們的一致性充滿了裂痕，卻被「我們」的形象輕輕蓋住。當我用「我們」一詞來稱呼某一個階級、性別或民族時，我是把團結我們的東西（或我相信、希望能團結我們的東西），看得比分裂我們的東西為重。彷彿我在懇求這個虛構性共同體的其他成員（如同許多民族主義領袖在他們的愛國演講中所做的煽情呼籲）：忘記差異吧，停止爭吵吧，記住我們有許許多多的共同點，而我們的共同點遠比分裂我們的任何東西重要，所以讓我們大家捐棄成見，團結在共同理想之下吧！

　　缺乏面對面接觸的黏合劑，階級、性別和民族不會自動變成內群。它們必須被**外塑而成**，而且往往必須不顧撕裂它們的強大力量。若要成為內群，就必須把階級、性別和民族想成一個共同體，想成一群思想相同、感情接近的人所組成的團結、協調、和諧的團體，硬把這個形象加在傾軋不和的現實上。為了掩蓋實情，就必須壓制反面證據，或者斥之為謬誤或無關宏旨。而且必須始終如一、堅忍不拔地灌輸團結意識。為了發揮效果，則需要一個常設的，訓練有素、足智多謀的行動派組織，扮演類似共同體專業發言人的角色，藉著他們的實

際行動，把虛構的共同利益與信仰，變成有血有肉的東西。這類組織
（例如政黨、工會、女性主義者協會、民族解放委員會、民族國家的
政府）炮製了隸屬共同體的意義。它們力陳統一的正當性，力主號稱 46
所有成員共有的眞實或想像的特徵（共同歷史傳統，或共同壓迫經
驗，或共同語言與風俗），足以構成合作的基礎。如果負擔得起，它
們還會運用資源，一方面促進成員順從它們鼓吹的模型，另方面懲罰
或驅逐異議份子和離心份子。簡言之，這類組織的行動**在先**，大規模
內群建構在後。所以是，先有階級鬥爭的概念和鼓吹此一概念的激進
份子，然後才從視階級爲內群的觀念中，產生團結一致的階級行動。
同樣的，民族主義（認爲民族忠誠高於其他一切忠誠的觀念）也出現
在統一民族單元之前。

　　鼓吹共同體概念的團體，不論勢力多麼龐大，不論多麼努力，它
們對眞實的掌控，仍不免脆弱和不堪一擊。由於缺乏頻繁綿密的面對
面人際關係網的實質內涵，大型共同體的團結意識，必須靠不斷的信
仰和感情訴求來支持。因此劃清界限和捍衛邊界的工作，就成了無比
重要的事情。對一個擬議中的大型內群而言，如果建立團結意識的工
作，不跟宣揚和實踐對外群的敵愾同仇心理掛勾的話，再怎麼努力誘
導忠誠，也是枉然。團結的呼籲，永遠是呼籲團結一致共禦外敵的。

　　敵人的形象被畫得陰森恐怖，相形之下，自己的群體則是一副祥
和愉悅之相。敵人是狡猾奸詐之徒。他們居心叵測，即便僞裝成友善
的鄰居，或不敢將心底的想法付諸行動。如果允許他們爲所欲爲的
話，他們肯定會侵略、征服、奴役、蹂躪我們：如果力量夠大，則公
然爲之；如果被迫隱藏眞正企圖，則偷偷摸摸爲之。所以我們必須永
保戒心——如臨深淵、如履薄冰一般，隨時武裝自己，確保武器的現
代化，俾能強大到敵人不得不正視，不得不認輸，不得不放棄邪惡的

企圖。

對外群的仇恨、懷疑和挑釁態度（通常形容為另一方的敵意和惡意所引起的必要反應），導致「**偏見**」（prejudice），偏見繼而強化對外群的仇恨、懷疑和挑釁態度。偏見的意思是，斷然否認敵人擁有任何美德，輔以誇大敵人真實或虛構的惡習。凡是敵人的行動，均可拿來進一步抹黑其形象，並從中找出居心叵測的證據，彷彿根據「你的一言一行都會被記錄下來，日後成為對你不利的證據」的原則。偏見阻止人們接受外群也許動機純正，敵人也許心口如一，他們的和平建議也許是誠懇的，而不是另懷鬼胎的可能性。在對抗「邪惡帝國」的鬥爭中，敵人的一舉一動，無論如何表面和平或徹底無害，一律被放在放大鏡底下檢驗，以便找出隱藏的邪惡動機。

偏見亦表現在雙重道德標準上。內群成員替外群人做一點事情，天經地義是善良仁慈的舉動；相反的，在內群成員是值得表揚的無私行為，換了外群成員，就成了沒什麼了不起的「平常待人禮節」。最重要的是，自己對外群成員不管做了什麼殘酷行為，似乎都不違背道德良知，敵人犯下輕微得多的過錯，則是不可饒恕的滔天大罪。偏見使人們只看到外群無所不用其極，卻看不見自己為達目的不擇手段。同樣的行動，被冠上不同的名稱，有時候讚不絕口，有時候嚴詞譴責，端看是哪一方採取的行動。想想看，自由戰士與恐怖份子，抗議者與麻煩製造者、革命與暴動，真正的差別何在。這些及類似的託辭藉口，使我們能夠頑固地、一再地、無愧於心地，堅持正義完完全全站在我們這一邊。

偏見的傾向因人而異。我們一再觀察到，有些人特別容易用偏激、不可妥協的對立態度看世界，對於任何跟他們不同或疑似不同的人，特別容易恨之入骨。這種氣質，表現在**種族主義者**（racist）的

態度與行動上，或更普遍的，顯示在**懼外症**（xenophobia）之上，後 48
者是對任何「外國」東西的仇恨心理。懷有高度偏見的人，通常也嚴
屬和強制性地堅持一致性。他們不能容忍任何偏離嚴格紀律的行為，
因此較支持有能力管束人民的強權。擁有這種態度的人，被形容為具
有**威權人格**（authoritarian personality）。至於為什麼有些人有威權
人格，其他人卻能快快樂樂地活在大千世界，再大的差異也能容忍，
則至今尚無令人信服的解釋。很可能被我們形容為展現威權人格的行
為，只是社會情境造成的後果，而被我們說成具有威權人格的人，只
是深受社會情境的影響而已。另方面，我們對於偏見範圍和強度上的
差異瞭解較多，感認為與人們生活和活動的環境有關。

　　因此，人們為什麼會「照單全收」內群與外群界線分明的概念，
戒慎恐懼地守衛前者的完整性，以防後者昭然若揭的威脅，這種性格
傾向似乎和**不安全感**有密切關聯，不安全感則是熟悉習慣的生活環境
出現劇烈變化所造成的。當這種變化出現時，生活自然變得比從前困
難。隨著形勢變得更不確定和更難以預料，人們通常感到危險，因而
心生恐懼。習以為常的有效率、有效能的生活方式，突然之間變得不
再可靠；過去自信能夠處理的情形，現在感覺失去控制。因此變化引
人憎恨。需要捍衛「老辦法」（即**熟悉**和舒適的方式）的心理，變得
格外強烈，導致針對新來者的挑釁態度，而所謂新來者，不外乎當老
辦法仍然根深蒂固時，他們不在場，如今老辦法飽受攻擊或迅速失
效，他們卻偏偏出現的人。更何況，新來者本來就是不同的人，他們
有自己的生活方式，因此他們本身已經是變化的具體化身。這種聯想
似乎順理成章，於是新來者成了替罪羔羊，舉凡變化本身、舊安全的
消失、舊習慣的貶值、眼前形勢的不確定、未來可能出現的災難等
等，無一不是他們惹的禍。

49　　伊利亞斯（Norbert Elias）在他的「**既得勢力**」與「**圈外人**」（established and outsiders）的理論中，對於產生偏見的情境，做了一番完整的分析。圈外人的湧入，對既有居民的生活方式，永遠是一項挑戰，不管新來者與原居民的客觀差異是多小。原居民不得不讓出空間給新來者，圈外人則需要替自己爭取空間，緊張關係於焉產生，促使雙方均誇大了彼此的差異。在不同情況下多半不會引起注意的微小特徵，此時卻被拿來大作文章，視爲無法共居的障礙。小小差異，成了深惡痛絕的對象，被用來證明嚴格區隔乃不可避免，混居一處則不可想像。雙方的焦慮與敵意均沸騰到頂點，但總的來說，既得勢力擁有更好的資源來發揮他們的偏見。他們也可以援引自己對這塊土地已取得的所有權，而所有權的依據，無非是居留時間的長度（「這是我們祖先的土地」）；於是圈外人非但是外鄉人和不同者，而且是「入侵者」、闖入者，根本無權來到此地。

　　既得勢力與圈外人的複雜關係，足以解釋內群與外群之間的種種衝突，更普遍來講，有助於我們瞭解蔓延廣泛和強烈的偏見。現代反猶太主義爲何誕生於十九世紀歐洲，爲何獲得廣泛接納，可以從兩個現象出現時機之巧合看出端倪，一個是迅速工業化社會的急遽改變，另一個是猶太人解脫束縛，走出猶太人聚落或隔離區，離開封閉的共同體，混入城市的非猶太人口之中，並加入「平常」行業。當時有大批工匠和小店主，因爲工廠和百貨公司的競爭，而面臨喪失傳統生計的危機，當他們看到街上冒出許多前所未見的陌生人，難免急切地把陌生人的到來，當做驚天動地大災難的罪魁禍首。同樣的，帝國逐漸崩垮，導致傳統安全基礎消失，戰後英國的都市重建，摧毀了熟悉的都市景觀，以至於後來的產業沒落，帶走許多人賴以維生的技術和工

50　作，這些變化在在引起廣泛的焦慮感，隨後又把焦慮的矛頭對準來自

西印度群島或巴基斯坦的新來者；新來者成了地震來臨前的凶兆，仇恨心理於焉產生——有時候表現在公然的種族主義上，有時候僞裝成對「外國文化」的抗拒（想一想，基於「人道理由」而抗議按回教律法屠殺的肉食，或以學校餐廳供應印度薄餅而非傳統煎餅爲由，而反對種族混合的教育制度）。讓我們再看一個例子：十九世紀後半葉，有幾十年的時間，由於工廠迅速機械化，以及後來工作操作上的「非技術化」，使得技術工人飽受失業威脅，而把焦慮感和挫折感發洩在蜂擁而入的其他工人身上，新來者稱自己爲「一般工人」，但立即被傳統工會取了「非技術工人」的綽號。非技術工人不准加入工會，不獲工會保護，直到最後他們終於擊破技術工人的抗拒，成功贏得了工會權。

這不只是年代久遠的事情，在我們這個時代，每當變化來臨，老辦法難以爲繼時，同樣的故事就會再上演一次。我們三不五時會在報上看到，某某工會的成員激烈反對與另一個工會的成員分享工作的消息；哪一個工會的成員有權做哪一種工作的分工爭議，可能是近年來最常見的罷工原因。既得勢力把新來者當做洪水猛獸的例子不勝枚舉，其中最令人嘆爲觀止者，也許是男性抗拒女性爭取平等工作權，並競爭具社會影響力的職位。女性闖入了一度安全無虞的男性保護區，動搖了以往未受挑戰的規章制度，給原本清晰明確的環境，帶來了令人痛恨的混亂因子。女性主義者要求權利平等，喚醒了男性的危機意識，危機意識則觸發憤怒的反應和攻擊性的姿態。

既得勢力的咄咄逼人，激起被斥爲圈外人的團體做出以牙還牙的反應，使得既得勢力與圈外人的敵對意識愈演愈烈，潛在後果的嚴重性亦進一步惡化——至少使得休戰的可能性大減。美國人類學家**貝特**51**森**（Gregory Bateson）給這種行動與反應的連鎖效應取了一個名

字：「**分裂創始**」（schismogenesis），大意是，敵對的態度，由於挑起敵對的行為，而找到自圓其說的證據。每一個行動，激起一個更激烈的反應，雙方不由自主地邁向深度和持久的分裂。起初雙方對共同關係可能還有一些控制或影響，到後來則完全失控。被「事態本身的邏輯」牽著鼻子走。

　　貝特森把分裂創始分成兩種。一種是「**對稱式分裂創始**」（symmetrical schismogenesis），每一方均對另一方展示的力量做出反應。只要對方展現力量和決心，己方就顯示更強大的力量和決心。雙方最害怕的，莫過於被對方看成軟弱或猶豫不決。想一想「嚇阻必須言出必行」，或「侵略者必須學到侵略必敗的教訓」等口號；有些戰略家甚至建議，核子導彈的發射機制應該自動化，如此才能讓敵人相信，萬一己方遭到攻擊，絕不會因為最後關頭良心未泯而停止核子報復。對稱式分裂創始，滋長了衝突雙方的自我肯定，幾乎摧毀理性辯論和協議的可能性。想一想婚姻關係中，夫妻雙方自我惡化的對峙；每一方都希望對方讓步，都不願意妥協，而且都假設只有展現更堅定的意志和絕不示弱的決心，才能壓倒對方，於是原本雞毛蒜皮的鬥嘴，擴大成無法彌合的裂痕。沒有人記得起初是為了什麼吵起來的，反而被眼前這場戰爭搞得怒火中燒。你來我往的反唇相譏和高人一等的態度，演變到不可收拾的地步，最後只剩下離婚一途：進一步的互動鏈也斷了。

　　另一種是「**互補式分裂創始**」（complementary schismogenesis），它基於和前者剛好相反的假設，卻有著完全相同的結果：關係破裂。這種分裂創始的行動次序是互補的，因為其中一方一看到對方示弱，就加強自己的決心，另一方則一碰到對方展現更強的力量，就軟化自己的抗拒。這是一個專橫跋扈的人和一個唯唯諾

諾的人的典型互動模式。其中一人的自我肯定與自信，因另一人的膽 52
怯與順從而壯大。後者的逆來順受，繼而隨著前者的自我肯定和優越
感一起成長。互補式分裂創始的例子極多，內容差異也極大。讓我們
舉一個極端的例子：假設有一群流氓，成天恐嚇鄉民，嚇得整個鄰里
只有無條件投降，鄉民完全不反抗，使得流氓愈發覺得自己萬夫莫
敵，於是變本加厲、需索無度，終至被害人付不起的地步。被逼到絕
境的被害人，不是起而叛變，就是搬離這塊不堪勒索的地方。主從關
係（patron-client relationship）是另一個極端例子。在這種關係
中，佔優勢的多數群體（民族、種族、文化、宗教）可以容忍少數群
體的存在，條件是後者必須對多數價值表現得心悅誠服，而且誠惶誠
恐地接受多數統治。少數可能亟欲取悅多數，於是一味曲意奉承，沒
想到隨著多數團體越來越有自信，認定無人敢反抗自己的價值和統
治，他們要求的服從也越來越多。少數群體也因此學到教訓，若要讓
對方接受自己是地位平等的伙伴，一味抹煞自己特色的策略，效果只
會適得其反。於是少數群體不是被迫逃回自己的聚落，就是改變策
略，步上對稱式分裂創始一途。無論選擇哪一條路，結果都是關係破
裂。

　　貝特森提醒我們，幸好還有第三種互動架構：**互惠**（reciprocity）
架構。在某種意義上，互惠關係綜合了上述兩種模型的特性，但中和
了它們自我毀滅的傾向。在互惠關係中，每一次互動都是不對稱的，
但久而久之，雙方的行動會互相平衡，關係也因此「均衡化」──可
以維持自己特性一段時期，而不至掉進萬劫不復的深淵。簡言之，互
惠關係的意思是，雙方都必須提供另一方需要的東西（舉例來說，被
嫌惡和歧視的少數人，可能剛好是願意從事極有必要，但多數人避之
唯恐不及的卑微工作的人）。因為每一方都依賴對方提供的服務，所 53

以任何一個伙伴都不敢替自己爭取過份的報酬。大部分互動架構，也許都帶有某種形式的互惠性質。無論如何，每一個平衡與穩定的交往架構，按定義來講，均存在互惠關係。長期下來，互惠可以保障架構的存活與再生，尤其如果採取**延遲性**互惠（delayed reciprocity）（譬如用養育自己子女的方式，來「償還」父母的養育之恩）形式的話。但必須一提的是，沒有一種互惠架構，可以完全避免偶爾滑落到對稱式或互補式關係的危險，並因此觸動分裂創始的過程。

# 陌生人

## 3

*Thinking Sociologically*

社會學動動腦

54　　上一章討論「我們」與「他們」只有擺在一起，擺在彼此的對立中來看，才有意義。我們之所以是「我們」，僅僅因為有的人不是我們──是「他們」；他們之所以是一夥的，之所以構成一個群體、一個整體，僅僅因為他們有一個共同點：他們無一人屬於「我們之一」。我們與他們這兩個概念，一致從自己效勞的分界線之中，衍生出自己存在的意義。如果沒有這個區隔，沒有我們與「他們」對立的可能性，我們簡直不知如何認識自己的身分。

　　另方面，「陌生人」（strangers）卻公然違反那條分界線；你可以說，陌生人對立的是對立本身，包括任何形式的區隔、保護他們的疆界，乃至因這一切而產生的社會世界清晰度。陌生人的重要性，他們的意義，他們在社會生活中扮演的角色，即在於此。陌生人一出現，便推翻了公認的對立性，因為他們很難套進任何既有的類型。他們拆穿了對立乃「自然」性質的謊言，暴露了對立的本質實乃任意武斷和不堪一擊。他們證明了所謂分界線，無非是一條可以跨越或重劃的虛構線。

　　為了避免混淆，讓我們首先澄清一個觀念，陌生人並不是**不熟悉**的人──任何我們不大認識、完全不認識或從來沒聽過的人。如果一定要下定義的話，則恰恰相反：陌生人有一個顯著的特點，在很大程度上，他們是我們**熟悉**的人；在把一個人想成陌生人之前，我首先必須知道不少關於他或她的事情。最重要的是，他們必然一而再、再而三地，冒冒失失地闖入我的視線範圍，使我不得不在近距離觀察他們；不管我歡不歡迎，

55　他們大大方方待在我佔領的，作息起居於在其中，並無意離開的世界。要不是為了這個理由，他們就不叫做陌生人，反而叫

做「無足輕重的人」（nobody）。要不是如此，他們就會溶入許許多多沒有面孔、可以互換的人群當中，也就是那些進入我的日常生活背景，通常於我無礙，不會引起我的注意，我視而不見、聽而不聞的背景人物。相反的，陌生人是我看得見、聽得到的人。正因為我注意到他們的存在，因為我不能忽略他們的存在，不能簡單地用拒絕理會的辦法，把他們的存在變得無關痛癢，所以我覺得很難理解他們。他們不近不遠。既不是「我們」的一部分，也不屬於「他們」。既非朋友，亦非敵人。因為這個理由，他們引起困惑和焦慮。我不知道究竟應該如何看待他們，不知道我能期待他們什麼，不知道在他們面前如何應對進退。

盡可能把疆界劃得一清二楚，使之一目了然，而且一看即懂，不致引起任何誤會，對於生在人造世界，而且被訓練成活在人造世界的人類來說，似乎沒有什麼事情比這個更重要的了。幸虧有標示清楚的界限，斬釘截鐵地告訴我們，可以期待什麼，可以運用哪些學過的行為模式來達到我們所欲的目標，否則所有我們取得的社會生活技術，都會變得毫無用處、往往有害，有時候不啻是自殺行為。不過，這種疆界一向是約定俗成的。疆界兩邊的人，並沒有鮮明差異，鮮明到絕不可能誤認兩者的地步。現實世界永遠不是黑白分明，所以維持「是與非」的區隔，是一項永無止境的工作。舉例來說，嚴格區分一個共同遵守社群規範的場域，和一個講究競爭、爾虞我詐的場域，永遠是企圖把人工（因此不牢靠）的清晰度，強加在一個天生渾濁的情形上。人鮮少和另一人「恰恰完全相反」。如果他們在某方面不同，必在另方面相似。人與人之間的差異，鮮少如

56　分配對立類型的工作所暗示的那般明顯和無條件。大部分人格特徵的變化，都是以漸進、平滑，肉眼往往難以察覺的方式呈現出來。（還記得舒茲想像的那條連續線吧，那條線沒有自然區隔，所以線上最接近的兩個人之間的距離，可能是無限小；每一條這種分界線，每一個企圖把界線左邊的人全部歸類到跟界線右邊的人強烈不同、對立類型的切斷點，顯然都是任意武斷和經不起仔細推敲的。）由於不同的人類屬性有部分重疊，而且差異是循序漸進的，所以每一條分界線均不可避免在邊界兩邊留下了灰色地帶，處於灰色地帶的人，無法一眼看出屬於分界線所暗示的兩個對立群體中的哪一個。這種不受歡迎但避免不了的曖昧性，被當作一種威脅，因為它們攪亂局勢，令人無所適從，不知道該選擇一個適合內群環境的態度，還是一個適合外群環境的態度，一個友善合作的態度，還是一個警戒和敵視的態度。對敵人，我們戰之，對朋友，我們愛之、助之；但如果非敵非友，該怎麼辦？萬一亦敵亦友，又怎麼辦？

　　英裔美國社會人類學家**陶格拉絲**（Mary Douglas）指出，如何讓人工秩序「固定住」這個永無止境的工作，在人類鍥而不捨的課題當中，佔有極其重要的地位；大部分對人類生活不可或缺的差異，都不是自然而然存在的，而是必須靠人工引進和不眠不休的守衛。（據說在中世紀的時候，有一幅畫在地下流傳，畫上有四個骷髏頭，標題寫著：「猜猜看，哪一個骷髏頭屬於教皇，哪一個屬於王子，哪一個屬於農夫，哪一個屬於乞丐？」四個骷髏頭當然長得一模一樣，而它們的完全相似，建議了所有絕非無足輕重的差異，所有無法逾越的鴻溝，譬如王子與農夫的差距，僅僅在於他們頭上戴了什麼或沒戴什麼而

已，而不在於頭顱的形狀或尺寸。難怪這幅卡通只能在**地下流**傳。）為了達到區隔的目的，凡是模糊邊界，以致破壞設計、搗亂秩序，把原本應該清晰的局面搞得混淆不清的曖昧性，都必須鎮壓之或消滅之。我追求的是我想像中的秩序，我心目中的優雅和美麗，這幅圖畫激勵了我，使我憎恨現實中一切冥頑不靈、不肯乖乖就範的曖昧成分。我拼命掃除的垃圾，僅僅是「擺錯地方」的東西，在我想像的世界裡，沒有屬於它的明顯位置。那東西本身沒有問題。問題是，當它出現在不該出現的地方時，就令人噁心和討厭。

讓我們看幾個例子。有些植物被我們叫做「野草」，被我們狠心下毒、連根拔起，只因為它們有淹沒花園與荒野之間界線的恐怖傾向。「野草」經常長得清新可喜、芬芳宜人；當我們在森林或草原中漫步時，如果看到它們，我們肯定會駐足欣賞，讚嘆大自然造物之美。它們的「過錯」，在於冒冒失失闖入一個原本應該整齊劃分成草坪、玫瑰園、菜園和花籬的地方。它們破壞了我們嚮往的和諧，攪亂了我們的設計。一盤擺在餐桌上的菜，會讓我們食指大動，但同一盤菜，如果撒在床單或枕頭上，肯定讓我們大呼小叫驚恐不已——原因很簡單，它擱錯了位置，破壞了我們對家的設計，根據我們的設計，兩間一模一樣的房間，必須嚴守分際和各司其職：一間是餐廳，一間是臥室。即使最光鮮亮麗，穿在腳上會讓我們洋洋得意的鞋子，一旦擱在桌上，就顯得一副「骯髒」相。剪下的頭髮和指甲屑也一樣，儘管頭髮和指甲時常是我們細心照顧和引以為傲的對象，但前提是，只有在它們還長在我們身上的時候。有些化學公司被人發現把一模一樣的清潔劑包裝成兩種產品，貼

上明顯不同的商標；它們不得不如此，因為經過仔細研究之後，這些公司發現，大多數自認為理家高手的人，打死也不肯用同一瓶清潔劑洗浴室和廚房。這些和類似的例子顯示，我們每個人在跟「骯髒」作戰，在把東西（各就各位）擺好等事情上，投注了如許緊張、執著的注意力，驅使我們的動機是，我們需要維持穩定、完整和明確的分界線，好讓我們的世界井然有序，好讓它適宜居住和暢行無阻。

內群與外群之間、「我們」與「他們」之間的邊界，是人類最不惜餘力防守，而且消耗了最多注意力的區隔。對內群來講，外群可以說是有益的，甚至是不可或缺的，因為它解決了內群的認同問題，鞏固了內群的統一與團結。至於夾在兩個群體之間的那一團模糊的灰色地帶，可就是另一回事了。它簡直一無是處，不能扮演任何可以想像的有用角色；它被視為有害，毫不留情面的。所以凡是靠動員愛國情操或黨派團結來爭取選票的政客，一概信奉「不是朋友，便是敵人」的原則。在如此直截了當的區隔中，中間、未決定或自然的立場沒有生存的空間。如果給它們機會，這種立場會暗示對錯之分並不像政客所建議的那麼絕對。許多政黨、教會，或者民族主義式或宗派組織，在對付內部異議份子上花的時間與精力，遠超過對付自己公開宣戰的敵人。一般而言，賣國賊和變節者，往往比公然承認的敵人遭到更強烈的痛恨。在民族主義者或政黨鷹派份子的眼中，叛逃到對方陣營的「我們之一」，或不肯大力譴責他們的人，其可恥可恨的程度，比起任何敵人，只有過之而無不及；和解的態度，比公然敵對受到更無情的責罵。所有宗教痛恨異教徒的程度，都超過它們憎惡無神論者的程度，迫害的

手段也更殘酷。「破壞團結」、「害群之馬」、「吃裡扒外」，是領導者對追隨者所能做出的最嚴厲指控。遭到這種指控的人，居然敢動念（更嚴重的是說出口，最最嚴重的是表現在行動上）懷疑自己的民族、政黨、教會或運動，其實和宣戰的敵人並沒有絕對的差異，居然認為雙方達成諒解，甚至協議，並不是不可以想像的事情；或居然認為自己群體的榮譽並不是潔白無瑕，群體本身並不是無可非議，並不是一貫正確。

　　無論如何，群體的疆界難逃內外夾攻的命運。它可能從內部腐蝕起，被立場曖昧的人挖牆角，那些人已經烙上叛徒、詆毀價值者、破壞團結者、變節者的印記。但是，它也可能遭到來自外部的攻擊，而最後被攻破；攻擊者「和我們不大一樣」，卻要求和我們同樣的待遇；當他們還待在原來的地方時，你可以正確無誤地認出他們是外鄉人，是「非我族類」，如今他們離開那塊地方，在我們這裡到處亂闖，使你很容易誤把他們當做別人。他們的「穿牆越界」之舉，證明了咸信安全、無法滲透的邊界，其實遠非滴水不漏。光憑這一宗罪，就足以使你憎恨他們，希望他們滾回老家，因為一看到他們，就讓你感覺不安全，他們身上帶了一股隱隱約約的危險氣息。他們竟然能夠完成脫離老家，跑到我們這邊的壯舉，使我們懷疑他們身懷某種我們拼不過的可怕和神秘的力量，某種我們比不過的狡詐；而且他們對我們居心叵測，所以多半會利用他們的恐怖優勢來對付我們的劣勢。在他們面前，我們失去信心；我們半清醒半意識地期待新來者會從事某種既危險且噁心的勾當。「新受洗者」（neophyte）（改皈依我們信仰的人）、「暴發戶」（nouveau riche）（昨天還是窮光蛋，突然發了財，今天已躋身

有錢有勢者之林）、「新貴」（upstart）（出身寒微，迅速竄到高位的人）之類的名稱，一概帶有一股濃厚的譴責、厭惡、鄙夷的味道。一概指昨天還在「那邊」，今天卻跑到「這邊」的人。凡是身懷特異功能，能夠在這邊和那邊來去自如的人，都不可信任：畢竟他們戳破了原本應該戳不破、滴水不漏的東西，這個原罪豈能忘記，豈可饒恕。豈會消失。

他們之所以引起焦慮，還有別的原因。他們是真正的**新來者**（newcomers），不瞭解我們的生活方式，不熟悉我們的方法與手段。因此在我們看來是正常和自然──「生下來就會」的生活方式，對他們來說，卻是古怪和有時候大惑不解的事情。他們不把我們的生活智慧視為理所當然。於是老愛問一些我們不知道如何回答的問題，我們答不出來，因為我們過去沒有機會，也沒有理由問自己那些問題：「你為什麼這樣做？這樣做有道理嗎？你有沒有試過不同的方法？」我們過日子的方式，帶給我們安全，使我們感覺舒適的生活，現在遭到了挑戰，成為我們必須辯論、解釋、辯護的事情。它不是不證自明，所以似乎不再安全。失去安全這件事，本來就不是可以輕易原諒的事情。更何況，整體而言，我們並不是寬宏大量的人。於是我們把這類問題當做冒犯，把辯論當做顛覆，把比較當做傲慢和侮辱。我們希望自己團結起來，「捍衛我們的生活」，對抗蜂擁而入的陌生人，那些人必須為我們突然出現的信心危機負責。我們的不安，變成衝著麻煩製造者而來的憤怒。

縱使新來者緘默無語，保持禮貌地不問那些令人尷尬的問題，但他們自己過日子的方式，仍不可避免的代他們問了那些問題，結果也一樣的惹人生氣。從那邊過到這邊，並且決定留

下不走的人，通常都希望學習我們的生活方式，模仿我們，變成「像我們一樣」。縱非全體如此，至少他們大多數會嘗試把他們的家裝潢得和我們的家一樣，會模仿我們的穿著打扮，抄襲我們的工作與休閒方式。不但講我們的語言，而且盡量模仿我們說話的口吻和打招呼的方式。但無論如何努力（也許因為太努力了），他們還是免不了犯錯，起碼一開始的時候如此。他們的努力騙不了人。他們的舉止笨拙、彆扭、可笑，看起來更像是模仿我們行為的滑稽劇，逼得我們不得不懷疑「正牌貨」是否也是如此。他們的演出，帶了一股嘲諷的味道。為了拒絕這種拙劣的冒牌貨，我們嘲弄他們，譏笑他們，編一堆關於他們的笑話，並且四處轉述，「以滑稽反制滑稽」。但我們的笑聲中屬雜了悲憤，插科打諢的背後隱藏了焦慮。不管我們做了多少損害控制，傷害業已造成。我們無意識的風俗與習慣，好像被哈哈鏡反射回來給我們看似的。我們被迫用諷刺的眼光看自己扭曲的形象，從批判的角度看自己的生活。縱令他們沒有挑明問題，我們的安寧已經打破了。

由此可見，有太多的理由，讓我們用懷疑的眼光看陌生人，把他們看成潛在威脅。假如他們清楚烙上「非我族類」的標記，維持外鄉人的身分，並且接受我們的方式歸我們，他們的方式歸他們，井水不犯河水的原則，或許大家還可以相安無事；換句話說，即便他們剛好進入我們視線範圍，我們還是可以不予理會。但是，一旦我們和他們的差異不再如過去一般明顯，殘餘的清晰度又令人憂心地呈現日漸消失的趨勢，衝突的可能性便會急遽上升。起初可能當作一件好玩的事情，提供了不少編笑話與嘲諷的題材，現在則可能激化為敵意——以及攻

61

擊性的態度。

於是，第一個反應是，恢復已消失的區隔清晰度，辦法是把陌生人送回「他們老家」（這是說，如果有一個自然棲息地是他們發源地的話；這個辦法最主要施用於屬於不同族群，抱著在新國度安家落戶希望而來的外國移民）。有時候採取強迫驅離的辦法，或是讓他們的日子過得悲慘無比，慘到寧可被放逐也不願留下。如果他們還是賴著不走，或者因為種種原因，大批放逐的辦法行不通時，下一步可能就是種族滅絕；既然搬不走他們的身體，就用殲滅身體的殘酷辦法來達成任務。種族滅絕是最極端、最令人髮指的「恢復秩序」辦法，然而近代史一再以最毛骨悚然的方式，證明種族滅絕的危險性絕不是幻想，不管全世界如何同聲譴責和深惡痛絕，爆發種族滅絕行動的可能性，永遠不能排除。

不過，更普遍的情形是，選擇一個較不可恨、較不激進的解決辦法。「**分開政策**」（separation）是其中最常見的一種。分開可以是地域性，可以是精神上，也可能兩者兼施。在地盤分開政策方面，最完整的表現方式是猶太人聚落（ghettos），或族群保留區，即在城鎮一角或鄉下某地，保留一塊地方，供本地人拒絕與之為伍，視之為外鄉人，希望他們永遠維持外鄉人身分的人居住。有時候在分配給他們的土地四周築起圍牆，並且頒佈甚至比圍牆還要厚的層層法律禁令（南非黑人需要通行證才能離開他們的「家鄉」，而且禁止購買白人保留區內的房地產，是最近但絕非史無前例的例子），禁止外鄉人離開他們獲准居住的地方。有時候法律沒有明文規定不准離開保留區，名義上可以自由出入，但實際上保留區內的居民不能或不願逃

出牢籠──或因爲「外面」的環境惡劣到不可忍受的地步（一 62
出去就遭到人身攻擊、訕笑，不然即捉弄），或因爲保留區內
通常無人聞問的悲慘生活水準，是他們唯一負擔得起的生活。
如果這群被界定爲外鄉人者的外型與舉止跟本地人無甚差異，
則往往規定特殊裝束或其他烙印記號，以便凸顯差異和降低意
外交往的危險。多虧陌生人身上配戴了叫他們戴上的警告牌，
所以不管他們走到哪裡，等於把他們的分開地盤帶到那裡──
即使允許他們自由走動也沒關係。何況非允許他們到處走動不
可，因爲他們通常替本地人提供容或卑微低賤，但極其重要、
不可或缺的服務（比如在中古世紀的歐洲，猶太人提供了大部
分現金貸款和銀行信用）。

萬一地盤沒辦法完全分開，或變得根本分不開時，精神上
的分離就愈發顯得重要。與陌生人的交往，降至純商業交易的
層次。社交接觸一概全免。爲了防止無可迴避的身體接近變成
心靈接近，則需大費周章。厭惡和公然敵視是最明顯的預防措
施。用偏見與厭惡築起的屏障，一再證明比最厚的石牆還要有
效。害怕被傳染的心理，包括實質上和隱喻性的傳染，提高了
積極避免接觸的戒心：咸信陌生人有傳染病，滿身虱子跳蚤，
不講衛生，因此會危害健康；或者散佈病態的觀念與習慣，施
行巫術或陰森恐怖的邪教，傳播道德淪喪和傷風敗俗的思想。
憎惡心理蔓延到與陌生人有關的一切事物，包括他們說話的腔
調、穿衣的方式、他們的宗教儀式、他們組織家庭生活的方
法，甚至他們喜歡燒的菜的味道。

以上討論的分開措施，均假設一個單純的情況：「我們」
需要保護自己，以防不請自來，混在「我們」當中，賴著不走

的「他們」。至於誰屬於「我們」，誰屬於「他們」，則不曾引起爭議，彷彿「我們」只有一個標準，「他們」也只有一個標準；需要保持距離以策安全的，正是這兩套完整且顯然不同的標準。但明眼人一看便知，以我們這種社會形態，如此單純的情形和一刀兩斷的切割方式，幾乎不可能發生。我們生活的社會，是都會型的社會，其特點是人口稠密、流動頻繁；在日常生活過程中，我們需要進入各式各樣的地區，裡面住了形形色色的人，我們需要從一個市鎮去到另一個市鎮，或從城中某區去到另一區。我們在一天之內遇到的人之多，多到不可能全部認識。在大多數情況下，我們無法判斷我們遇到的人是否遵守我們的標準。我們幾乎隨時隨地撞見新的景象，聽到新的聲音，對之我們無法完全理解；更糟的是，我們很少有空停下來，想一想和真正試著去理解。我們生存的世界，似乎大部分被陌生人佔據了，似乎是一個**遍地陌生人**（universal strangerhood）的世界。我們活在陌生人之間，在他們當中，我們自己也是陌生人。在這樣一個世界裡，把陌生人關起來或保持距離的做法，根本是螳臂擋車。陌生人和我們是必須生活在一起的。

　　這不表示現代社會完全拋棄了上述措施。如果整體而言，彼此疏離的群體不能有效地分開，則仍然可以靠「**隔離措施**」（segregation），多少降低一些交往的機會（並且使交往變得無關緊要，以致無害）。不過，現在這個辦法需要修正了。

　　舉例來說，有一個隔離辦法是大家都見過的：把明顯、易於辨認的群體成員標記穿在身上。這種群體專屬的外表，可以靠法律來執行，以致「冒充他人」會遭到司法的制裁。但沒有

法律的干預，一樣可以達到隔離的目的。在都會歷史中，大部分時期，只有富人和特權階級才穿得起精緻豪華的衣服，而且從前交通不發達，人們穿的衣服通常是本地生產的（永遠依當地風俗而製造），因此把一個不認識的人歸類是很容易的事情，只要看看他的**外表**是否華麗、簡陋或怪異就夠了。可是這個辦法現在不管用了。從前只可豔羨讚嘆的衣服，現在被大量複製出來，價格相對便宜很多，即使收入有限的人也買得起、穿得到（最重要的是，這表示幾乎人人可穿）。此外，整體而言，複製品做得幾可亂眞，從遠距離觀察，尤其眞假難辨。

64

　　服裝的普及化，使得衣服完全喪失了傳統的隔離功能。繼而改變了靠服飾創新來顯示「社會地址」（social address）的功能。如今大部分服裝不會永遠屬於某一個特定收入團體或階級；新的款式才被創造出來，馬上就出現在廣大群眾伸手可及的範圍。服裝也失去了地方色彩，變成眞正的「超越地域」或四海一家。一模一樣或難以區分的衣服，可以在相隔數萬里的地方同時買到。服裝不但不能顯示穿衣者的出生地和可移動性，反而隱藏了他的眞實身分。這不表示我們從此不能再以貌取人；相反的，服裝取得了一個新的角色，成爲最主要的象徵工具，被男男女女拿來做公開聲明，宣布他們選擇哪一個參考團體做爲自己的模範，希望以什麼身分被人認識和接觸。我透過我的裝束，彷彿向全世界宣布：「看清楚了，這是我歸屬的團體，我是這種人，注意了，你最好把我當做這種人，用對待這種人的方式來待我。」透過服裝的選擇，我可以欺騙，恰如我可以坦白；我可以僞裝成某人，除此之外我別無辦法冒充那個人，我也可以逃避（或至少暫時隱瞞）社會強行分配給我的

類型。我的衣著不是我的身分的可靠指標。所以我也不能信任其他人的外表的情報價值。他們可能存心誤導觀眾。他們一會兒穿上，一會兒脫下那個裝卸自如，被他們拿來炫耀自己的符號。這一刻，他們看起來是某種人，下一刻，他們可能完全變了一個人。

　　**外表**隔離法（segregation by appearance）失去大部分實用價值之後，**空間**隔離法（segregation by space）的重要性便大為提高。都市住宅區往往分割成不同區域，同一個區域裡面多半住了同一類型的人，或很少出現某些類型的人，因此弄錯人的機會大為降低。儘管住在這種特殊化的區域裡，進來的每個人都經過篩選，你仍然活在陌生人當中，但至少你可以安全地假設，陌生人大致屬於同一類型（或毋寧說，大部分其他類型已經被排除在外了）。所以隔離區的定向價值，是靠**排他性**（exclusion），是靠選擇性，以致有限的入場許可，而獲得的。

　　票房、接待處與保全警衛，都是排除措施的顯著符號和工具。它們的存在，傳達了一個信息，即只有經過選擇的人，才准進入它們保護和控制的地方。選擇標準各地不同。在票房方面，錢是最重要的選擇標準，但不是唯一標準，有些人有錢仍不得其門而入，因為其他條件不符，例如穿著不夠體面或膚色不對。接待處和警衛則負責決定來客是否「有權」進入。想進門的人，必須證明自己有資格進入；舉證的責任完全落在他的身上，儘管決定他的證據是否充分的權力，完全掌握在控制入口的那人手中。資格檢驗的辦法，促成了凡是維持完全陌生人的身分，凡是不「表明正身」的人，一概被拒入內的情境。驗明正身的動作，把一個沒有面孔，屬於灰色地帶，被一視同仁

地歸爲陌生人的人，變成一個「具形的人」，一個「有面孔的人」。於是那個令人不安、不透明的陌生防護罩，至少局部揭開了。靠守衛大門來劃清界限的禁區，遂一反常態地沒有了陌生人。凡是能進入如此警衛森嚴地方的人，遂可大大放心，因爲裡頭的人，在某種程度上已經淨化了，洗掉了陌生人身上常有的曖昧氣息；因爲有人已經替他過濾過了，保證他在裡面可能碰到的每一個人，至少在某些方面和他類似，因此可以視爲屬於同一類型。置身於一群「可以是任何人」中間的不確定感，因之大爲降低，雖然只是一時一地的解脫。

換言之，我們運用禁止入內的權力，在人口稠密、隱名埋姓的都市生活世界，劃出一塊相對同質、沒有矛盾的淨土。人人在一個小規模上行使這種權力，當我們小心謹慎地只准我們能夠辨認的人進入我們稱之爲家的控制空間時，我們就是在行使這種權力；我們拒絕「完全陌生人」進入。但是，在更宏偉的規模上，我們託付他人，運用他們的權力爲我們做同樣的事情。因此每當我們進入他們守衛的空間時，我們便感到相對安全。在一生當中，大部分時候，我們把待在城裡的一天，切割成幾個時段，每一段待在一個守衛的空間裡，或花在穿梭於這些空間的路上（我們每天從家裡出發，去辦公室，去學校，去俱樂部或酒吧或音樂廳，然後回家）。夾在這些實施排他政策的圍城之間，是一大片無人看管的開放空間，在那裡人人或幾乎人人都是陌生人。一般來說，我們盡可能縮短待在這種三不管地帶的時間，越短越好，能免則免（例如，當我們必須從一個嚴密防守的空間去到另一個時，我們盡可能駕車前往，盡可能留在私人汽車熔接密合的殼子爲我們隔離的空間裡）。

　　於是生活在陌生人中間的最大苦惱，獲得了部分紓解，甚至心神不寧的程度也暫時減輕，但這些情緒很難完全消除。無論用了多少巧妙的隔離辦法，我們依然不能完全避免身體相近但心靈相遠的人的陪同，他們不請自來，圍在我們四周，而且來去自如，不受我們控制。在公共場所（一個我們避免不了的空間），我們無時無刻不察覺到他們的存在。那是一種惱人的覺悟，對於自己的自由受到侷限的覺悟。縱使我們能夠確定陌生人的出現，並沒有隱藏侵略的威脅（但我們永遠不能百分之百放心），我們仍然察覺到自己被不斷地凝視、觀察、挑剔、品頭論足；我們的個人「隱私」被刺破，被滲透，被侵犯了。雖然身體沒有受到侵犯，但至少我們的尊嚴、自尊或僅僅我們的自我定義，現在成了無面孔的人的俘虜，對於他們的判斷，我們影響有限，若有任何影響的話。不管我們在做什麼，我們都必須擔心自己的行動如何影響觀察者對我們的印象。只要我們留在他們的視線範圍之內，就必須保持警覺。我們所能做的，頂多只是保持低調，或至少避免引起注意。

　　美國社會學家**高夫曼**（Erving Goffman）發現，「**禮貌性疏忽**」（civil inattention）是使我們可能在都市生活、在陌生人中間生活的最重要技術。禮貌性疏忽的意思是，**假裝**（pretending）自己什麼都沒看到、沒聽到，或至少擺出一副不看、不聽，和最重要的，不關心周遭人在做什麼的姿態。禮貌性疏忽最明顯的表達方式是，避免目光接觸。（四目交接永遠是邀請對方進一步交往的訊號，它逾越了陌生人之間可允許的親密程度，意味了放棄個人保持匿名的權利，意味了棄權或至少暫時擱置自己假設對方看不見自己的權利與決心。）竭力避

免目光接觸，等於發表一份公開聲明，宣布自己就算視線偶爾或不小心「溜過」另一個人身上，其實「有看沒有見」（誠然，你的眼睛只准「溜過」，不准停駐和聚焦，除非你存心搭訕）。完全不看是不可能的。任何一個城市的街道，大部分時間都擠滿了人，簡單地從街這頭走到那一頭，也必須小心監視前面的道路和路上所有站著、走動的人，以免撞到別人。雖然不得不監視，但必須做到不妨礙別人，不造成不安，不引起被我們目光掃到的人的戒心。你必須一邊看，一邊假裝沒看到——這就是禮貌性疏忽的精髓。想一想你一定有過的一個日常生活經驗，例如進入一家擁擠的百貨公司，或穿越火車站的候車室，或只是上學途中走在馬路上；想一想，當你安全地沿著人行道行走，或在百貨公司貨架之間的通道閒逛時，所有你必然不假思索做的小動作；想一想你擦身而過的無數人當中，你能記得面孔的何其少，想一想所有和你同時逛百貨公司或走在同一條街上的人當中，你能描述的何其少。想到這些，你會驚訝自己把那套困難的「疏忽」藝術——把陌生人當做沒有面孔的活動布景，真正要緊的是布景前面上演的戲——學得多麼好。

　　陌生人對待彼此的小心翼翼、苦心孤詣的忽視，對於生存在都市環境下，顯然是一個重要的價值。但它也有一個不怎麼可愛的後果。甫從鄉下或小鎮搬到大城市的新來者，往往被這種在他看來怪異無比的麻木和冷漠嚇到了。城裡人似乎不喜歡其他人類。他們行色匆匆，不瞧一眼路上的人。你敢打賭，萬一有什麼可怕的事情發生在你身上，保證他們不會停下來瞄一眼。你和他們之間，無形中升起一堵用保留，甚至可能是用反感築起的牆，一堵你攀登不了的牆，一段你跨越不過的距離。68

人們徒有讓人乾著急的軀體接近，但精神上——心理上、道德上——卻保持了無限大的距離。沈默隔離了他們，距離則像一把靈巧和不可或缺的小刀，用來對付陌生人在場的危險感，這一切在在讓人感覺是威脅。迷失在人群之中，你覺得呼天不應、叫地不靈；你覺得渺小、孤單，你的存在可有可無。基於保護隱私不受侵犯而建立的安全，反彈回來，變成了**寂寞**（loneliness）。或毋寧說，寂寞是隱私的代價。和陌生人生活在一起，是一種藝術，至於它的價值，則是和陌生人本身一樣的曖昧不明。

另方面，大城市的「遍地陌生人」，意味了擺脫旁人討厭煩人的監視與干預，換了較小、更個人化的環境，那些可以理直氣壯地表現好奇和好管閒事。在大城市中，你可以置身於公共場所，而同時保持你的隱私完整。拜人人施展禮貌性疏忽所賜的「道德隱形」（moral invisibility），提供了在不同環境下無法想像的自由幅度。只要人人遵守禮貌性疏忽的不成文規定，你可以相當暢行無阻的在城市裡活動。你因此而累積了大量新鮮、奇妙、賞心悅目的印象。經驗範圍亦隨之擴大。都會環境是孕育智慧的肥沃土壤。誠如偉大的德國社會學家**齊美爾**（Georg Simmel）所言，都會生活與抽象思考共鳴共振、共同發展：都會經驗驚人的豐富性，難以理解的多樣性，助長了抽象思考，而操作普通概念和分類的能力，是在都會環境中存活不可或缺的技術。

這些可說是都會生活的正面意義。但你得付出代價；人生得失互見，有一得必有一失。當你擺脫旁人多管閒事的好奇心時，他們充滿同情的關心和樂於助人的意願亦隨之而逝。奔波

忙碌的都會生活，透出一股冰涼的麻木不仁。社交大體上降至交換的層次，而如前所述，參與交換的人，個個練就一身漠不關心和不置可否的功夫。現金交易，純粹以金額來衡量的互相服務，所奉行的是理智、不帶感情、無動於衷的都會態度。

過程中，人際關係的**倫理**（ethical）性質也失落了。如今各式各樣缺乏「**道德**」（moral）意義的交往模式，都變成可能了；免於道德標準之評估與審判的行為，也變成了常態。

人際關係是否合乎道德，端看它是否出於對他人安康福祉的責任感。首先，道德責任的特徵是無私（disinterested）。它不是出於害怕懲罰的心理，也不是基於個人利益的考量：不是因為我簽下了合同，依法必須履行合同規定的義務，或我期盼對方會投桃報李，使我為了討好他或她而下的工夫不至白費。它也不是有條件的，依對方做了什麼或是什麼人而定。只要是完全無私和無條件的，就是合乎道德的責任：我為另一人負責，僅僅因為他是人，他就是我的責任。其次，只要我覺得那是我一人責無旁貸的責任，就是合乎道德的責任；它沒有商量餘地，不能推卸給別人。我不能找藉口推卸這個責任，而且地球上沒有一人有權免除我的責任。這種為他人——任何人——負責，只因為對方是人的責任感，尤其不忍見死不救的道德衝動和隨即伸出的援手，不需要辯論、合理化或證據。

和身體接近截然不同的是，道德接近恰是由這種責任感構成的。然而，在「遍地陌生人」的情況下，身體上的接近已淨化到不帶一絲道德成分。這表示如今人們可以在雞犬相聞的條件下生活與行動，彼此影響著對方的生活環境與健康福祉，卻感受不到**道德**上的接近，因此渾然不覺自己行動的道德意義。 70

這種情形的實際後果是，人們可能不採取道德責任督促他們採取的行動，偏偏從事道德責任禁止他們從事的活動。感謝禮貌性疏忽的原則，陌生人不再被當成敵人，大多數時候可以逃過往往降臨在敵人身上的厄運；他們不再是敵視和攻擊的對象。然而，和敵人同病相憐的是，陌生人（包括我們自己在內，因為我們大家都是「遍地陌生人」的一部分）被剝奪了只有在道德接近的條件下才能獲得的保護。禮貌性疏忽距離道德冷漠、無情和見死不救，只有一線之隔。

# 一起與分開

**4**

*Thinking Sociologically*　社會學動動腦

71　　你可能不只一次用「我們大家都同意……」的句子，做為演講的開場白。我相信你一定聽別人用過這句子，或者在報紙文章上讀過，尤其是社論，說起來，社論等於是報社主筆對讀者發表的演說。但你可曾問過自己，這些「都同意」的「我們大家」**是誰**？

　　我若用「我們大家都知道……」或「我們大家都同意……」之類的句子，我是在指一群不特定的人，這群人和我看法一致。但我的言下之意不止於此，我還在暗示，我特別挑選這群人出來，以區隔他們和其他所有可能和我看法不同的人；這群被我選中的人，才是眞正要緊的人（至少對我而言），正因為只有這個群體才算數，其他群體全不算數，所以這個群體成員的共同意見，給我接下來要說的話帶來了權威性——充分、可信、可靠的權威性。我用這個句子，在我自己和我的聽眾或讀者之間，搭了一座**互相瞭解**（mutual understanding）的隱形橋樑。我是在建議，因為我們觀點一致，因為我們用同樣的方法、從同樣的角度來看我們討論的話題，所以我們團結在一起。當我用這個句子時，所有這些隱含的意思都盡在不言中了。彷彿「我們大家」的團結一致，以及我們大家對於意見不同者的共同不屑，對我來講（而且我盼望或理所當然地認為，對我的聽眾來講也一樣）是再「自然」也不過的事情，自然到毋須辯論，不必尋找和提供事實確是如此的證據。

　　每回我們提到**共同體**（community）一詞時，我們心中想的，就是這樣一群人的集合體（完全沒有清楚界定或圈出範圍），一群不顧他人反對而有共識的人，而其共識具有藐視一切、鄙夷天下的權威性。不論我們如何證明或解釋共同體的
72

「一起性」（togetherness）、它的一致性、它的真正或僅僅渴望的持久性，我們心中想的，最主要是**心靈的**結合（spiritual unity），服膺於共同精神權威下的心靈結合。沒有心靈結合，就沒有共同體。

有一個共同觀點，是共享其他一切觀點的基礎和條件，那就是我們討論的集合體確實是一個共同體——亦即，在共同體的疆界之內，一切觀點和態度是共享的或應該是共享的，萬一出現不同觀點（咸信只是暫時現象），則能夠且應該達成共識。它假設共識或至少達成共識的意願，是共同體全體成員最主要和自然的現實。共同體是一個團體，在這個團體之內，團結的因素比任何分裂因素都要來得強大和重要；成員之間的差異，較諸他們本質上的——往往被形容為壓倒性的——相似點，則是微小或次要的。共同體被視為一種**自然的**結合。

我們之所以能夠大言不慚的，不必解釋「我們大家」到底是誰，不必證明我們號稱共享的觀點是真實和恰當的，理當獲得尊敬和信任，最主要是因為這種含蓄結合的「自然性質」。共同體式的歸屬感似乎渾然天成，同其他「自然現象」一樣，不需要費心建構、維修和保養。共同體式的歸屬感最強大、最堅固的時候，是我們相信自己不曾刻意選擇它，不曾做任何事情使它存在，也不能做任何事情令它消失的時候。為了使共同體信念有效起見，為了使它成為現實，「我們大家都同意」這句話所暗示的形象和假設，最好永遠不要詳細說明，永遠不要引起注意，永遠不要編成正式法典，或變成存心追求的目標。愈少談論它或愈不去注意它，共同體信念就愈堅強。唯有保持緘默，共同體才會如我們所相信的，「自然」團結在一起。只要

不去辯論它，不去挑戰它，共同信仰就會油然而生。

73　　理想上，如果有一群與世隔絕的人，從出生到死亡，一輩子只和同一群人生活在一起，從來沒有出去看看外面世界，也從來沒有奉行不同生活方式的其他群體成員到此一遊，在此情形下，共同體之信仰可以達到最圓滿的境界。這群人沒有機會「從外面」省視自己的方法與手段，渾然不覺自己的方法與手段有何怪誕和令人困惑之處，有解釋或辯論的必要。這群人也不曾被迫合理化和解釋自己為什麼用這種方法過日子，為什麼只堅持這一種方法，而不嘗試其他的。（請注意，這裡談的是一種理想狀態。真正符合這種理想條件的例子，在現實世界幾乎找不到。有人假設古代的孤立村莊或遙遠島嶼比較符合這些條件，不過即使這個假設，也經不起嚴格的檢驗。共同體的存在，通常是**假定的**，是慾望的流露，是號召團結的號角，但不是現實。偉大的英國學者**威廉士**（Raymond Williams），曾經說過一句名言：「共同體最了不起的地方，在於它永遠過氣」。）即使曾經一度存在，現在肯定不再存在，當你一開口講共同體三個字的時候，那個虛構的理想形態就消失了。人們呼喚不可動搖的「自然」結合力量，呼喚得最殷切的時候，正是他們面臨創造人工團結的實際考驗，或昔日團結搖搖欲墜，必須竭力挽救的時候。

　　所以，當我們使用「我們大家都同意……」這一類的句子時，我們是企圖給一個從來不曾「自然」存在的共同體灌注生命，或給一個瀕臨崩潰的共同體輸氣續命，或讓一個已經死亡的的共同體死灰復燃，恢復它的意義與信仰。我們進行此事的環境，公認不利於「自然」共同體的存在與存活——在我們生活

的世界，互相矛盾的信仰同時存在，不同的現實描述彼此競爭，每一個觀點都必須捍衛自己，都必須面對來自另一方的挑戰。共同體是「心靈結合」的觀念，實際上是一種劃清界限的工具，用來劃分「我們」與「他們」之間迄未存在的疆界；是一種**動員**（mobilization）的工具，用來說服群眾，看在大家命運相同、利益與共的份上，採取團結一致的行動。

讓我們再重複一遍：引用共同體的「自然性質」，本身是一個使團結呼籲生效的因素。大部分強有力的（也證明是最有效 74 的）共同體建構工作，均似是而非地影射一些看似「超越人類力量」，個人既無法自由選擇，也不能拒絕的東西，例如「相同的血液」、世代相傳的性格、與時俱進的鄉土感情，據說這些特質注定了整個**種族**（race）的命運與使命；或相同的歷史背景、共同的成敗紀錄、「我們共同的歷史遺產」，據說它們使**民族**（nation）成爲一個福禍與共、永不分離的獨立實體；或共同的**宗教**信仰（religion），據說它出自遙遠年代祖先所獲得的天啓，日後招致迫害，因此祖先的信仰乃神聖不可侵犯，傳承先人遺教是後代子孫的天職與義務。用這種貌似客觀的「事實眞相」做爲訴求，對於共同體建構工作特別有用，原因在於它援引的事實，是它呼籲的對象撼動不了的。引述這種事實，可以有效地隱瞞選擇的成分，以及與選擇有關的任意性。爲了誘導共同體建構的訴求對象做出選擇，遂告訴他們，他們**毫無選擇餘地**（non-choice）──因爲他們的祖先或老天爺已經代他們做好決定了。在這種形勢下，不肯共襄盛舉，當然視同背叛行爲。犯下這種罪行的人，是忘本，是數典忘祖，是背叛自己的天職等等；他們若不是叛徒，就是傻瓜，竟然敢挑戰歷史已

經替他們做好的決定。

不過，不是所有的共同體建構工作都可以援引不可控制的必要性，藉此隱瞞它們任意武斷的性質。許多政治運動和宗教運動，公開聲明它們企圖創造一個理念型或信仰型的共同體，方法是說服人們改信（**皈依**）新的觀念，一個他們至今尚未覺悟，或曾經不知好歹拒絕過的觀念。這種運動旨在創造一個忠實信徒的共同體，即基於對創教聖徒或某位高瞻遠矚的政治領袖所揭示的理想有共同感情，而結合在一起的團體。這類共同體建構運動使用的語言，不是神聖傳統、歷史命運或階級使命那一套，反而是福音、醒悟、「重生」，和最重要的，**真理**（truth）。它們不以據稱無選擇餘地的處境為訴求，反而訴諸高貴的行為，呼籲人們選擇真理，拋棄虛妄，擁抱真正信仰，拒絕迷信、幻覺或意識型態式的扭曲現實。它們要求人們脫離「天生」歸屬的共同體，改為加入這個共同體。它們把加入共同體這件事，形容為自我解放和重獲新生，描述成一種出於自由意志的行為——誠為個人自由的首度真正宣示。但它們隱瞞了一件事，那就是壓力，從今爾後加諸在皈依者的身上，強迫他們繼續服從新加入的信仰，並犧牲個人自由來追求共同體的目標。這類共同體要求的犧牲奉獻，可能不亞於援引歷史傳統做為正當性的共同體。

信仰型共同體不能一味靠**宣傳**（propaganda）手法，不能只靠灌輸新的信條來團結未來的信徒。它永遠無法真正保證信徒的虔誠，除非靠**儀式**（ritual）的支持：舉辦一系列定期活動（愛國慶典、黨員大會、教堂禮拜），要求信徒以實際行動參與其中，如此才能重申他們的共同成員身分和共同命運感，並強

化信仰的虔誠。不過，信仰型共同體在要求成員的嚴厲程度和數量上不盡相同。

　　舉例來說，大部分政黨要求無多（追求激進目標的政黨，無論革命性質或反動性質、左翼或右翼，是重要的例外，它們把成員當做戰士，因此要求堅定不移的忠誠和無條件服從），頂多是贏得定期選舉的必要思想團結，以及代表黨做一點志願性的「傳教」活動而已。它們不干涉成員生活的其他部分，也不會去制定關於成員的家庭生活或職業選擇之類的規定。

　　另方面，各門各派的宗教團體，總的來說苛求多了。它們不滿足於僅僅要求成員參加定期膜拜儀式就算了；成員的**整個**生命都是它們關切的範圍。從定義上來講，教派一定是少數團體，暴露於外界壓力之下，因而一直處於圍困狀態，只有一套共同信仰是不夠的，還需要整個生活方式的統一。它們希望徹底改革信徒的一切做人處事方法。甚至顯然與信仰問題無關的行為層面，它們也要求服從。教派共同體把成員的整個生命，變成信仰的告白和忠誠的宣示，以防信徒受到外在環境的懷疑或公然敵意的影響，而信心動搖。在一些極端例子裡，有的教派甚至企圖切斷共同體與「凡人」社會的一切交流；不但包圍成員的全部生活，佔據他們的所有時間，滿足他們的一切需求（如果滿足不了，則否認該需求的價值），而且把成員孤立起來，不准他們有任何非監督下的外界接觸。在它們要求成員效忠的教義當中，譴責和拒絕「凡人」社會的方法與手段，是一個核心信條。「凡人」社會遭到譴責，因為它不聖潔或罪惡，因為它被自私與貪婪支配了，因為它以物質慾望取代精神昇華，因為它踐踏個人自由，因為它摧毀人與人之間的親密與同

情，因為它製造人間不平等與極端不正義，因為它鼓勵和要求敵對與競爭等等。

至於在這許多可能的指控當中，用哪一個較好，則端看共同體希望提倡哪一種生活規律而定。有的共同體邀請成員逃離俗世的煩擾，加入遁世的共同體，完全獻身給祈禱與冥想。或要求成員放棄「永無止境的你爭我奪」，加入人人平等的團體，那兒沒有人希望壓倒別人，人際關係純粹基於相親相愛、誠懇與信任。它們通常也要求成員唾棄消費主義的吸引力，回歸純樸簡約的生活。這種類型的共同體（常被形容為**公社**〔communes〕）向成員提出一項艱鉅無比的挑戰：純粹靠愛的力量，支撐起共同生活的一切層面。它缺乏習慣或合約義務所提供的第二道防線，因此一旦互相厭惡或僅僅缺乏共識撕裂了共同體，便可能回天乏術。相親相愛成為唯一的黏合劑，因為唯一，所以不可或缺，成為共同體存活的必要條件。任何異議一概是致命的威脅，容忍是公社負擔不起的奢侈品。因此越是**無所不包的**共同體，越有**專制壓迫**的傾向。壓迫無可避免的會製造緊張關係，緊張則使公社成為最脆弱、最不堪一擊的共同體。

共同體在要求統一的程度上（即共同教條所規定的成員生活，佔全部生活的比例），差距很大。但在大多數例子中，這方面的規定往往雜亂無章、定義不明，而且不可能事先決定。鼓吹公社式統一的人，縱使宣稱對成員生活非屬精神層面的部分保持中立，仍然主張自己鼓吹的信仰具有最優先和最重要的地位。潛在上，這種主張可能導致他們食言而肥，插手干預自己先前宣布不管的事情，如果那些事跟共同信條起衝突或看起

來格格不入的話。

在這方面，有一種團體和其他所有共同體（包括貌似「自然」和公認「虛構」的共同體）大相逕庭，這種團體聚集成員的目的，只是為了完成單一，而且總的來說定義清晰的任務。這種團體的目的有限，要求成員的時間、注意力和紀律，也同樣有限。一般而言，它們均承認自己是刻意創造出來的。目的對這種團體的作用，與傳統、共同命運或真理對共同體的作用差不多。成員的紀律與允諾，一概從目的或任務來考量。所以這種團體可以叫做「**目的團體**」（purpose groups）或**組織**（organizations）。蓄意的和公開宣稱的自我限制，或許是組織最顯著、最具決定性的特徵。大部分組織均有明文規定的組織章程，詳細列出成員必須遵守的規矩（同樣的，這也意味了凡是沒有載入組織章程的生活領域，皆免於組織的干預）。請注意，假如共同體與組織的主要差別在於是否自我限制，而不在於共識信仰的存在與否，那麼方才討論的一些共同體，其實應該算做組織才對，而不是它們自稱的共同體。

我們可以用另一種方式，說明成員參與組織活動的局部性質：成員不是「整個人」（whole person）加入組織，他們只是在裡面扮演角色而已。「**角色**」（role）一詞源自戲劇語言。我們可以從舞台劇看出組織運作的模式，舞台劇有劇情，劇情是事先決定好，編在劇本裡面，劇本則分配每一個角色的演員該說什麼、該做什麼。另方面，劇場也提供了組織的原型：舞台劇演員不會為了派給他們的角色而「鞠躬盡瘁」，他們只是在演出的時刻「入戲」而已，戲演完了，他們可以自由（也應該）離去。

　　從組織從事的工作來看，組織是專業化的，同樣的，從成員被期待對該工作做出的貢獻來看，成員也是專業化的。在同一個組織當中，每一個成員均扮演不同的角色，而同一個人可能在不同的組織中分別扮演不同的角色。我在一天之中，有部分時間擔任社會學老師；在我任教的學校裡，我的角色跟體育老師和其他任何教師均不同，當然也和校長或圖書館管理員或學校餐廳的廚師不同。在同一天的其他時間或一星期的其他日子裡，我還扮演其他的角色，做為一位教師，我的角色所要求的技術與行動，也跟其他角色要求的技術與行動不同。我是本地攝影俱樂部的會員；在我住的大樓裡，我是居民委員會的委員；我另外還參加一個慈善協會、一個鄰里組成的抗議公路改道計畫的臨時委員會，和一個政黨的地方黨部。我在不同的地方、不同的時間，分別扮演好幾個角色，每一個角色與多少有些不同的一群人一起演出。每一個群體都不大清楚我的其他角色。在大多數情況下，他們對於我的其他角色並不感興趣，反而個個希望我完全認同我在該群體的特殊活動中參與的角色，並對該群體成員的共同任務做出貢獻。如果我把我的攝影嗜好帶到「抗議改道」公民委員會去，或把我的教師責任與黨員任務混為一談，我恐怕會自討沒趣，惹人討厭或譏諷或責備。

　　讓我們再重複一遍：組織與共同體之不同，在於我們認為共同體成員的「靈與肉」全部屬於（或應該屬於）共同體，而組織則只佔有參與者的部份身心；誠然如此，如果我們把組織想成是一個由角色構成的團體，而非由人組成的團體，我們會對組織的運作方式有更好的理解。組織參與者，一方面被期待**接受**他們的角色（亦即，當他們替組織工作時，全心全意投入他

們的表演,在表演的時刻,百分之百認同他們的角色),另方面需要跟他們的角色**保持距離**(亦即,始終記住那只是他們扮演的角色之一,如此才不至於把該角色的權利與義務,跟屬於其他活動或其他場所的權利與義務搞混了)。事實上,特定的角色安排,是組織唯一相對長期穩定的地方,也是組織的特性。演員可能來來去去,但角色維持不變。人可以加入和離開組織、被雇用和被解聘、入學和退學,但組織延續下去,雖然不同的人容或帶來不同的表演風格,組織的風貌基本上維持不變。人可以互換,可以上台下台;人不重要,重要的是他們擁有的工作技術和展現的工作意願。

社會學創始人之一**韋伯**(Max Weber),把組織在當代社會的擴散,看成社會生活持續**理性化**(rationalization)的象徵。「**理性**」行動(rational action)(有別於「**傳統**」行動〔traditional action〕與「**感性**」行動〔affective action〕;前者是出於習慣或風俗,不假思索的行為,後者是受到一時情緒刺激,不考慮後果的衝動行為)是一種**目的**(end)明確,而行為者集中心力挑選最有效、最經濟的**手段**(means)來達到目的之行為。韋伯認為組織(韋伯本人採用的是「**科層制**」〔bureaucracy〕一詞——「分職統治」〔rule of office〕)是理性行為發揮到極致的產物;事實上,組織是用理性方式追求目的最適當的方法,同時也是最有效和成本最低的方法。在他著名的**理想型**(ideal type)科層制(完全適應公認目的,並且心無旁騖追求該目的的科層制)的描述中,韋伯列出了幾條原則,成員的行動和相互關係必須遵守這些原則,如此組織才能真正成為理性的工具。讓我們看看其中一些原則。

　　首先，在組織中，人只能按照自己的「正式職位」（official capacity）來行動，由每一個角色的附屬規則所界定（如此他們的社會身分的其他層面，例如家庭關係、商業利益、個人愛憎，才不會干擾他們的作為和行事風格，以及其他人對他們行動的反應）。角色的劃分應該符合邏輯，而且每一個角色應該分開。這表示，首先，一個真正理性的組織，應該把整體任務劃分成簡單、基礎的活動，如此每一位參與者才可能成為本身工作領域的專家；其次，有一人應當對整體任務的每一個環節負全責，如此才不至於造成部分工作無人理會的問題；第三，每一部分的工作都必須有一個清楚的負責人，如此才能避免令出多門、決策互相矛盾的混亂情形。任職者（officer）在扮演自己角色的時候，應當服從一套抽象規則的指導，譬如不受個人癖好的影響（請參考第五章關於非個人化關係的指導原則）。任職者的晉用、升遷或降級，應該純粹基於他們擁有的技術是否「吻合」職位的需要；其餘一切考量（貴族或平民出身、政治或宗教信仰、種族、性別等等）均必須斷然排除在外，不容干擾人事政策。組織整體的活動，以及成員的組織生活，都必須有連貫性；任職者必須把替組織工作當做終身事業的一部分，如此他或她才能提升技術，才能累積實際經驗；另方面，組織必須遵守先例（precedents）——過去以它的名義做成的決策，不管當初做決策的人是否已經離職或調職。組織的歷史是由它的檔案構成的，與個人記憶或個別任職者的忠誠無關。

　　不過，組織化的理性行為還有其他條件。角色不僅需要劃分和區隔，也必須按照整體任務的內部分工，安排成一個**層級**

（hierarchy）。層級越低者，其工作和職位越特殊化、局部、專精和瑣碎；層級越高者，視野越廣，對組織的整體目的也越有概念。要做到這個地步，有兩樣東西必須暢通無阻：資訊應該由低層向高層輸送，層層向上整合，越往上越完整、越綜合；命令則應該由高層向低層傳達，層層下達，越往下越具體、越直截了當。高層的**控制**，必須由低層的**紀律**做回應。

在理性組織的理想模型中，有一個假設貫穿所有的原則，那就是每一個人的決策和行為選擇，都應該服從組織所從事的工作。其他一切考量，都應該宣布無關宏旨，都不准影響決策，最好完全剷除，至少也應該中立化或不予理會。任職者來上班的時候，應該把他們的私事和外務全部留在大門口的「寄物處」，僅僅帶著自己的正式角色進辦公室。組織應該用一座密不透風的厚牆把自己包圍起來，只留下兩扇門：一扇用來「輸入」（input）組織期待完成的工作，另一扇用來「輸出」（output）該工作經過組織性處理的結果；所謂組織性處理，是指為了達成任務而採取的行動。從輸入工作到輸出結果，過程中，一切外來干預都應該禁止（因此有關於組織機密的嚴格規定）；任何事物都不容許干擾組織規章的嚴格執行，都不可以妨礙組織選擇最有效、最經濟的手段來達成目的。

但是，符合上述條件的組織簡直如鳳毛鱗角。韋伯的理性行動理想模型的假設前提，一般而論，至今尚未實現；問題是，它是否有可能實現。把人貶到只是一個角色，是不符現實的幻想；同樣的，完全不受其他因素影響，而且顯然與其他人性無關，純粹只為了單一任務而存在的行為，在現實中也很難成立。組織成員自然會關心自己的福祉，而其福祉可能受到決

策風險的負面影響。因此組織成員有一個普遍的傾向是，避免
對可疑和有爭議的事情做決定──俗稱「燙手山芋」的現象，
指的就是這種把收到手的急件快快丟到下一人桌上，以逃避責
任的傾向。關心個人福祉（在組織環境下的自我保護與存活），
也造成另一種傾向，就是暗中破壞潛在競爭者的升遷機會，辦
法是阻撓他們的工作或詆毀他們的決策。不過，組織成員也可
能發現上級命令有違他的道德信仰，而必須在服從組織與忠於
道德原則兩者中擇一。有的成員可能相信上級叫他保密的事
情，有危害公共福利或其他理想之嫌，對他來講，那些理想和
組織效率一樣正當，甚至比組織效率還要重要。另方面，組織
成員可能把他們在日常生活中養成的偏見帶進工作場所。譬
如，有些男人可能很難接受女人的指揮，有些人可能不能忍受
其他族群向他發號施令。

　　再者，再厚的銅牆鐵壁也擋不住一切外在壓力和影響，尤
其來自顯然與組織任務無關，因此對組織決策無權置喙的地
方。大部分組織必然在意自己的公共形象，這個顧慮可能阻止
它們採取某些行動，純從技術面考量，那些行動絕對合乎理
性，但有可能引起公眾的關切和憤怒，尤其不能不考慮某些圈
子的觀感，因為其影響力足以破壞組織的地位。壓力也可能來
自其他組織，儘管那些組織來自遙遠的地方，而且從事顯然不
相干的領域，卻偏偏認為你的某些行動，對它們的運作造成不
便或傷害；它們的抗議，也可能限制「純理性」行動的優先
性。

　　姑且讓我們假設理想模型的先決條件已經──奇蹟似的─
─達到了：參與組織分工的人，真的縮小到只剩下分派給他們

的角色，組織整體也眞的有效阻擋了一切與它宣布的目的無關的顧慮與影響力。姑不論這些條件是如何的不可思議，問題是，實際上它們能否保證組織活動的**理性**（rationality）？一個完全符合理想模型的組織，是否眞的會像韋伯所希望的那樣處處理性？一些強有力的論點，否定了這種可能性，理性行動的理想模型，反而會製造無數的理性障礙。

　　首先，這個模型建議，在一個層級命令系統中，職位與相關專業技術擁有等量齊觀的權威，卻不曾解釋爲什麼這兩種立足點不同的權威一定會水乳交融。事實上，兩者出現衝突的可能性甚高（例如，既有的工作權可能會受到新科技的威脅，由於目前在位者缺乏新技術，遂利用職權封殺或至少拖延新技術的引進，因此違反了理性行爲的原則）。把工作分成最小單位的分工原則，也不無可疵議之處。理論上，分工可以提昇效率和專業能力，事實上它往往製造所謂的「**訓練有素的無能**」（trained incapacity）現象。組織成員練就一身本領，能夠迅速而有效率地從事範圍狹窄的工作，卻逐漸養成見樹不見林的毛病，看不到自己工作衍生的更大影響範圍，注意不到自己活動的負面效應，在此同時，他們的活動已經變成機械化的慣性動作了。由於技術狹窄，成員也很難調整他們的慣性動作，使之適應改變中的環境，並對不熟悉的狀況，做出速度和靈活的反應。換言之，整個組織變成它自己追求完美理性的犧牲品了。84 它變得僵化和無彈性，它的工作方法無法夠快地適應不斷轉變中的環境。遲早有一天，它會變成一個製造愈來愈**不理性**決策的工廠。

　　最後，但非最不重要的一點，奉理性爲最高準則的理想行

動模型，與生俱來還有一個背離理性原則的危險，即所謂的「**目標移位**」（goal displacement）的危險。爲了追求效益，組織必須複製自己的行動能力：無論發生什麼情況，組織必須隨時準備好做決策和採取行動。這種複製功能，靠的是一種自我延續生命，對外在干預免疫的有效機制。問題是，到頭來目標本身往往淪爲外在干預之一。理想模型完全沒有料到一個問題：當組織完成當初成立的宗旨之後，永生機制還在生生不息。相反的，一切跡象指向一個可能性（誠爲值得嚮往），自我保護的興趣，會促使組織永無止境地擴張自己的活動、自己的資源和權力範圍。實際情形可能是，組織當初成立是爲了完成某項任務，到後來被自我延續生命和自我擴張版圖的強大興趣，貶到次要地位。雖然從原始目的來看，組織已無繼續活下去的理由，但存活本身已變成新的目的，成爲組織衡量自己的表現是否合乎理性的標準。

所以我們發現，以上討論的兩種人類聚集模型，一個是共同體，即整個身心的完全結合，另一個是組織模型，即爲了理性化工作的**角色**協調，兩者均不能充分說明人類互動的實際情形。兩個模型勾勒了兩個硬生生分開、兩極化的行動模式，各有不同且往往對立的動機與目的。眞實情況下的眞實人類行動，不可能分得如此一清二楚。

行動的「概念架構」（conceptual frameworks）與實際行動之間，永遠存在根深蒂固的緊張關係。模型架構把行動「當做」是在追求一個條理清晰的需要或目標，因此天生有簡化行動的傾向，實則行動必然是錯綜複雜和迴旋盤繞的；模型架構也有淨化行動的傾向，實則行動永遠夾纏在許多需要與動機之

85

間，而被撕裂。

「純粹」形態的共同體與組織模型，可以看成是一條連續線的兩個極端，一切實際人類互動模式，均可標繪在這條連續線上。真正的互動介於兩股引力之間，被兩者向反方向拉扯和撕裂。日常互動和極端模型不同，而是混合型的，是**異質性的**（heterogeneous），換言之，同時服從兩個邏輯上互相矛盾的原則。以家庭為例，共同體互動模式的縮影，幾乎從來不是我們想像的完全個人關係的天堂；家庭和任何一群互相合作的人所組成的團體一樣，內部有許多工作要做，若說家庭沒有受到一絲絲明顯非個人化、組織式行為準則的玷污，而能維持「整個身心」關係的純淨，保持這種關係的特殊性和瀰漫性的特徵，是不大可能的事情。另方面，任何一個組織的成員，都很難避免和他們長期共事的人發展出個人關係。他們肩並肩工作，長時間相處，彼此交換服務，互相溝通，聊共同感興趣的話題，互相幫忙或互不相讓，喜歡或討厭對方。他們之間遲早會出現**非正式**（informal）的互動模式，這種無形的人際關係網，也許和組織圖上的**正式**（formal）命令與服從關係重疊，也許不重疊。捲入這種互動模式的人，通常對組織的興趣更濃，而不只是把組織當做扮演一個角色、從事一份工作的場所而已；他們在堅決地、公然地表明不涉及個人關係的組織中，追尋個人溝通需求的滿足。這種傾向，時常被組織領導人刻意利用和鼓勵。

和理念型所言相反，他們發現，如果組織成員間的互動**不**限於專業化角色的互動，反而頗有助於提昇任務導向的績效。表面看來，學校是一個典型的組織，只關心一個定義明確的任

務，即傳授知識與技術，以及評估教學成果，但如果學校不能
在學生之間建立一種共同體感和歸屬感，它的績效肯定會大打
折扣。許多工業、銷售或金融公司，都把更多的員工顧慮和興
趣納入組織活動的範圍，藉此強化員工對組織的允諾。例如，
提供員工休閒娛樂設施、購物服務，甚至宿舍。這些額外福
利，單獨來看，沒有一項與組織的明確任務及組織需要員工扮
演的專業化角色有任何邏輯上的關係；但是總和起來，它們可
望創造「共同體感」，並促使員工認同公司。這種感情顯然和組
織精神並不相容，但咸認為可以激勵成員誠心誠意為組織的目
的效勞，並因此中和了理性準則所暗示的純粹非個人化環境的
負面效應。

　　共同體和組織一樣，均假設成員是自由的；成員之聚合，
公認是一種志願行為，至少從聚合可以逆轉，成員可以反悔他
的決定來看是如此。儘管在某些例子裡（還記得所謂的大然共
同體吧），當初加入群體並非出於自由選擇，但是成員仍保有離
去的權利（雖然如前所述，他們可能在壓力下而不敢行使這個
權利）。不過有一種組織，明文禁止成員自由離去，而且是用
武力來達到拘禁的目的，那就是「**全控機構**」（total
institutions）（這個名詞是**高夫曼**〔Erving Goffman〕創造
的）。全控機構是**強制型共同體**（enforced communities）：成
員的衣食住行全部在其嚴厲管制之下，由組織界定和提供成員
的需求，由組織規章嚴格控制什麼行為是許可的、什麼行為是
禁止的。寄宿學校、軍營、監獄、精神病院，在不同程度上，
均接近全控機構的模型。這些機構的囚徒（inmate），日日夜夜
在監控之下（或至少不敢確定自己是否受到監控），以致任何行

為偏差，都可以及時發現和懲罰，甚至可以防範於未然。全控機構和共同體模型強烈不同的是，全控機構積極阻止成員自行發展個人關係網。它一方面要求全部人格的參與，另方面規定 87 完全非個人化的關係，兩者的不協調，或許可以解釋「**高壓措施**」（coercion）在全控機構中扮演的巨大角色。它不能訴諸精神奉獻或利誘，以便誘導可欲的行為，並保證成員待在一起與合作的意願。因此全控機構的另一個特性是，嚴格區隔管人者和被管者。在缺乏感情允諾和個人利益考量下，高壓成為唯一的替代品，而高壓的有效性，端賴管人者與被管者之間維持一道不可跨越的鴻溝。（請注意，此處和其他地方一樣，實際情形總是跟理想模型有一段差距。全控機構內部的確會發展出個人關係，往往跨越了監督者與囚徒之間的鴻溝。至於個人關係會不會削弱全控機構的總績效和穩定性，則再度沒有定論。無論如何，它們會使全控機構的互動架構，在彈性和脆弱性方面，與其他類型的群體不相上下。）

我估計，讀完這一章討論的人類聚集模式之後，你最深刻的印象是它們的多元性。但是儘管多元，它們全部不脫人類**互動**（interaction）的形式。事實上，群體的存在，無非代表成員之間存在了一個持續性的互依行動網。「那是一所大學」這句話，無非指有一群人聚在一起，從事一項叫做授課（一人講話，其他人面對他聆聽和做筆記的交流形式），或討論課（數人圍桌而坐，輪流發言的口頭互動），或輔導課（一人發問，其他人回答的互動方式），和其他一些活動的事實，總之是一種有固定模式、定期重複的互動。在互動過程中，群體成員依循他們想像的適合那個群體的正確行為模式。但想像永遠不完

整，鮮少能夠提供明確的處方，來指導互動過程中可能出現的
一切情況。理想架構不斷被詮釋和再詮釋，而詮釋它的是成員
88 的實際行動。詮釋必然反饋到想像本身。理想架構與日常行
為，就這樣不斷地互相告知及改變對方。

　　所以，做為一個獨特的實體，群體的自我保護和延續，與
如何維持成員的日常行動符合群體共同想像的正當行為模式，
實屬同一個問題。

# 禮物與交換

5

*Thinking Sociologically*

社會學動動腦

89　　桌上堆了一疊積欠已久的帳單。有些帳單急如星火，儘管如此，有些東西又不能不買——鞋子已經破得不能穿了，桌上少了一座檯燈，天一黑什麼事都做不了，何況人每天總得吃飯……我該怎麼辦呢？

　　我可以去找我老哥，向他開口借錢。我會向他解釋我的困境。聽完之後，他多半會發一頓牢騷，訓我一頓「人無遠慮必有近憂」啦、「過日子應該量入為出」啦之類的大道理，但最後他會掏出皮夾子，數數裡面的錢。運氣好的話，他會給足我需要的數目。或至少他負擔得起的數目。

　　另一個辦法是去找我的銀行經理。但是向他訴苦毫無意義。干他什麼事？他唯一關心的是，我拿什麼來擔保我一定會還清貸款。他想知道我是否有固定收入，收入夠不夠按期償付本金＋利息。所以我必須給他看我的薪水單，如果我有房地產的話，我還必須拿出來做抵押，或許申請二胎房貸。如果銀行經理看了之後很滿意，認為借錢給我的風險不算太高，我會按時還清貸款（加上一筆豐厚的利息），他就會借錢給我。

　　端看我向誰求救，我可以預期兩種截然不同的待遇。我會碰到兩組不同的問題，兩組問題顯然涉及兩套不同的關於我有沒有權利（資格）獲得援助的觀點。我老哥不大可能盤問我的償債能力；對他來說，借不借錢給我，和這是不是一筆好生意或爛生意無關。對他來

90　說，重要的是我是他的弟弟，弟弟有難，當然有資格向哥哥求援。我的需要是他的義務。銀行經理則是另一回事，他根本不在乎我是老幾，也不管我是不是真的迫切需要那筆錢。他唯一想知道的是，這筆貸款對他或他代表的銀行來講，是不是一宗理性的、有利可圖的商業交易。他毫無借錢給我的義務，無論在道德上或任何方面。如果我老

哥拒絕我的請求，他必須向我證明他實在沒能力借錢給我。換了是銀行經理，情形就調轉過來，反而變成我必須向他證明我有能力按時還錢。

　　人類互動屈服於兩個原則的壓力，一個是「**等值交換**」（equivalent exchange）原則，另一個是「**禮物**」（gift）原則，兩者往往互相矛盾。在等值交換的情形下，個人利益凌駕一切。你可能承認你的互動伙伴是一個獨立自主的人，擁有正當的需要與權利，但是對方的需要與權利，在你看來最主要是你自己的需要獲得充分滿足的限制與障礙。你關心的是，對方是否「公平」交換你為他的需要所提供的服務，這是你的最高指導原則。「我會收到多少錢？」、「對我有什麼好處？」、「做別的事情是否對我更有利？」、「我是不是上當了？」，這些及類似的問題，是人在斟酌可能的行動時，經常問自己的問題，目的是評估行動值不值得做，以及排列各種選項的優先順序。人為了**等值**的意義而討價還價。人使盡渾身解數，替自己爭取最好的待遇，使交易條件朝向對自己有利的一方傾斜。禮物的情形則否。對方的需要與權利，是主要的──或許是唯一的──行動動機。即使最後好心有好報，但報酬並不是計算行動值不值得做的考慮因素。等值的觀念，在此處完全不適用。送對方東西，替對方服務，僅僅因為對方有此需要，而且做為一個人，他的需要有權獲得尊重。

　　「禮物」是一個普通名詞，指範圍廣泛而純淨度不一的許多行為。「純禮物」（pure gift）其實是一個「閾限概念」（liminal concept），衡量一切實際情形的標竿。現實情形和理想模型有不同程度的差距。最純潔的禮物是全然無私的，付出時完全不考慮受者的素質。「**無私**」（disinterestedness）的意思是，沒有任何形態或任何形式的報酬。用所有權與交換的平常標準來判斷，純禮物即等於淨損

失；唯有以**道德**標準來衡量，它才是盈餘，而在盈餘的邏輯中，道德根本一文不值。事實上，虧損越大，道德價值越高。禮物的道德價值，並非以貨物或服務的市場價格來估算，反而是以禮物對施者構成的主觀損失來衡量（還記得「寡婦的小錢」那句古諺吧）【widow's farthing，這個典故出自聖經，意思是雖然微薄但傾其所有的禮物，才是最貴重的禮物——譯註】。不考慮受者的素質，這句話的意思是，在送禮之際，唯一考慮的是受者是否需要幫助。基於這個理由，我們在第二章討論的對自己親友的慷慨贈與，其實不合乎純禮物的標準，因爲受者是特殊之人，特別挑選出來給予特別待遇。由於身分特殊，受者有權期待跟自己有特殊聯繫——有個人關係者，對自己表現得慷慨大方。純粹形態的禮物，是送給任何有需要之人，不爲別的，只因爲他或她有此需要。純禮物是承認對方的**人性**，除此之外，那人沒沒無名，在施者的認知地圖上，不佔有任何特殊地位。

　　禮物回報施予者一種難以言喻，但讓人心滿意足的道德滿足感，那是一種無私的經驗，爲了其他人類的幸福而自我犧牲的經驗。道德滿足感與自我犧牲的痛苦和損失成正比，在這一點上，禮物與交換或牟利行爲形成鮮明的對比。讓我們以宗教爲例，進一步限定純禮物的條件。大部分宗教教義都鼓勵施予行爲，但它們把施捨描述成一種交換，一種贖今世之罪、積來世之福的手段。把濟助貧困形容成「正直之道」，形容成爲了己身救贖而必要的善行，藉此激勵濟貧行爲。雖然無庸置疑的，這種論調的確強化了憐憫與施捨的傾向，但它是靠口惠而實不至地滿足同樣強烈的獲利慾望來達此效果，無心插柳的結果，也重申了獲利慾望的權威性。

92　　　有一項研究，是關於在戰爭和國土被外國人佔領的極端殘酷條件下的人類行爲。研究結果顯示，最英勇的送禮行爲——犧牲自己性命

來拯救遭到威脅的其他生命，整體而言，是出於非常接近純禮物理想的動機：行為者認為幫助其他人類，毫無疑問是自己的道德責任——不需要任何正當理由，因為那是自然的、不辯自明、最基本的行為。這項研究最驚人的發現是，最無私的助人者，往往難以理解自己行為所展現的特殊英雄主義。他們不覺得這種行為需要多大的勇氣，也不認為那是多了不起的美德。

　　本章一開始討論的兩種待遇，提供了禮物與交換的抉擇在日常生活中的例子。大致來講，我和哥哥的關係（禮物動機勝於一切）是一種**個人**（personal）關係，我和銀行經理的關係（交換態度優於一切）是一種**非個人**（impersonal）關係。個人關係架構下的行為，幾乎完全取決於互動伙伴是誰，很少取決於兩者中任何一人的過去、現在或未來的作為；換言之，取決於**素質**（quality），而非**表現**（performance）。我倆是兄弟，所以我們有義務在對方需要時伸出援手。至於對方的需要是否出於運氣不好、錯估形勢或揮霍無度，則無關緊要（或至少應該無關緊要）。幫我脫困的那筆錢是否「安全」，換言之，我的表現是否足以擔保那筆錢償還有望，則甚至更不重要。非個人關係的情形剛好相反。重要的是表現，而不是素質。我是誰不要緊，要緊的是我的可能作為。我的伙伴對我的過去紀錄感興趣，因為那是判斷我的未來行為的基礎。

　　戰後最有影響力的社會學家之一**帕深思**（Talcott Parsons）認為，所有可以想像的人類關係，均隱含了四對主要的價值取向選擇模式，素質與表現的對立選擇乃其中之一。他稱這些對立選項為「**模式變項**」（pattern variables）。根據帕深思的說法，另一組對立選項是**普遍主義**與**特殊主義**（universalism and particularism）。我的哥哥在斟酌我的請求時，可能會想到很多東西，但是法律規定、行為規範

93

或目前利率之類的普遍原則，多半不在他的考慮之列。對他來說，我不是「某種類型的標本」，適用於某種普遍法則。我是一個特殊的、獨一無二的個案──他的弟弟。不論他打算怎麼做，他的決定是基於我是如此一個特殊的人，不同於其他任何人，所以「在類似情況下他會怎麼做」的問題，根本不會浮上他的心頭。銀行經理的情形，再度大相逕庭。對他來說，我只是一個由過去、現在和潛在貸款人構成的大類型中的一員。銀行經理以往曾經和許多「像我一樣」的人打過交道，肯定已想出一套普遍法則，適用於未來一切類似的情形。所以我申請貸款的結果如何，取決於那套普遍法則對於我這種案例的信用度有何看法。

我和哥哥、我和銀行經理的兩種關係，也可以放在下一組模式變項的對立中來看。我和哥哥的關係是**廣佈的**（diffuse），和銀行經理的關係是**特定的**（specific）。我老哥的慷慨解囊，並不是一時心血來潮，並不是特別針對我這一回的苦苦哀告而生的即興態度。他待我的兄弟之情，蔓延到與我有關的一切事物上，只要是我的事情，就是他關心的對象。我們兩人的生活點滴，無一不關係到對方。如果我老哥這一次傾向於幫助我，那是因為他一向待我如此，一向關心我的所作所為和可能作為。他的諒解與關懷，不限於財務方面。銀行經理則不然，他的行為是針對眼前這一樁貸款申請案；他對我的請求的反應，以及他最後的決定，完全基於這個個案的事實，跟我的其他生活層面或個性毫無關係。大部分對我而言重要的事情，他理所當然地認為和申請貸款一事毫不相干，因此根本不在他的考慮範圍。

94 　　第四組對立選項，可以說高居其餘三組之上（說它是另三組的基礎，實為它們的先決條件，也未嘗不可）。用帕深思的話來說，第四組對立選項是**感情投入**與**感情中立**（affectivity and affective

neutrality）。意思是，有些互動充滿感情：憐憫、同情或愛情。有些互動則是「冷淡」、疏離，不帶一絲感情。在非個人關係中，除了熱切盼望交易成功之外，不會激起行動者的任何感情。行動者本人不是感情投注的對象，無所謂喜歡或不喜歡。假如他們過於斤斤計較，企圖欺騙、搪塞或規避承諾的話，則對他們的態度，多少會染上一些對交易進度過緩的不耐煩；同樣的，假如在交易過程中，他們表現出合作的熱忱和善意，亦即，當他們屬於「和你做生意是我的榮幸」的那種人時，也會產生一些感情。但大體而言，感情不是非個人互動不可或缺的部分，卻是使個人互動言之成理的決定因素。

我和哥哥兩個人，一致對我們的關係有深厚感情。我們極可能喜歡對方。但更可能的是，我們對彼此有同理心和感同身受的感覺，往往站在對方的立場，去瞭解對方的處境，去想像對方的喜悅或痛苦，因對方的喜悅而高興，因對方的痛苦而悲傷。我和銀行經理的關係則大不相同。我們見面的機會太少，對彼此的認識太淺，不足以「揣摩」對方的感情。即使我們能夠揣摩對方的感情，我們也不會這麼做，除非我們希望發掘或挑起的感情，與眼前交易的成功有直接關係（我會儘量避免惹銀行經理生氣，反而會說幾句笑話，把氣氛搞得愉快一些，或利用人性弱點，拍拍他的馬屁，鬆懈他的心防）。除此之外，我們公事公辦，不帶任何感情。再說，如果允許感情干擾了判斷，很可能會壞了大事；舉例來說，如果銀行經理因為憐憫、同情我的悲慘處境，而不顧我亂花錢的毛病，決定貸款給我，則很容易造成銀行的損失。

感情與個人關係如影隨形、片刻不離，但如果把感情放進非個人關係裡，就顯得格格不入了。處理非個人關係，除非不計一切後果，否則最好謹守不動感情、冷靜計算的原則。在非個人交易中，我的伙

伴採取的冷漠立場，很可能會傷了我的感情，尤其如果我的處境已經讓我痛苦和焦慮不堪，若非如此，當初我也不會去找他。於是不可理喻的，我很容易遷怒於對方無動於衷的態度，這種態度和我的激動是如此刺耳地不協調，我把這種態度怪罪到「沒有良心、麻木不仁的官僚」頭上。這個形象對於非個人交易的成功毫無助益。所以我們一再看到「會聆聽你的心聲的銀行」、「喜歡說yes的銀行」之類的廣告；銀行認為隱藏自己對客戶的非個人態度（亦即，只對客戶的錢感興趣，對客戶的私人問題和感情不感興趣）是有利可圖的事情，於是亂開空頭支票，應允一些它們根本做不到，也無意去做的事情：用適合個人關係的情緒來處理非個人交易。

個人化互動與非個人化互動最重要的差異，也許在於行動者賴以成功的要素。人人需要依賴無數人的行動，對於那些人，我們所知有限，少到無法根據他們的個人特質，譬如是否可靠、可信、誠實、勤奮等等，做為我們計畫和希望的依據。我們能運用的知識少得可憐，要不是還有機會用非個人態度來進行交易，交易根本不可能成立；換言之，不管誰恰巧是我們的互動伙伴，我們一概不必訴諸對方的人格特質或性向（反正我們也不知道），只消援引適用於同一類型所有個案的普遍法則就行了。在對個人所知有限的條件下，訴諸法則是唯一可行的溝通辦法。想想看，如果你和他人的一切交易，純粹根據你對他們的個人素質經過一番調查後的評估，你必須掌握的知識會龐大到如何不可思議、無法操作的地步。抓住少數幾條通則，以此指導交換過程，並且**信任**（trust）你的伙伴也會做同樣的事情和遵守同樣的通則，才是更切實際的做法。

其實人生大部分事情都是這樣組織的，唯有如此，互動伙伴才能在對彼此一無所知，或只有一點點個人資訊的情況下進行互動。以我

96

對醫學的無知，根本無法評估替我看病的醫生的醫術和專業精神；所幸他們治療我的能力，已經得到他們所屬的英國醫療協會和聘請他們的醫院管理階層的肯定、證實和頒發證書了。所以我啥都不用操心，只消向他陳述我的病情就夠了，並且假設──相信──會換來他對我的病情適當和必要的服務。當我想確定我搭乘的火車會不會停靠在我打算去的小鎮時，我可以放心大膽地詢問穿著英國鐵路局制服的人，而不必擔心他們是否天生愛撒謊。我會讓戴著煤氣管理局稽查員名牌的人進我的家門，而不必像我通常對待一個完全陌生人那樣，進行一番盤查和詰問。在上述及類似的例子裡，有一些我完全不認識的人（例如醫療協會或煤氣管理局的委員），承擔了替他們擔保對象的能力和操守拍胸脯作保的責任。他們的保證，使我能夠在「信任」（trust）的基礎上，接受其他人的服務（英國社會學家紀登斯〔Anthony Giddens〕，對此現象有深入的分析）。

然而，正因為我們有這麼多交易是在非個人環境中進行的，所以我們對個人關係的渴望，才會變得如此深刻與強烈。學者們一再注意到，當我們對只有模糊、膚淺印象的人依賴愈深時，當我們與他人的邂逅愈敷衍、愈短暫時，我們愈強烈傾向於擴張個人關係的版圖，把只適合個人交易的期待，強加在最好以非個人方式進行的互動上。年輕人對非個人世界的冷漠往往感受得最強烈，他們即將離開家庭與友情築成的相對溫暖、舒適、關懷備至的世界，進入冰冷粗糙的僱用與就業世界。在那個世界裡，人只是達到目的的手段，而此目的與自己的需求或幸福毫無關係，於是逃離那個冷酷無情世界的念頭油然而生。有些避世者企圖建立類似公社的閉關自守、自給自足的小小世外桃源，那兒只允許個人關係的存在。但是，這類嘗試通常導致夢想破滅和感情決裂，最後以失敗收場。這類實驗證明了一件事，就是複雜

的人生，不可能只靠感情允諾這一樣東西來支撐；這類計畫所需的大量感情，很快就會證明是難以承受之重，用永恆之愛築起的夢幻天堂，在仔細檢驗下，變成了互相挑剔、尖酸刻薄的地獄。問題在於，它需要堅忍不拔的努力，才能維繫濃得化不開的感情，才能消化感情與效益不斷衝突而產生的挫折感，這種努力所製造的痛苦，甚至比非個人關係的冷漠更難以忍受。

　　個人關係縱令不能滿足全部生活所需，仍然是生命中不可或缺的要素。我們捲入的非個人化依存網越大、越密不透氣，對「深刻與健康」的個人關係越飢渴。我是一家公司的員工，在那兒上班賺錢；我是許多商店的顧客，在那兒買我需要的或我相信我需要的東西；我是巴士或火車的乘客，天天搭乘它們往返工作地點；我是電影院的觀眾、我支持的政黨的選民、醫生診所的病人，以及其他種種場所的其他種種人。在每一個地方，我感覺只有一小部分自我在場。我必須不斷提醒自己，不要讓自我的其他部分跑出來搗蛋，因為那些部分與眼前的環境無關，而且不受歡迎。於是普天之下，無一處讓我感覺是真正的自己，無一處讓我完全舒坦安適。總而言之，我開始覺得我只是我扮演的眾多不同角色的集合體，每一個角色在一個不同的地方和一群不同的人相處。有沒有一樣東西把這些角色串連起來？我究竟是誰，那個真真正正的、實實在在的「主我」？

　　大多數人都不甘心自己的形象只是一堆角色胡亂湊合起來而已。我們遲早會接受自己有多重「客我」，甚至這些客我之間缺乏協調的事實（請參考第一章），但是「主我」只有一個，或至少理想上應該變成一個。既然「外面」世界顯然不統一，分裂成無數局部、嚴格功能性的交易，所以捨我其誰，只有靠凝聚的自我來提供統一性。如同古典社會學家**齊美爾**（Georg Simmel）多年前的觀察，生活在人口

稠密、五花八門的世界，尋找意義與統一的過程永無止境，到最後個人往往回歸到自己身上。這種對統一、對一致性的強烈飢渴，當投注在自己身上，而非外在世界時，就叫做尋找**「自我認同」**（self-identity）。

我們參與了無數非個人化的交換，但其中沒有一個足以提供這種認同感。我們尋找的自我認同，「凸出」在所有非個人化的交換之外。沒有一個非個人關係能夠完全容納它。在每一個非個人關係中，我們感覺自己或多或少擱錯了位置：真正的自我似乎留在別的地方，不在目前進行交易的環境裡。只有在個人關係中，在個人關係的廣佈性、特殊性，在它對素質的重視和豐沛的共同感情中，我們才有希望找到自己尋覓的自我認同。

德國社會學家**魯曼**（Niklas Luhmann）主張，追求自我認同，是我們對愛情——愛與被愛——有無比強烈的需要，最主要和最強大的原因。被愛的意思是，被對方視為獨一無二，不同於其他任何人；被愛的意思是，對方同意我不需要援引普遍法則，來正當化我的自我形象或我的要求；被愛的意思是，對方接受和確認我的自我主權獨立，我擁有替自己做決定和憑自己的權威選擇自我的權利；被愛的意思是，他或她同意我一再強調、頑固堅持的聲明：「這就是我，我的作風，我的立場。」

換言之，被愛的意思是被**「瞭解」**（understood），或至少是當我們說：「請你瞭解我！」，或憤怒地問：「你瞭解我嗎？你真的**瞭解**了嗎？」的時候，我們所指的「瞭解」。被瞭解的渴望，是一個殷切呼籲，呼籲他人站在我的立場，從我的觀點看事情，不需要進一步證據即接受我確有此一觀點，只因為那是我的觀點即應當獲得尊重。當我渴望被瞭解時，我追求的是一種肯定，肯定我的私人經驗——我的

內在動機、我心目中的理想生活、我對自己的印象、我的喜怒哀樂——是**真實**的。我希望我的自畫像獲得**認可**。從他人對我的接受中，我獲得了這種認可；若非他人的贊同，我懷疑這個自我只是一個虛構的人物，只是我的怪癖、我的狂想下的產品。我希望透過我的伙伴願意認真地、充滿同情地聽我談論我自己，而達到這種認可；我的伙伴，套句魯曼的話，應該「降低相關性之門檻」（lower the threshold of relevances）：應該接受我說的任何事情都有意義，都值得一聽，都值得考慮。

事實上，我的願望自相矛盾。一方面，我希望自我是一個獨特而完整的個體，而不是一堆我在「外面」時不停穿上脫下，每換一個地方（或一個伙伴）就換穿一次的角色的集合體。因此我不希望像任何人，只希望像我自己——我不是某人輪子上的眾多齒之一而已。另方面，我知道世上沒有一樣東西只因為我想像就存在。我知道幻想與現實的差距，我知道真實存在的東西，對別人和對我而言肯定都是一樣的真實存在（還記得人人擁有的日常生活知識吧，沒有那套知識，社會生活根本無法想像；那套知識有一個關鍵成分，就是相信經驗是**互通**的，相信別人眼中的世界和我們看到的世界是相同的）。所以我越能成功地建立真正獨特的自我和打造我的獨特經驗，越需要社會肯定我的經驗。這種肯定似乎只能透過愛情來取得，至少乍看之下如此。自相矛盾的結果是，生活在複雜的社會，當大部分人類需求均以非個人方式來滿足時，我們對愛情關係的需要比任何時刻來得深切。這也意味了愛情的包袱必然沈重無比，情侶必須奮戰和克服的壓力、緊張與障礙，也必然艱鉅無比。

「**互惠**」（recipriocity）的需求，使得愛情關係格外脆弱易損。如果我希望被愛，我選擇的伴侶多半會要求我報答——以愛來報答

愛。如前所述,這表示我應當償還我的愛人提供給我的服務:以行動確認對方的經驗是眞實的,在尋求被瞭解的同時,去瞭解對方。理想上,每一位伴侶都應當努力尋找對方的世界的意義。但兩個現實(我的及我伴侶的)當然不會一模一樣;更糟的是,兩個現實若有任何共同點的話,一定也是少之又少。當兩人初次見面時,各自已走過一大段無法與對方分享的人生經歷。兩本不同的人生傳記,多半會產生兩套相當不同的經驗與期待。現在這兩套價值必須重新協商。至少在某些方面,它們是互相矛盾的。我和我的伴侶不可能立刻承認這兩套東西,包括其全部內容,是同樣眞實和可以接受,不需要任何修正和妥協。爲了關係的長久延續,其中一套或兩套都必須讓步、修剪或甚至投降。但是投降這件事,偏偏違反了愛情的目的,違反了我們希望用愛情來滿足的需求。如果雙方眞的進行協商,而且兩人均堅持協商到底,則可望獲得豐厚的報酬。但是通往幸福之路荊棘滿佈,行走其上,需要極大的耐心和遠見,才能平安抵達終點。

美國社學家**史耐特**(Richard Sennett)創造了「**破壞性共同體**」(destructive Gemeinschaft)一詞,描述伴侶雙方執著地追求「**親密**」(intimacy)的權利,堅持向對方坦白自己,與對方分享內心深處最完整、最私密的眞相,做到絕對眞誠;亦即,不隱瞞任何事情,不管對方聽了受不受得了。史耐特的看法是,把自己的靈魂赤裸裸地攤在伴侶面前,不啻把千斤重擔壓在後者的肩上,因爲你等於要求對方同意他未必舉雙手贊成的事情,而且還要以同等的眞誠和坦白來回報你。史耐特不相信在這種搖搖晃晃的共同親密基礎上,能夠建立起持久的關係,尤其持久的**愛情**關係。總有一天,兩個伴侶會向對方提出對方做不到的要求(或毋寧說,不願意做,因爲代價太高);他們會因此而痛苦不堪,飽受煎熬和焦慮——最後往往決定到此爲止,不必

101

再試，放棄算了。其中一人會選擇退出，去別的地方滿足他或她的自我肯定的需求。

因此我們再度發現，愛情關係的脆弱性——情侶追求共享一切的破壞性，罪魁禍首是互惠的需求。矛盾的是，只有在不指望回報的情況下，愛情才可長可久，才安全無虞。儘管聽起來很奇怪，但最不脆弱的愛是一種禮物：我願意接受我的愛人的世界，願意走進那個世界，試圖從它的內部來了解它，但我不期待換來同樣的服務……我不需要協商，不需要協議或合同。但是，一旦親密性變成雙向的，就避免不了協商與妥協。而協商與妥協，偏巧是兩個伴侶或其中一人或因為太沒耐心，或因為太自我中心，而無法輕易承諾的。愛情的路如此艱辛，代價又這麼昂貴，難怪愛情替代品供不應求；替代品只管提供愛的功能（亦即，先耐心聽完我的完整、親密的告解，然後肯定我的內在經驗），卻不要求對等性的交換。這便是精神分析、心理治療、婚姻指導等行業大行其道、廣為流行的秘密所在。只要付得起錢，你就有權敞開自己，向另一人傾倒你內心最深處的感情，最後還可以獲得你求之若渴的自我認同。付錢這件事，把心理分析師或治療師與病人或顧客的關係，變成一種非個人關係。所以你可以被愛卻不必愛回去。你可以只關心自己，並且享受另一人對你的關心，卻完全不必關心對方，因為你花錢買他的服務，做為商業交易的一部分，關心你是他的義務。病人花錢買被愛的**幻覺**（illusion）。（但容我們指出，這種單向的愛是「違反自然」的，亦即，極不符合社會接受的愛情模式。心理分析過程很容易受到所謂**移情作用**〔transference〕的困擾：病人很容易誤以為分析師的「模擬」行為是示愛的表現，於是回報以不恰當的行為，逾越了純商業交換、非個人化的協定。移情現象可說乃是心理治療是愛情替代品的最強有力證據。）

　　消費市場提供了另外一種，或許較不脆弱的愛情替代品（更精確來說，身分認同功能的替代品）。市場陳列了五花八門的「身分」，供消費者自行選擇。商業廣告絞盡腦汁在社會情境中展示產品，暗示該產品是某種「**生活風格**」（life-style）的一部分，所以凡是希望擁有那種生活風格的潛在顧客，均可意識清醒地購買那個自我認同的象徵符號。市場也供應身分製造工具，透過差異化的使用方式，可以製造出多少有些不同，乃至個人化的效果。你可以從市場買回整組DIY身分製造工具，按照你的需要，組合不同的部件，藉此打造你自己。你可以學習如何展現自己是一位現代、解放、無牽無掛的新女性；或體貼、理智、充滿愛心的家庭主婦；或壯志凌雲、自信十足的大亨；或隨和、人見人愛的傢伙；或喜愛戶外運動、身材一流的猛男；或浪漫、尋夢、愛情飢渴的尤物；或以上所有身分的任何混合體。市場促銷的身分有一個好處是，隨產品附贈社會認同，省掉了尋求認可的焦慮。身分製造工具與生活風格象徵符號，係由權威人士所推薦，並由許多人肯定這種身分的資訊來背書，這些人透過使用產品或「改用它們」，對該身分投下了贊成票。因此不需協商，已獲得社會認可──社會認可，可以說，打從一開始就製造在產品裡面了。

　　替代品俯拾即是，而且越來越流行，於是透過對等性愛情來解決自我認同問題所需的努力，成功的機會越來越渺茫。如前所述，對相愛的兩人來講，協商認可是一種折磨人的經驗。除非長期和心無旁鶩地努力，否則不可能成功。雙方都需要做出自我犧牲。如果「輕鬆」的替代品不是如此唾手可得的話，或許還可能做出更頻繁、更熱情的努力與犧牲。既然替代品唾手可得（唯一必要的犧牲是向一些錢說拜拜），推銷員又這麼緊迫盯人，難怪費力費時，且經常吃力不討好的協商缺乏誘因。面對誘人、「保證成功」、較不苛求的市場替代品，

103

雙方彈性越來越差。猶在培養中，仍然脆弱的愛情關係，往往碰到第一個障礙、第一個挫折，就足以讓一方或雙方同時打退堂鼓，或希望放緩腳步，或乾脆拉倒。愛情關係亮紅燈時，第一個求救的對象往往是替代品，原本只是想用替代品來「補充」愛情，並藉此強化或挽救搖搖欲墜的愛情關係，但遲早有一天，替代品會取代愛情關係的原始功能，並耗盡伴侶的精力，當初促使他們挽救關係的動機也就蕩然無存了。

　　愛情貶值表現在很多方面，根據**史耐特**的說法，其中之一是**情慾關係**（eroticism）逐漸被**性慾關係**（sexuality）驅逐、取代的趨勢。情慾關係是以性慾和最終性交本身為軸心，圍繞其外建立和維繫一個持久的愛情關係；那是一種穩定的社會伙伴關係，具有過去歸因於多面向、健全的個人關係的一切特質。性慾關係則是把性交行為貶至單一功能──滿足性慾而已。貶低性交功能，往往伴隨特別謹慎的態度，極力避免由性關係而產生互相同情和共同義務，以免發展出成熟的個人伙伴關係。性從愛剝離出來，只剩下舒緩壓力的唯一目的，性伴侶則淪為基本上可以替換的達到目的之手段。不過，脫離情慾關係的性解放還有一個後果，就是愛情關係變得更加脆弱。現在愛情關係缺少了（或必須分享）它最強有力的資源，它的穩定性也變得更難維持了。

　　由此可見，愛情關係暴露於雙重危機之下。它可能在內部壓力下崩垮。也可能縮回或變成另一種關係，一種具有許多或全部非個人關係標記的關係：「**交換**」（exchange）關係。

104　　先前討論的銀行顧客與銀行經理之間的交易，是一種典型的交換關係。我們知道，在那宗交易中，唯一重要的是，某件物品或某項服務從交易的一方轉到另一方；有一樣東西易了手。參與交易的活人，

除了扮演送貨者或仲介的角色之外，其實作爲有限；他們的功能是促使和協助貨物的流通。唯一能證明他們活生生存在的是，他們的眼睛盯緊了交易伙伴。事實上，他們唯一重視的是交換的物件，至於交易伙伴，則淪爲次要、衍生的地位——不過是他們想要的東西的持有者或保管者罷了。他們的眼光「穿透」交易伙伴，一直落到貨品的身上。對方的細膩情感或心靈飢渴，是他們最不關心的事（除非對方的心情會影響交換的成功）。講白了，兩位伙伴均表現得**自私自利**，兩人的最大動機都是付出越少越好，收穫則越多越佳；雙方均追求自己的私利，心思完全放在完成眼前任務上面。因此雙方的目標背道而馳。我們可以說，在非個人交換中，行動者的利益**衝突**（conflict）。

在交換性質的交易當中，沒有一件事是純粹替對方著想而做的；對方是誰根本不重要，除非他身上有什麼特質，可供利用來佔交易的便宜。因此行動者自然會懷疑對方的動機。他們擔心受騙。他們覺得自己必須隨時保持清醒、機警和戒心。他們不敢有任何疏忽，一刻也不能放鬆注意力。他們需要某種保護，以防對方表現得自私自利；他們當然不至於期待對方表現得大公無私，但是他們堅持公平交易——亦即，堅持他們自認爲是等值交換的交易。所以交換關係需要**約束性規範**（binding rule），需要法律，需要一個**權力機構**（authority），負責裁判交易的公平性，在萬一有人違反公平時，有能力強制執行判決。各式各樣的消費者協會、消費者監督團體、調查組織等等，都是出於這種需要保護的強烈渴望。這類組織承擔了監督交換公平性的艱難任務。它們也向政府當局施壓，要求立法限制交換關係中較強一方 105 的自由，阻止他們利用較弱一方的無知或天眞。

交易雙方鮮少眞正處於平等地位，產品製造商或銷售商對產品品

質的認識，是購買者和使用者難以企及的。要不是受到產品標示法案
（Trade Descriptions Act）等法律的限制，他們很可能利用不實的宣
傳手法，把產品推銷給容易上當的顧客。貨品越複雜，科技越先進，
購買者越無法判斷真正的品質與價值。爲了避免吃虧上當，潛在購買
者只好求助於獨立的，亦即公正無私的權力機構；他們施壓政府，要
求立法保障他們的權利，並且允許他們向法庭提出告訴，以彌補他們
的相對弱勢。

　　不過，正因爲交換關係中的伙伴只關心交換的功能，只扮演送貨
者的角色，導致彼此「視而不見」，所以他們感受的壓力和束縛遠比
愛情關係爲低。他們的投入有限。除了承諾遵守交易條款之外，不必
承擔累贅的責任或義務。他們的自我，只要與眼前交易無關，就不會
受到影響，就可以保持獨立自主。一言以蔽之，他們不覺得自己的自
由受損，也不覺得目前的交易會限制他們未來的選擇。交換關係相對
「微不足道」，因爲它侷限在從交易開始到交易結束的範圍之內，有時
空上的限制。它也不涉及整個人格。（請注意，某些交換與個人自主
性連結的方式，推翻了經濟學和政治理論經常視之爲理所當然的主
張，也就是勞動力和其他商品並無二致，可視爲一種交換品的主張。
勞動力和可交換性貨品顯然不同，因爲勞動力不可能和勞動者分開。
出賣勞力的意思是，你同意做爲一個人——在特定時段內整個人，你
的行動從此臣服於其他人的意志與決策。勞動者交出他的**全部**自我，
而非他身上某個可以拆卸的東西，交由另一人來控制。這種顯然非個
人化的契約，遠超過交換關係的限制範疇。）

　　愛情與交換各居連續線的兩端，所有人際關係均處於兩極之間。
在你我的經驗中，人際關係鮮少以此處描述的極端形態出現。這兒討
論的是純淨形態，做爲模型來看。大部分人際關係是「不純」的，各

以不同的比例混合了兩種模型。大部分愛情關係含有買賣式的交涉成分在內，在「如果你做這個，我就做那個」的討價還價聲中，替自己爭取公平的交換比率。除了偶爾碰到或一次性的交易以外，交換關係中的行動者鮮少能夠長久維持對另一方的漠不關心，他們遲早會產生金錢與貨物之外的聯繫。但這兩個極端模型，即使隱沒在混合型的人際關係中，兩者的相對身分仍然存在。兩者各有一套自己的期待，自己對什麼是完美境界的想像——因此驅使行動者採取偏向自己那一方的行為。大部分人際關係的曖昧性，都可以用這兩套極端、互補但互不相容的期待所產生的壓力和矛盾來解釋。像模型這樣的純淨關係，在現實生活中其實很罕見，曖昧才是人際關係的常態。

我們的夢想與渴望，似乎被兩種需求撕裂了，兩者幾乎不可能同時滿足，但分開來追求也一樣難以滿足。這兩種需求，一個是**歸屬性**（belonging），另一個是**個別性**（individuality）。第一種需求促使我們尋找穩固安全的人際關係。每當我們談到或思及團結或共同體時，我們即是在表達這種需求。第二種需求促使我們趨向隱私，不理會外在壓力，不接受他人要求，做我們認為值得做的任何事情，「做自己」。兩種需求皆迫切與強烈，需求愈不滿足，壓力愈大。另方面，其中一個需求愈接近滿足的境界，我們愈感覺到另一個需求被忽略的痛苦。我們發現，沒有隱私的共同體，壓迫感大於歸屬感。離群索居的隱私，則寂寞感壓倒了「做自己」的感覺。

# 權力與選擇

6

*Thinking Sociologically*

社會學動動腦

107 　　我為什麼做我所做的事情？除非我剛好有哲學思考的雅
興，否則這問題未免太簡單了，簡單到不值得回答。答案難道
還不夠明顯嗎？至少，表面上是如此。我做那件事，當然是**因
為（beacuse）**……（我匆匆忙忙趕去上課，因為我上一堂課遲
到而挨老師罵了；我在紅綠燈前面停下，因為路口交通繁忙；
我煮飯，因為我肚子餓；我穿牛仔褲，因為現在流行嘛。）我
的解釋之所以看起來不費吹灰之力——簡直不辯自明，原因
是，這種解釋符合我們大家都有的一個習慣：用**因（cause）果**
（effect）關係來解釋事件。

　　大多數時候，碰到需要解釋我們所做的事情，或發生在我
們身上的事情時，只要我們知道若發生甲事，我們想要解釋的
乙事必然會發生，我們的好奇心便大致滿足了；換言之，乙事
不可避免，或至少非常可能發生。為什麼巷口那棟房子會爆炸？
因為煤氣管漏氣。嗯，煤氣是高度可燃的氣體，一點點火花就
足以引爆它。為什麼沒有人聽到小偷打破窗子？因為大家都在
睡覺。嗯，人睡著的時候通常聽不到聲音。諸如此類的解釋不
勝枚舉。一旦我們發現我們要解釋的事件，永遠尾隨在某一個
事件或事態之後（我們遂稱之為**定律**〔law〕，沒有例外的連結
關係），或在大多數情況下尾隨其後（我們遂稱之為常**態**
〔norm〕，雖非一定但通常會出現的連結關係），我們蒐尋解釋
的工作就嘎然而止。所以，我們的解釋方法是，用一個命題來
代表我們要解釋的事件，該命題可以從另一個或一組更普遍的
108 命題推衍出來。因為我們可以用這種方式來解釋事件，所以我
們認為事件基本上是可以預料的：根據普遍定律或常態，加上
該定律或常態所代表的形勢已出現，所以事件必然已發生，而

且不可能被其他任何事件所取代。在解釋的空間裡，不容許選擇、自願淘汰、不按牌理出牌的可能性。

不過，如果把這種習慣性的解釋應用在人類行為上，便會出現重大漏洞。它忽略了我們想要解釋的事件是某人的行動，而那人並不是沒有選擇餘地的事實。他或她可以有不同的行為。行為方式何止一種，為什麼偏偏選中這一個，這一點恰恰是應該解釋而未解釋的。這件事絕非不可避免。並沒有一套普遍命題可以推演它出來，起碼不能斬釘截鐵地推演出來。所以它不是可以預料的。我們可以在事件發生之後，再試圖理解它；事後回顧，仗著後見之明，可以把事件——即行動——**詮釋**（interpret）為某些**規則**（rules）的後果，行動者在行動之際，必然遵循了那些規則。可是，這些規則可以產生不只一種行為。何況行動者並沒有必要遵循它們。

一碰到人類行為，上述解釋方法便不靈光了，不能交代完整的故事，不能滿足我們想知道的一切內情。我們從自己的經驗得知，人做事是有目的的。人人心中懷有**動機**（motives），他們和我一樣，做他們所做的事情，是**為了**（in order to）創造或達到某一個情境，基於某個理由，他們比較喜歡那個情境（我按時上課，是為了避免挨老師罵，或害怕跟不上課程進度；我小心過馬路，是為了避免車禍和保住小命；我燒飯，是為了填飽肚子或招待客人；我和周遭的人一樣穿牛仔褲，是為了不想標新立異、引人注意）。

所以只因為學校當局規定如此，我就準時坐在教室裡面，這件事並沒有什麼不可避免的因素在內；我準時坐在那裡，因為我希望遵守校規——基於某個理由，我認為遵守校規是正確

的作爲。我在十字路口停下來等紅燈換成綠燈，這件事也沒有什麼不可避免的因素在內——儘管希望避免車禍是很理性的想法；我顯然也相信，紅綠燈系統是一個很合理的避免車禍的工具，爲了這個理由，我應當遵守。我做的每一件事，永遠有替代方案，永遠有其他選擇。坦白說，我大可以做別的事情。

即使行動的形勢和行動者的動機不變，人類行動仍可能有所不同。形勢可以置之不理，動機可以拋棄，相同的形勢與動機，可能導出不同的結論。所以，指出人類行動的外在形勢或普遍定律，並不能像解釋跟人類行動無關的事件那樣，令我們完全滿意。我們心知肚明，即使客觀形勢完全相同（主觀上不可能完全相同，因爲每個人賦予形勢的意義不盡相同，對形勢的認知也不一樣），不同的人仍可能有不同的做法。如果我們想知道爲什麼他們選擇此種行動而非彼種行動，我們最好從行動者的決策來思考。我們不由自主地把行動者想成決策者，把行動本身想成「**決策過程**」（decision-making process）的後果。　*any actions*

我們當然也會想到，有一種人類行爲與決策的關係不大。有些行動幾乎是「**不假思索的**」（unreflective），亦即，不曾有意識地想過替代方案，替代方案並沒有成爲考慮的對象。不假思索的行爲有兩種。

「**慣性**」行爲（habitual behaviour）（有時候稱做傳統行爲，但這個名稱較不貼切）是其中之一。我每天早上通常在相同的時間醒來，好像體內裝了一個鬧鐘似的⋯⋯半睡半醒的，我進行每天早晨的例行公事——刷牙、洗臉、刮鬍子。我不記得自己做過關於這套例行公事的決策；事實上，做這些動作的

時候，我的腦子多半在想別的事情（我通常必須照過鏡子才能確定我是否刮了鬍子，因為刮鬍子的時候我常常心不在焉）。每天一到固定時間，剛好是我平常吃飯的時間，我就感覺肚子餓了。傍晚回家的時候，我一進門就開燈，簡直是自動式的。我沒有注意到黑暗，沒有想過光亮與黑暗孰優孰劣，沒有偏愛其中哪一個；我壓根兒沒想我的行動的本質與目的。但如果進門的時候，我發現通常不該亮的燈已經亮了，我就會開始思考了……我注意到它們，因為它們打破了日常慣例：一定是發生了**不尋常的**（unusual）事情，也許來了不速之客，或更糟糕的，家裡遭小偷光顧……正常的事件次序，那個使我可以完全不必思考的次序，被打破了。習慣性動作不再管用，於是我被迫思考我的下一步。我必須**做決定**（making decisions）。讓我們再看一個例子：我想找一本書，那本書擱在另一個房間的桌上。當我去拿它的時候，我發現房間黑漆漆的。我自然要去開燈，但就在此時，我發現有人在沙發上睡著了。再度的，慣性行為行不通了。開燈的話，我會驚醒睡著的人。但如果在黑暗中摸索那本書，一不小心就可能碰翻椅子或打破花瓶，結果同樣會吵醒睡覺的人。形勢不再符合慣例，習慣突然不能指導行為。情況很明顯，我勢必要做一個**選擇**（choice），我的決策過程再度啟動了。

慣性行為是過去所學的沈澱物。我在過去某個時間，養成這個習慣。但從那之後，拜固定重複所賜，我不再需要思考、盤算、做決策；我只是一個動作接另一個動作，因循固定不變的次序，我是說，如果形勢同樣固定不變的話。的確，我的行動變得如此習慣化，如果你問我，我還真不知道該如何描述它

們呢。只有在事情出差錯的時候，它們才會引起我的注意。如果我是在一間不熟悉的屋子裡，衛浴設備不在「它們應該在的位置」，也就是說，不在我習慣找到它們的地方，或牙刷柄斷了，或肥皂不見了，這時候即使看起來自動化的早晨例行公事，也可能嘎然而止，引起我的注意。由此可見，慣性行為是否有效，端看行動的環境是否一成不變和井然有序。

還有一種行為與思考的關係不大，甚至毫無關係，那就是「**感性**」行動（affective action）：被強烈情緒驅使的行動，事實上，情緒強烈到不可理喻、不計目的、不考慮後果的地步。感性行動是強制性的，行動者幾乎無法抗拒，聽不進任何勸告，失去一切理智。它通常緊隨在情緒爆發之後。隨著時間消逝，激情逐漸冷卻，我開始三思而後行。此後不管我做什麼，都是計算過（因此不是感性）的行為。我是一個情緒化的人，我可能因一時衝動，對一位得罪我的人，或我深愛和珍惜的人拳打腳踢。我可能因一時憐憫心或同情心大發，把所有的錢都捐給了窮人。但如果我決定趁夜黑風高躲在暗巷中偷襲一位我恨之入骨的人，以報復他或她對我造成的傷害，那就算不上感性行動了；這個行動涉及的預謀成分，反而建議它是一個處心積慮決策的後果。如果我的施捨是存心討好對方，或取悅上帝，則同樣不是感性行動；反之，那是預先算計好的行動計畫中的一個步驟，是達到目的的手段——在這個例子裡，目的是贏得我的救贖和寬恕我的罪過。只有**不假思索**、臨時起意、非預謀的行動，而且是尚未權衡利弊得失就已經犯下的行動，才是真正的感性行動。

慣性行動和感性行動時常被形容為「**不理性**」的

（irrational）。這個形容詞不含愚蠢、無效、錯誤或有害的意思在內。事實上，它不暗示任何關於行動效用的評價。大部分習慣化的例行工作都相當有效和有用。它們完成了對日常生活極其重要的任務，此外它們還替我們節省了很多思考時間，使我們的行為不需花多少精神，使工作更容易完成。同樣的，對付壞蛋，飽以老拳的做法，最後可能證明比苦口婆心地勸他改過向上的「冷處理」方式更有效。行動被稱做不理性，不是因為它沒有效用，而是因為採取行動之前沒有考慮到效用——效用不是決策的一個因素。如果行動不是決策的後果，就是不理性行動。相反的，理性行動的效用，有時候可能還不如不理性行動呢（因此更不合理）。

　　「**理性**」行動（rational action）是行動者從諸多可能的行動當中，意識清醒地挑選一個他認為最能夠達到行動目的者（這種理性叫做「**工具理性**」〔instrumental rationality〕）：根據既定目的之需要來選擇手段。此外，理性行動也可能出於「**價值理性**」（value-rational）：某些手段可供行動者用來達到不同的目的，行動者從中挑選一個他認為最有價值的目的（「最博他歡心」、最有吸引力、最值得嚮往、與眼前最迫切的需要關係最密切者）。這兩種理性——工具理性和價值理性——有一個共同點，兩者皆以目的來衡量手段，而目的與手段是否相稱，無論真實或假設的相稱，被視為衡量決策是正確或錯誤的終極標準。相稱一事，最後可能證明只是一場幻覺，事後回想起來，當初可能計算錯誤；這個行動之所以還是理性的，唯一理由是採取行動之前已做過計算。在這許多來來回回的比較、計算、衡量和最後抉擇的背後，有一個基本概念是，只要

行動是**自願的**（voluntary），便是理性行動；換言之，只要行動者有選擇自由，並且行使了選擇自由，而不是受到不可控制的習慣或一時激情的唆使、吸引、催促或威嚇。

　　每當我們意識清醒地、深思熟慮地挑選我們的行動時，我們是在預期行動的可能後果。我們的做法，最主要是盤算採取行動的局勢，以及我們希望達到的效果。更準確來說，我們盤算的對象通常是**資源**（resources）與**價值**（values）。我的資源可能包括金錢——口袋裡或銀行帳戶裡的「流動」資金，或可以用來取得信貸的有價資產。我的資源也包括技術，我可以用之來創造別人需要的東西，以交換我需要的東西；我的資源亦包括「社會資產」，例如我可以請託什麼人，那些人掌握了我渴望擁有的東西或服務，因此關係到我的下一步行動。我遵守和尊敬的價值，使我能夠權衡比較各種可以達到的目的，然後決定哪一個看起來最好。我的資源可以施展在許多用途上。每一種用途具有不同程度的吸引力，為了不同的理由而吸引我。它們代表不同的價值。有些價值似乎更令人滿足，或更不可或缺，或更彌足珍貴。有些價值被挑中，是因為它們潛在上最有用，因為它們可以開創新的契機，增加我的可用資源，以致擴大我未來的自由範圍。假如我有一百英鎊的額外之財，我可以決定買一台音響，或拿去渡假，或買一套社會學參考書，或存進郵局帳戶，不管我最後做了什麼決定，主導決策的是我的價值。盤算資源與價值，可以告訴我我的自由度：什麼是我的能力所及，什麼是憑我的條件根本不必妄想的。

　　不同的人有不同程度的自由。人與人之間在選擇自由上，在可以決定採取的行動範圍上，不盡相同的事實，正是「**社會**

不平等」（social inequality）的本質（亦即，這種差異的起源是社會性的，是人類互動造成的，並且靠人類互動來維繫，只要互動條件改變，便可以重新分配，甚至完全消除不平等）。有些人較其他人自由，他們的選擇範圍更寬，因爲他們可以取得更多的資源，可以接觸範圍更廣的價值（追求那些價值，對他們而言是切實可行的目標，對比較不幸的人來講，則是無聊、自尋煩惱和最後挫敗的白日夢）。

　　自由度的差異，時常被稱爲「**權力**」（power）的差異。權力一詞，最好的解釋誠然是行動的能力（ability to act），包括能夠自由選擇任何行動目的，以及掌握實現該目的的手段。權力是一種「賦予能力」的功能（enabling capacity）。權力越大的人，他的選擇範圍越寬，他認爲切實可行的決策數量越多，他可以實際追求，同時相當有把握可以達到的成果範圍越廣。權力較小或毫無權力的意思是，你必須節制你的夢想，或由於缺乏必要的資源，而必須放棄尋夢的企圖。

　　擁有權力的意思是，能夠更自由地行動；沒有權力或權力比別人小的意思是，你的選擇自由被其他人的決策侷限了。當我們說甲對乙有權力時，我們是說，甲掌握的資源，允許他促使乙採取必要的行動，來達到甲設定的目的；換言之，甲擁有的資源，允許他把乙的目的當做甲的目的之進一步手段；或再換一個說法，允許他把乙的價值轉化成甲的資源。我們可以猜測，要不是甲的實際或潛在行動，乙可能做出不同的行動；因爲乙的目的是別人的資源，被別人當做一個手段，用來達到別人的目的，所以乙的選擇自由遭到最嚴重的限制。乙的行動不再**獨立自主**（a u t o n o m o u s），反而變成**受制於人** 114

（heteronomous）。

　　舉例來說，我的老闆對我有權力；如果我不遵守他們制定的規則，不服從他們的命令，他們可以開除我；如果我的表現在他們看來很優異，他們可以獎勵我或提拔我。但是雇用或開除、獎勵或懲罰的權利，不在我能夠掌握的資源之內，所以我不能以同樣的方式來對付他們。更有甚之的是，我的老闆可能天威難測。他們可能**秘而不宣**他們的意圖，待我發現時，已經來不及反抗了。他們可能打算徹底重組辦公室，譬如引進新的科技設備，或實施新的分工方法，而嚴重惡化我的處境，進一步縮小我的操縱自由。我無法用同樣的秘密武器來報復他們，因為我能夠密謀的東西少得可憐，縱使我能夠影響老闆的自由，也不能和他們的陰謀對我造成的衝擊相提並論。相對於我袖子藏的任何計謀，老闆的秘密是潛在上更致命的武器。所以從我們對另一方處境的影響程度來看，我們的地位極端不平等。在我們的相互關係中，權力分配不均，因此我們的關係是**不對稱**（asymmetrical）的權力關係。我的老闆可以從許多替代方案中，選擇他們的行動，而他的選擇範圍比我的大得多。因為我們的自由度有天壤之別，所以我多半會乖乖聽老闆的吩咐，所以他們可以期待我的服從；所以他們在計畫行動的時候，可以把我的行動計算在他們可以自由處置的資源裡面。我的選擇範圍越有限，他們越能夠準確地預測我的行為。我對老闆沒有多少秘密可言，在他們的計算公式裡，我算不上多大的未知數，對他們而言，我是不確定性很小的資源，遠比他們對我的不確定性小得多。他們可以安全地算準我會服從他們的目的，和他們擁有的資產或機具差不多。

一言以蔽之，有權力，即等於有能力利用他人的行動，做為達到自己目的的手段；更廣泛來說，有權力，即等於有能力減少他人的自由對於自己選擇目的和計算手段所造成的限制。貶低他人的自由，即等於增強自己的自由，有兩種方法可以達到這個目的。

第一種方法是**脅迫**（coercion），辦法是操縱行動的環境，俾使其他人的資源，無論在其他情況下看起來如何龐大，突然之間變得不足或無效。創造一個全新的遊戲，一個操縱者更擅長玩的遊戲。（搶劫案的受害人，無論是有錢的銀行家、有權的政治人物，或是有名的娛樂界人士，在各自的領域裡，他們擁有的資源足以保證高度的自由，然而一旦置身黑暗荒涼的街道，在刀尖或拳頭的威脅下，那些資源頓時失去了「賦予能力」的功能。）透過強制執行的價值重估，或毋寧說，透過重新排列選擇的優先次序，使平常高度重視的價值，頓失大部分重要性，也可以達到巨幅降低自由的效果。塞滿鈔票或信用卡的皮夾子，對貪財的人來說，通常代表至高無上的價值，但如果半夜三更碰到搶匪，就會突然變得無足輕重；此刻面對的是生與死的抉擇，而不是更多錢或更少錢。在制度化的脅迫下（institutionalized coercion），在監獄或勞改營中，新的價值——改善伙食、減輕勞役、獲准外出或會見訪客、避免單獨囚禁或警衛森嚴的牢房，或僅僅獄卒的一點點仁慈——很可能讓舊的、一度寶貴的優先選項相形見絀，變成突兀可笑的東西。在集中營的極端條件下，自我保護和存活的價值，很可能使囚犯的其他一切選擇黯然失色。

第二種方法較為迂迴（對掌權者來說也比較昂貴）。辦法

是徵用他人的價值，做為自己的資源：「讓他人的慾望替我服務」。更具體來講，是操縱形勢，俾使其他人唯有服從掌權者制定的規則，才能達到他們追求的價值。於是希望提高社會地位的軍人，唯有奮勇殺敵，才會獲頒勳章和表揚（古早時候，還可以冊封爵位和田地）。希望拿到正式文憑的學生，唯有遵守學校的規定，例如準時上課和按時繳作業。希望改善生活水準（加薪）的工廠工人，唯有更忠心耿耿、更勤奮賣力的地工作，而且無條件服從經理的命令。透過這種辦法，把下屬的價值變成長官的資源，利用下屬的夢想與渴望，追逐掌權者設定的目標。我自己沒有資產，我只能受僱於人，才能養活自己。然而，被僱用這件事，意味了我的行為必須遵守職業守則，在工作期間，我必須暫時停止行使我的自由。既然自由選擇了改善生活水準——或僅僅求得溫飽——的價值，做為我自己自願的承諾，現在我發現，除了交出相當大的一部份自由，我別無他法來達到我選擇的價值。

　　凡是能夠施展壓力，或操縱報酬的人，同樣的也能夠改變我達到我所渴望的價值的機會。他們的決策，影響了我在行動中能夠運用多少資源，或那些資源的效用。他們也可能影響我的行動目的，雖然只是間接影響。我可能放棄追求某些過去珍惜的價值，因為現在我發現，我的夢想「不切實際」。失敗的機率太高，克服困難的或然率幾乎是零；我身心俱疲，夢想破滅，一度朝思暮想的目的（誠為我的全部人生計畫），漸漸成為日後咀嚼起來仍然甜蜜，但永遠不會付諸行動的美夢。我的行動改變了方向，如今朝向更「務實」的目的，我對自己資源的有效性評估也修正了，從今以後，我調轉過來計算我的行

動：用手段來衡量目的。大勢已去，最後我多半會向距離當初
夢想十分遙遠的現實妥協。

可是，當初我的價值從何而來？為什麼我重視某些目的，
漠視或輕視其他目的？這些價值是我自由選擇的嗎？我可以任 117
意撿拾它們和拋棄它們嗎？抑或，它們和我的資源差不多，受
到他人行動和我的環境因素的影響，對之我甚少或全無控制？
且讓我們看一個例子：我原本打算高中一畢業就接著念大學，
但是我的好朋友都不想上大學。我們各自就各人的選擇展開了
一場辯論，他們勸我，繼續求學不會使我的人生更快樂，還不
如立刻開始享受人生——自己賺錢自己花多好，何苦讓自己過
四年自我犧牲和半飢餓的苦日子。聽完他們的論點，我改變主
意，決定放棄申請大學，開始找工作賺錢。現在我有一份固定
收入，口袋裡有錢，愛買什麼就買的滋味實在不錯。豈料管理
階層決定重組辦公室，透過大幅裁員來節省開支；工會建議以
罷工逼迫管理階層收回成命。我自己的職位和收入相當穩固，
升遷機會也不差，重組之後甚至更佳。此外，董事會宣布，萬
一罷工造成重要訂單流失，最後每一個人都會被炒魷魚。我極
不願意看到這個前景，可是大部分同事都把團結放在個人工作
保障之前，把尊嚴看得比收入為重，他們都贊成罷工。我不願
意做害群之馬，只好加入他們——儘管現在看來我很可能面臨
失業的後果，隨之而逝的是我享受人生的自由，我唯一知道的
自由……

如同這個例子所示，人們選擇價值來指引和指導他們的行
動（即根據價值重要性之升降來調整目的），而價值會在社會
互動過程中和衝擊下做出改變。這種衝擊，就是我們常說的**影**

**響力**（influence）。影響力不同於權力，影響力直接影響價值：它的威力展現在改變各種目的的相對重要性上，使某些目的好像比其他目的更吸引人，因此更值得追求。選擇價值，把某些目的置於其他目的之上，意味了你相信最優先的目的，最後會更令你更滿足，會帶給你更多樂趣，更有尊嚴、道德更高尚、更賞心悅目──整體而言，更符合你對事情恰當與否的感覺。

　　價值不一定是有意識地選擇出來的。如前所述，我們有不少行動是慣性和例行性的，並不涉及手段與目的的考量。只要是習慣的動作，我們鮮少停下問該行動服務了什麼價值。慣性行動不需要理由，何況我們也很難解釋為什麼我們選擇這個行動，而非其他行動。如果被逼問急了，我們可能會冒出「事情一向是這麼做的嘛」，或「大家都這樣嘛」之類的答案，好像只要是延續已久的習慣便具有權威似的，或好像只要有很多人這樣做，便代表一種價值，便值得去做似的。但別忘了，這些是被問題「逼」出來的解釋。被問的人，在問題提出來之前，腦子裡未必有此想法。你可能還記得，慣性行動或傳統行動的好處，恰恰是不需要理由。只要是尚未被迫**正當化**（legitimize）自己的行動，便是傳統行動；傳統行動不需要**正當性**（legitimation），亦即不必假設自己在替某個價值服務。它可以全憑習慣的力量，依循大致相同的模式，繼續不斷地重複自己。我們有許多日常活動是傳統式的（習慣性、例行性、不假思索），儘管大多數人絕對不承認自己是傳統主義者（亦即，如果我們有機會思考這個問題和表達我們經過深思熟慮後的觀點的話，我們會否認古老和永恆不變具有權威性，我們會反對

穩定和缺乏變化天生有價值）。

指導我們生活（即督導我們選擇那一個行動目的）的最普遍價值，譬如正直或成功、誠實或聰明、勤勞或享樂、堅持或靈活等標準，整體而言，建立在我們的童年時期。它們通常沈澱在潛意識層次，構成良心的聲音，而不是一套條理清晰，我們隨時可以拿出來侃侃而談，或每次面對決策時都必須引經據典的戒律。很少人能記得小時候受到的影響；這些影響力的成功，即在於它們已遭到遺忘，不再被視爲外在壓力。只有當我們遵守的價值遭到挑戰、公然反抗和被迫替自己辯護時，只有當我們必須做出愼重選擇時，我們才會意識到外在影響力的存在。

影響他人價值的能力，是**權威**（authority）的一個特性。衡量一個人或一個組織有沒有權威，所根據的標準是，人們是否可能純粹因爲這個人或組織實踐或宣揚某個價值，便接受那個價值。如果只要某人或組織推崇某個價值，其他人就認爲那是接受和遵守該價值的充分理由，我們就可以說前者對後者具有權威性。所以一個人或組織有多少權威，端看其他人會不會追隨他們的榜樣或忠告。其他人爲什麼會服從，可以有各種不同的解釋，比如導師的智慧、眞誠、經驗、高風亮節等等。但無論用什麼方法來合理化這種服從性，眞正的理由是，信徒對於來自那位導師的教誨必屬明智的信賴。

我們重視的價值，歸根究柢還是我們自己的選擇。畢竟是我們自己把權威加在我們決定追隨的榜樣身上，是我們自己否定我們不喜歡的榜樣的權威。在我們決定信賴誰之前，我們會考慮各式各樣互相競爭的「價值領袖」（value-leaders）或其代

119

言人的主張，我們評估這些榜樣是否值得信賴，以及他們展現一個優秀、值得信賴的榜樣的能力。一個人或組織，若想變成我們尊崇的權威，就必須提出一個**正當性**，或一個能證明他們的忠告（或其價值層級）為何勝過其他忠告，為何必須追隨的說法。

我們已經見識過這種正當性了，回想一下我們先前談過的，有些價值據稱特別值得尊敬，因為它們背後有**傳統**（tradition）的支持。據說那些價值歷久彌新，經得起時間的考驗。人必須忠於過去，忠於一起走過從前的團體，忠於我們同為監護人的共同遺產。據說，歷史把後代子孫綁在一起；因歷史而結合的東西，人類豈敢放肆拆散。古老美德是莊嚴神聖的，只因為它們古老⋯⋯

類似論調我們耳熟能詳。它們往往和事實相反：與其說價值受到尊崇是因為年高德劭，不如說是宣揚價值（有時候是新出爐、剛發明的價值）的人，為了尋求大眾認同，而千方百計從歷史堆中挖掘真實或臆想的證據，以驗明價值的古董身分。歷史印象永遠是選擇性的；在這個例子裡，歷史圖像被拼湊出來，是為了給價值戴上年高德劭的冠冕。利用人們敬畏歷史的心理，幫助價值贏得現代的競爭。一旦人們接受某個價值是祖先的遺產，那個價值就比較不易遭到當代的抨擊；其他價值尚待證明自己，但是來自昔日美好時光的價值，已通過時間的考驗，即使考試成績不怎麼好。傳統主義式的正當性，在瞬息萬變、人心焦躁不安的年代，特別有吸引力。激進、史無前例的創新，如果被歌頌成傳統方式的復古，往往很有幫助，有時候多少可以減輕一點社會急遽轉變所引起的不確定感，而且似乎

提供了一個相對安全、較少痛苦的選擇。

另外一個捍衛新價值的辦法是，將之形容為有如天啓一般——劃時代的發現，對事實真相的真知灼見，或直可透視不可知，乃至凶險之未來的先知先覺。這種論調與「**天賜正當性**」（charismatic legitimation）【「天賜」一詞常見的譯法是「魅力」，此處採用此詞原本的宗教意涵】有關。**天賜**（charisma）一詞，最早是宗教研究提出來的，描述教會對信徒發揮的深遠、不受挑戰的影響力。在宗教研究中，天賜的概念是指信徒深信不疑教會是獲得上帝授權，通往真理的特許途徑：教會是上帝派來引導人們過虔敬生活，並獲得最終救贖的機構。不過，天賜不限於宗教信仰和教會。我們說一個人受到天賜的感召，如果他奉某個價值為圭臬的原因是，他相信宣揚該價值者擁有超人類的素質（非凡的智慧、先知先覺，有管道通往凡夫俗子接觸不到的知識來源），故可保證其願景的真實性和選擇的適當性。凡夫俗子的平庸智力，無法評估天賜者的主張，所以也無權質疑他們洞悉真理的能力。領袖的天賜越強，人民越難質疑他們的命令；在極端不確定的形勢中，追隨領袖的領導，越發使人安心。 乩乩－宗教盛行

急遽與深遠的社會變遷，造成慣性行為模式的迅速失效，因天賜而「保證」一貫正確的價值選擇，遂越來越受歡迎，而且需求不斷擴大，毫無衰退之象。然而，固有教會只能滿足很小一部分需求。新的、無先例可循的社會變化，製造了無數選擇情境，對之教會缺乏現成答案，或只有跟現實頗為脫節的答案。這未必表示神聖的天賜權威從此墮入凡塵。電視佈道大會、宗教大師和五花八門的狂熱教派，提供了神聖天賜權威的

121

修正版本，至少證明了人們仍然普遍和強烈地渴望超人類的答案，以解決顯然超乎人類判斷能力的問題。

人們渴望天賜式的解決方案來解決價值問題，這種要求空前膨脹，遂給了一些政黨和群眾運動乘虛而入的機會。在政黨方面，所謂的極權政黨（totalitarian parties）（要求追隨者的一切生活層面均毫無保留地奉獻給黨），譬如法西斯或共產黨，其崛起均是靠炮製天賜型領袖，把這些領袖神化為擁有超凡入聖的前瞻性和無懈可擊的是非觀，或把黨本身變成天賜權威的集體攜帶者。後者的發展，尤其為天賜影響力奠定了嶄新、更穩定的基礎；天賜型組織的影響力，原則上（有時實際如此）可以比天賜型領袖活得久。更重要的是，天賜型組織比較不必背負過去錯誤的包袱，它可以把錯誤推給個人，組織本身則毫髮未傷，其權威性持續穩固。組織鬆散的群眾運動，總的來說，就沒有那麼好命了（除非它們能夠成功地建立一個強大的、類似政黨的，能夠自我延續生命的組織）。它們的命運通常和它們的領袖相同，領袖是天賜權威的正當傳人，他的升起如流星一般燦爛，可是一旦碰到挫敗和諾言跳票而失去民心，或被其他更成功（尚未遭懷疑）的大眾寵兒掩蓋了光芒，他的殞落也將如流星一般迅速。

不過，天賜權威的重心，現在似乎已從宗教和政治領域轉移出去了。大眾傳播媒體——能夠讓訊息傳播者被千千萬萬訊息接收者看到、聽到，但實際接觸不到的強大科技——的崛起，在天賜權威的重心轉移上，扮演了重要的推手角色。這種可望而不可及的心理效應，已證明具有排山倒海一般的力量。電視藝人或拜電視所賜而成名的公眾人物，似乎全憑這種家喻

戶曉但無法接觸的特性，而建立起強大的天賜影響力。他們和昔日的天賜型領袖差不多，被冠上卓越判斷力的光環，這一回最主要表現在品味方面，所以他們可以成為生活風格的潮流領導者。從他們的高知名度和追隨者的龐大數目上，反射出優越的印象。如今數量本身變成一種權威——天賜氣質的真正傳人。無數人仰望公眾人物來指導和建議他們的選擇，龐大的數目強化了天賜的力量，也增加了大眾對天賜來源正當性的信賴。

另一個集體天賜影響力的例子來自專業領域。專業人士對人類選擇的發言權和裁判權，係基於專業知識：他們擁有特許的管道，可以取得一般人難以取得的知識，所以專業知識比門外漢未經測試、往往錯誤的信仰高明很多。專業人士掌握的知識，通常超出一般人接觸和理解的範圍，一般人只能服從基於那個知識所做出的判決——所以判決適當與否是無法檢驗的。判決之所以被人們接受，因為人們假定裁判的權威性無懈可擊；判決會繼續被人們接受下去，只要服從判決者相信，首先，專業領域的集體智慧，其次，專業本身有能力監督個別成員，使他們個個成為集體智慧的勝任與可靠的發言人。舉例來說，一旦「醫生說」抽煙或飲酒對身體有害，人們便傾向於戒掉那些嗜好；人們很容易接受醫生關於正確體重的意見，即使代價是必須放棄自己最喜愛的食物。專業領域的天賜權威是一個特殊的例子，它的背後有一個更廣大的現象，我們對科學的共同信仰，我們相信科學方法在製造寶貴和值得信賴的知識上，具有無懈可擊的優越性。科學知識與宗教啟示兩者，不論有多少實質上的差異，在促使外行人接受的機制上，其實大同

123

小異。在這兩個領域，一般門外漢無法測試資訊的眞實度，他們只能**憑信任**而接受，信任那個集體供應資訊，並附贈品質保證的個人或組織（教會或大學）的智慧與誠信。

以上討論的兩種正當性：傳統主義式與天賜式，有一個共同點，兩者皆意味了放棄個人選擇價値的權利，把權利讓渡給另一個單獨或集體的行動者。讓渡選擇權這件事，通常與放棄責任息息相關。現在另一個行動者（我們想像的過往世代，或目前的權威機構），已經替我們做好選擇了，所以它們也承擔了後果的責任──包括對我們行動後果的**道德**責任。

不過，第三種正當性：**法律─理性式**（legal-rational），做得更徹底，它乾脆取消了價値選擇的麻煩，以及隨之而來的自我辯解的苦惱。它暗示有些組織和它們的法定代言人，擁有法律保障的權利來告訴我們應當採取哪種行動，而且絕對服從是我們的法定義務。既然如此，忠告的智慧或道德品質就無所謂了。我們沒有責任（我們被如此告知）挑選互相競爭的天賜權威傳人。現在是法律及合法命令，而非我們的決策，替我們選擇權威來決定我們的行動。法律─理性式的正當性，把行動和價値選擇拆開，使行動變成顯然價値中立。執行命令者不必檢驗自己奉命採取的行動的道德性，即使那個行動通不過道德檢驗，也不用感覺自己有什麼責任。自認爲理直氣壯，他們對這方面的任何譴責憤慨地表示：「我只不過是執行我的法定上司給我的命令而已。」

法律─理性式的正當性，無論如何強化人類事業的效能與效率，仍然充滿潛在的邪惡後果，原因恰恰是它有赦免行動者替價値選擇負責的傾向，而且在某種意義上，把整個價値選擇

的議題抽離了行動。二次大戰時的大屠殺和種族滅絕，是這種後果最明顯的見證，雖然絕不是唯一和例外的例子：殺人兇手拒絕接受道德責任，反而指出服從命令是法律的規定；他們矢口否認決定服從命令其實是他們自己做出的道德選擇。

　　利用盲目服從指揮系統的便宜行事，使行動者看不到行動的價值，結果造成行動顯然價值中立和免於道德判斷。這種做法，可以說，替行動者提供了一條逃避自由包袱的出路，而自由，永遠附帶了替自己行動負責的責任。

．．自由好似山巔的空氣，对弱者而言，實感無法發

．．找宗教、靠別人、隨波逐流、不想為自己去向
只呼他人言 的都是拒絕責任的弱者

# 自我保護與道德責任

7

*Thinking Sociologically*

社會學動動腦

125　「我需要它。我一定要擁有它。」這兩句話，我通常一口氣講完，好像第二句只是加強第一句的語氣；或好像第二句澄清了第一句的意義；或好像第二句給第一句陳述的事實，下了一個顯然務實的結論。彷彿需要某樣東西，即等於欠缺一樣該有而未有的東西，即等於**被剝奪**（deprivation）。需要挑起了擁有的願望。「擁有」是被需要激起的一種迫不得已或強迫性的行為。「我**一定**要擁有它」的「它」，是我必須佔有才會快樂的東西，或必須佔有才能逃離目前這種匱乏的狀態，這種狀態大概很不舒服、很不自在，所以令我坐立不安、焦慮不已。擁有它，是自我保護或甚至存活的條件。沒有它，我不能繼續當我這種人。我的生活將有瑕疵，或甚至不可忍受。在極端情形下，甚至不能延續。不僅我的幸福，而且我的肉身存在，均將陷入危險。

　　這種為了存活或自我保護而被需要的素質，使得我所欠缺和渴望的東西，變成一種**善**（good）。善與需要，其實是一體的兩面。因為我需要某樣東西，所以那樣東西是善；某樣東西是不是善，端看我需不需要它。「它」可以是很多東西：商店出售的商品，這些我可以用錢來交換；夜晚寧靜的街道，或乾淨的空氣和未遭到污染的水，這些必須靠許多人的協調努力，才有可能辦到；居家的安全和平安無恙地穿過公共空間，這些有賴公權力的行使；另一人對我的愛，並且願意

126　瞭解我和表達因瞭解而產生的同情。換句話說，任何「善」，任何因需要而變成我們關切對象的東西，永遠使我們與其他人發生關係。我們的需要無法滿足，除非我們能夠透過兩個途徑，取得我們想要的東西，一個是獲准使用該物，另一個是擁有該物。但是，這兩個途徑永遠涉及其他人和他們的行動。自我保護的興趣，無論如何自我中心，必然加強我們與其他人的聯繫，使我們依賴其他人的行動，以及指導

他們行動的動機。

這個道理，乍看之下不大明顯。相反的，表面看來，一般人所瞭解的「**所有權**」（ownership）概念，是一件徹底「私人」的事情，是一種介於一個人與他擁有的東西之間的特殊關係。當我說「這是我的」或「這東西屬於我」的時候，我腦中最常浮現的圖像是，一條把我與「我的」筆或書或桌子連在一起的無形鎖鍊。好像物件（財產）不知怎麼的，在無形之中和物主聯繫起來了；這種聯繫關係，就是我們常假設的所有權的本質。如果我是此刻我寫字的這張紙的主人，那麼天下只有我一人有權決定如何處置它。我愛怎麼用它就怎麼用，我可以用它來寫一本書的某一頁，或寫一封信給朋友，或拿來包三明治；更有甚之的是，只要我高興，我可以毀滅它。（沒錯，法律禁止我毀滅某些我擁有的東西；例如，我不能在未獲許可的情形下，砍掉我家院子裡的一棵老樹，法律也不允許我放火燒自己的房子。但是需要一條特別法律來禁止我以某種方式處置我的某些財產的事實，進一步強調了一個普遍原則，即只有我一人有權決定我的所有物的命運。）不過，這種關於所有權的普遍印象，和關於財產關係的通俗說法，沒有提到的事實是，所有權同時也是一種「**排他**」（exclusion）關係，而且最主要是一種排他關係。想想看，當我說「這是我的」時，我的言下之意是，「這**不是你的**」，雖然我沒有大聲說出口，而且通常壓根兒沒那麼想。所有權從來不帶有私人性質，它永遠是一樁社會事務。所有權之所以能夠表達物件與物主之間的特殊關係，唯一原因是，它同時表達了物主與其他人的特殊關係。擁有某件東西的意思是，拒絕其他人使用那件東西。

因此，所有權在我和其他人之間，建立了一種互相依賴，以致親密的關係，但是它的聯繫（東西與人）功能，比不上它的分化（人與

127

人）效應。所有權存在的事實，把物件的主人和其他所有人分成兩個陣營，形成一種對立關係；前者可以使用該物（甚至糟蹋它，除非法律明文禁止），後者則被拒這種權利。所有權存在的事實，構成人與人之間的差異（我可以伸手到我的口袋裡掏錢，其他人則一概不准）。它也可能（回想一下我們在上一章討論的權力）形成人與人之間的不對稱關係；凡是非物件的所有人，如果需要或希望使用該物，就必須服從物件所有人制定的條件。他們的需要和滿足該需要的意願，使他們處於「**依賴**」（dependence）物主的地位（亦即，除非物件的目前主人採取某種行動，否則他們便無法取得該物，而該物或爲充分滿足他們需要的必需品，或者對於保存他們目前的生活方式，或延續他們的存在極其重要）。

工廠的工人應該如何使用機器設備，爲什麼目的而使用，乃是由廠主或廠主授權的代表所決定。工廠主人既然買下（用工資交換）員工的時間，便把那段時間當做他的財產——同機器和廠房差不多。所以廠主有權決定工人什麼時候可以休息、聊天、喝咖啡等等，假如他大發慈悲的話。人們防守得最嚴密，絕對不准他人越雷池半步的，並不是使用的權利，而是決定如何使用的權利。決定的權利，選擇的自由，是物主與非物主的根本差異所在。所有權與非所有權的差別，在這裡等於是自由與依賴的差別。擁有某件東西的意思是，你可以自由決定沒有那件東西的人必須做什麼——事實上，即等於你對後者有「**權力**」（power）。所有權與權力，實際上合而爲一。以此觀之，人們對財產的渴望，變得和權力慾難以分辨。

128
一切所有權均製造分化與區隔（亦即，排除非物主使用他人財產的權利）。但是，所有權並不是在任何情況、任何時間，均賦予物主對被排斥者的權力。只有在被排斥者需要使用該物的條件下，所有權

才賦予物主這種權力。生產工具、加工原料或加工場所的所有權,的
確賦予這種權力。(如上述例子所示,員工需要進入廠主控制的廠
房,才能謀取生活所需;為了自我保護,甚至為了生存,他們需要進
入廠房。如果進不了廠房,他們的技術與時間就會變得一無是處,無
法有效運用來謀生。)但如果是消耗品,情形就不同了。如果我擁有
一輛汽車,或一台錄影機,或一台洗衣機,我的生活會過得更容易一
些,或更享受一些。這些東西甚至可以增加我的聲望,使我贏得某些
人的尊敬,那些人的認同對我十分重要;我可以向我希望加深印象的
人吹噓我新添置的東西,希望他們從此以後對我刮目相看。但是擁有
這些東西,未必賦予我控制他們的權力。當然,如果他們想要使用這
些東西來增加他們的舒適和享受的話,就另當別論了。如果是這樣,
我就會制定使用條件,而他們只能乖乖服從。我們擁有的大部分東西
並不能提供權力,它們真正能提供的是,不必屈服於他人權力的獨立
性(我不必再為了使用我需要的東西,而遵守他人制訂的條件)。我
不必徵求他人同意,便能夠直接滿足的需要越多,我越不必服從他人
制訂的規則與條件。我們可以說,所有權是一種「賦予能力」
(enabling)的功能。它擴大你的自主權,增加你的行動與選擇的自
由。它使你獨立。允許你根據自己的動機而行動,並追求你自己的價
值。所有權與自由兩者合而為一。擴大自由範圍的工作,往往轉變成
擴張對東西的控制──擴張所有權。

　　所有權的兩大功能:對他人行使權力,以及使自己獨立自主,只
有在**分化**(divide)的條件下才發揮得出來。沒錯,任何版本的所有
權,在任何情況下,一概表示差別化與排他性。一切所有權均基於一
個基本原則,即他人的權利是我的權利的界限(反之亦然);要增加
我的自由,便需要限制他人的自由。根據這個原則,「賦予能力」永

129

遠附帶了一些（雖然只是局部和相對的）使他人「失去能力」
（disabling）的功能。這個原則假設，汲汲營營於名利的人們，彼此
之間存在無法彌合的利益衝突：一人有所得，另一人必有所失。這是
一場零合遊戲，分享與合作毫無利益可言（或假設如此）。當行動能
力仰賴獨佔資源時，服膺「人不為己，天誅地滅」的鐵律乃明智之
舉。這是我們對於自我保護工作的理解，這個邏輯顯然出於自我保護
的動機，因此必須成為一切理智行動的原則。

當人類行動服膺於這個原則時，互動的形態便成為「**競爭**」
（competition）。競爭者亟欲排除真正或潛在的競爭對手，使之無法
使用自己控制的或希望控制的或夢想控制的資源。競爭者爭奪的資
源，被認為是**稀有的**（scarce）：咸信這些資源的數量不足以滿足每
一個人，有些競爭者必然會被迫接受願望落空的現實。競爭概念的中
心思想，以及競爭行動的基本假設是，有些慾望必然無法滿足，因此
贏家與輸家的關係，必然永遠帶有互相討厭或敵視的特徵。基於同樣
的理由，即使競爭成功，也不能高枕無憂，而是必須積極地、戒慎恐
懼地防止他人的挑戰與競爭。競爭鬥爭永無止境，競爭結果永非最後
和不可逆轉。這個觀念造成幾個重要的後果。

首先，競爭必然造成「**壟斷**」（monopoly）的趨勢。勝方為了永
保勝利的果實，往往拒絕敗方挑戰的權利（或至少實際挑戰的機
會）。競爭者的終極目標是**消滅**競爭，儘管那個目標捉摸不定、遙遙
無期；競爭關係生來俱有自我毀滅的傾向。如果放任競爭不管，最後
會導致機會的強烈兩極化。資源會趨於集中，競爭關係中的一方會擁
有越來越多的資源，另一方的資源則越來越稀少。資源兩極化的結
果，通常賦予贏家操縱未來一切互動規則的能力，輸家則毫無挑戰規
則的餘地。在此情形下，競爭成果會變成一種壟斷，壟斷繼而允許贏

130

家進一步操縱競爭條件（例如，抬高獨佔物資的價格），於是強者越強，弱者越弱，雙方差距進一步拉大。

其次，透過壟斷手法（亦即，透過限制競爭的手段）而造成的機會永久兩極化，日久往往導致贏家和輸家的差別待遇。贏家和輸家遲早會「凝固」成「永久」的類型。贏家把輸家的失敗，歸咎於後者的天生劣質。輸家被斷言必須替自己的不幸負責。輸家被形容為無能或頑劣，沒有恆心或自甘墮落，揮霍成性或人品卑鄙；簡單一句話，他們缺少某種素質，那種素質被認為是競爭成功的必要條件，剛好也是贏得尊敬的素質。被如此界定的失敗者，連怨嘆的正當性也被否定了。既然他們的悲慘處境公認是咎由自取，除了自己，他們無人可怪，而且無權分食大餅，尤其成功者辛苦賺到的那一塊大餅。輕蔑和詆毀窮人，成了富人拿來替自己享受的優勢做辯護的利器。窮人被污衊為懶惰、邋遢、不負責任，是**自甘墮落**（depraved），而非慘**遭剝奪**（deprived）；他們沒有骨氣、好逸惡勞，而且有違法亂紀的傾向。據說人人都是「種瓜得瓜、種豆得豆」，他們當然也不例外——他們自己選擇了自己的命運。降在他們身上的苦難，是他們自己的性格或行為的後果。比他們幸運的人，並不欠他們什麼。如果富人願意和窮人分享一部分財產，那是富人的美德，而不是窮人的權利。同樣的，在男性主導的社會，女性也被責備為必須為她們受壓迫的處境負責；她們侷限在社會地位較低、待遇較差的功能，那是因為她們「先天」不如男人：她們太情緒化，缺乏競爭精神，而且理性或智慧不足。

詆毀競爭失利的受害人，是一個最有力的武器，可以壓抑人類行為的另一個動機：「**道德責任**」（moral duty）。道德動機與獲利動機兩者，在幾個重要層面上互相牴觸。獲利取向的行動，講究的是自私

自利，以及對潛在競爭對手的殘忍無情。另方面，道德行動則強調團結一致、捨己為人，願意幫助有困難的鄰人，不待別人開口請求，也不期待報答。道德的態度，表現在處處替別人的需要著想，而且經常在不惜自我克制和自動放棄個人利益的情況下為之。如果說，在「**利潤驅使**」（gain-motivated）的行動中，我的需要（不管我如何定義它）是唯一的考量，那麼在「**道德驅使**」（morally motivated）的行動中，他人的需要就成為選擇的基本準則。原則上，利己主義與道德責任背道而馳。

**韋伯**（Max Weber）首先指出，企業活動與家庭生活的隔離，是現代社會最顯著的特徵之一。隔離的目的是避免兩種相反的行動準則發生衝突。把以逐利為最高原則，與以道德責任為首要考量的兩種環境隔離開來，可達到避免衝突的效果。人在從事企業活動的時候，抽離了親情的糾葛，換句話說，擺脫了道德責任的壓力。因而能夠把全副精力放在追求利潤上面，滿足成功企業活動的要求。回到家裡，他們把沈著冷靜的商業計算拋到腦後，根據各取所需的原則，同家人分享一切。理想上，家庭生活（以及一切實際或希望模仿家庭的公社生活）應該完全沒有利潤動機。同樣的，理想上，企業活動應該絲毫不受道德動機的影響。企業與道德兩者互不相容。企業（本質上是競爭）能否成功，取決於行為的**理性**（rationality），這又進而表示，一切行為必須不屈不撓地服膺於自私自利的原則。理性的意思是，用你的腦袋，而非你的心，來指導你的行動。唯有應用最有效、成本最低的手段來完成任務，這種行動才叫做理性行動。

我們先前談過，「**組織**」（organization）（或一般人口中的「**官僚制**」〔bureaucracy〕）是一種調整人類活動，以適應理想理性原則的企圖。在這裡我們再度看到，這種企圖最主要的必然涉及壓抑道德

考量（亦即，壓抑處處替他人著想，即使違反自我保護的原則，仍不改其志的無私考量）。組織把每一位成員的任務，貶低到服從命令或拒絕服從命令的簡單抉擇。它也把每一位成員的工作，縮小到組織全體追求的大目標中的一個小小部分，所以個人行動所造成的範圍更廣的後果，行動者本人未必看得到。人能夠做出後果很可怕、影響到很多人的事情，只要自己看不見那些後果和渾然不知被影響者的存在，因此即使做了最惡劣、最令人髮指的事情，也不會感到道德衝突或罪惡感（例如，人可以心安理得的在一家武器工廠，或一間嚴重污染環境或可能造成毒癮的藥品工廠工作謀生，而且謀的往往是相當舒適的生活）。最重要的是，組織以紀律取代道德責任，做為正當性的最高標準（「我只是奉命行事」，「我不過是做好我的份內工作而已」，是最普遍、最自圓其說的藉口）。組織成員只要恪守規則和服從上級命令，便可以免於道德疑慮。道德上可受譴責的行為，在不同情況下無法想像，突然之間變得可能和相對輕而易舉。

有一項聲名狼籍的實驗，是**密格蘭**（Stanley Milgram）主持的，戲劇化地證明了組織紀律在壓抑或擱置道德疑慮上的強大力量。參與實驗的志願者，在虛構的「科學研究」名義下，奉命對研究對象施以痛苦的電擊。大部分志願者深信不疑自己的殘酷行為是為了崇高的科學目的（身為門外漢，他們對科學只能景仰，不能真正理解或判斷），完全依賴主持研究的科學家公認卓越的判斷力，故能無懼於被害人的慘叫，忠實地執行命令。這項實驗在一個小規模上和實驗室環境中揭露的真相，卻被二次大戰及其後的種族滅絕暴行，以驚心動魄的規模驗證了。謀殺數百萬名猶太人的行動，是一項規模龐大的官僚運作，發動者和監督者只是幾千名高層納粹領導人和軍官，卻牽涉了數百萬名「普通」人的合作——大部分這些人極可能是友善的鄰居、

133

深情的伴侶和慈愛的父母。他們開著火車，把被害人載往煤氣室，他們在製造毒氣或火化設備的工廠裡工作，他們以其他無數微小的方式，對滅絕種族的鉅大任務做出了貢獻。每一個人都有「工作要做」，都有問題待解決，工作消耗了他們的全部精力和體力，問題盤據了他們的全部思維。這些人做得出他們所做的事情，只因為他們對自己行動的終極後果，只有隱約的感覺，或渾然不覺；他們從來沒看到最後結果——恰如那些發明巧妙的毀滅工具，造成無數越南農民家破人亡的飽學之士一樣，從來沒看到自己的心血結晶所發揮的威力。最後結果距離他們埋首的簡單工作如此遙遠，以致兩者的相關性可以逃避他們的注意力或良心發現。

在複雜組織中工作的人，即使知道他們共同活動的終極效應，但效應通常很遙遠，遠到不值得憂慮。遙遠，可能只是心理上而非地理上的距離。由於縱橫交錯的水平與垂直分工，任何一人的行動，必然**介於**其他許多人的行動之間。沒有一人的工作會產生直接後果，抑或，他們的工作被其他人從事的無數工作遮掩住了，而與行動目標只有遙遠的關係。因此個人行動與行動終極對象的遭遇，似乎沒有直接的因果關係。以最後結果來看，個人貢獻顯得微不足道，個人對最後結果的影響力，小到無法嚴肅地當做一個道德問題。「我個人沒有做錯任何事，我的行為沒有一點該受譴責的地方」，是尋常的藉口。畢竟，你做的可能只是無辜、無害的畫畫藍圖、編編報表、整理檔案，或開關兩種化學藥劑的攪拌機而已……人很難從異國燒焦的屍體上，辨認自己行動的效應，看到自己的責任。

組織功能惡名昭彰的非人性化，進一步幫助人們閉緊雙眼，拒看表面無辜的行為所製造的道德恐怖的最後成品。組織的基本特性是，任何一個角色都可以由任何一位有適當技術的人來擔任。所以，未嘗

不可辯稱,對整體任務做出個別貢獻者,是角色本身,而不是擔任角色的人。如果目前在職者不好好扮演他的角色,自會有其他人取而代之,不管有沒有他這個人,工作照樣會完成。把這個論點再往前推一步,則未嘗不可堅稱,使整體任務切實可行的責任,應當由角色,而不是扮演角色的人來承擔,況且角色豈可與角色扮演者的人性混為一談。但必須一提的是,在種族滅絕行動中,甚至連那些本人非常接近謀殺現場,近到無法謊稱不知道自己行動真正後果的共犯,也大言不慚地說,在科層制的命令與分工背景下,道德評估無關宏旨。他們的感情「不在場」。他們痛恨受害人也好,同情受害人也好,絲毫沒有差別。工作要求於他們的是紀律,不是感情。如同處理其他組織化的例行公事一樣,他們處理的是指派給他們的目標,而不是和他們同屬人類的生命。

替非人道目的服務的科層制度,已證明不但有能力壓抑員工的道德動機,而且有辦法把魔爪伸到科層組織的疆域之外;辦法是,訴諸自己意圖毀滅的對象,以及被動目睹毀滅過程的旁觀者的自我保護動機。在種族滅絕行動中,科層管理階級利用許多受害人的合作,以及大部分旁觀者的道德冷漠來達到目的。潛在受害人變成「心理俘虜」(psychological captives),他們被服從命令可以換來仁慈待遇的幻景蠱惑了,往往自動走進壓迫者設下的圈套,自己掘自己的墳墓。他們心存僥倖,以為只要壓迫者不被無端激怒,有些人或許能夠逃過一劫,有些災難或許能夠避免,合作或許可以換來報酬。在許許多多的例子中,出現一種叫做預期性順從(anticipatory compliance)的現象:受害人拼命取悅壓迫者,極力揣摩壓迫者的心意,不待壓迫者開口,便迫不及待地把事情辦好。最重要的是,不到最後關頭,他們猶不相信最後命運之不可避免。他們在邁向死亡的路上一步步前進,下

一步或許是不愉快的,但絕不是終點,肯定不是不可逆轉;每一步帶給他們一個定義明確的選擇,那個選擇只有一個理性的答案──答案永遠是把最後毀滅帶近了一步。因此種族滅絕行動的管理者,得以在最低限度的騷亂和幾乎無反抗的條件下,達成他們的目的;邁向煤氣室的漫長、馴服的隊伍,只需少數幾名警衛的監督就夠了。

至於對付旁觀者的辦法,則是讓道德行為,以及跟受害人站在同一陣線的行為,付出極高的代價,藉此取得旁觀者的服從,或至少他們的緘默和無作為。選擇道德正確的行為,意味了可能招致可怕的懲罰,而且經常惹來殺身之禍。一旦風險升高,自我保護的動機便會逐走**道德**責任,良心的譴責往往不敵**理性**論點:「我不可能幫助受害人而不危及我自己和家人的性命;我頂多只能救下**一**個人,但萬一失敗了,我會害死**十**個人。」存活機會的量性計算,壓倒了行動的道德品質。

以上是自我保護動機與道德責任動機兩者,在極端對立下的情形;我們承認,這些例子描述的是十分罕見,而且遭舉世譴責的情形。然而,在日常人類狀況中,處處可見這兩種動機對立的痕跡,只不過形式較為溫和,因此較不引人注目罷了。大體上,在任何組織環境中,行動理性通常被尊為自我保護的最有效工具,為了提高行動理性,不惜犧牲道德義務。相對於受到道德責任驅使的行動,理性行為有一個明顯的優勢,它斬釘截鐵地告訴你什麼是正確的選擇,而且直接訴諸自我保護和自求多福的意識。由於它還可以滿足競爭勝利的自我膨脹心理,因此更加有吸引力。自我保護的動機,表現在零合競爭之中,輔以科層理性的可靠武器,遂成為道德考量的一個可畏的,甚或打不敗的敵手。

在科層體系的一致提倡下,行動的人類對象被簡化為統計數字,

結果進一步促成道德義務的淪亡。當人類對象被看成數字——可以填上任何內容的表格時,他們的個人主體性便消失了,他們做為人權與道德義務的載體,分別存在的事實,也被抹煞了。反之,他們變成某個類型的標本,完全由該類型所附帶的組織規章與準則所界定。他們的個人獨特性,乃至他們獨特的個人需要,遂喪失了重要性,不再是科層行動的座標。如今唯一重要的是正式分派他們的類型。分類方法允許組織只重視自己感興趣的人的少數共同屬性,同時批准組織忽略這些人的其他一切屬性,亦即無視於他們的個人特質,而那些特質,恰恰是使個人成為道德主體(moral subject),成為獨特和不可取代的人類的根本因素。

事實上,科層體系並不是唯一宣判行動的道德動機出局、滅音或暫停的環境。有一種環境,幾乎處處和科層組織的冷靜、精打細算的理性成反比,而且幾乎沒有追名逐利、貪得無厭的競爭,卻會產生類似壓抑道德動機的效應。其中最顯著、最有效的「道德滅音器」是:**「群眾」**(crowd)。

當一大群互不相識的人——不曾在其他場合碰過面,過去沒打過交道,現在也只是「結合」在一個臨時、偶然的興趣下——擠在一個狹窄的空間內,他們很容易做出在「正常」情況下做不出來的行為。群眾可以在瞬間爆發最狂野的行為,這種現象,只能用森林大火、颶風來襲或傳染病擴散來比擬。置身於一群意外聚集的群眾之中,譬如在人潮洶湧、擁擠不堪的市場,或被恐慌席捲的戲院,自我保護的強烈慾望,會驅使人們不顧一切地踐踏別人的身體,或把其他人推入火海,只為了替自己搶到一點點呼吸的空間或逃出危險。在其他場合,群眾可能攻擊和追殺一位貌似壞蛋的人,只因為有人當眾指控那人是威脅的來源。混在群眾之中,人可以犯下自己獨處的時候,在道德上

137

無論如何做不出來的暴行。如果群眾能夠集體犯下個別成員均痛恨的醜陋行為，原因是群眾**沒有面孔的特性**（facelessness）。在群眾之中，個人喪失了個體性，「融入」隱名埋姓的群體；個人不再被視為道德主體，不再是道德責任的對象（與科層分工的遠距效應異曲同工）。一群行私刑的暴民或球迷，集體赦免了個別成員的道德責任，使他們得以掙脫平日的道德束縛，而肆無忌憚地對人類同胞暴力相加。在這些和類似的例子裡，道德義務的暫時擱置，是群眾的匿名性和參與者事後一哄而散，幾乎無任何長久聯繫所產生的效應。群眾的解散和它的聚集一樣快，它的集體行動，無論表面上如何協調一致，事實上既不是出於有任何持久度的互動，也不會產生有任何持久度的互動。群眾行動的這種瞬間性和不連貫性，正是個別成員有可能做出純**感性**行為的原因。在那一剎那，一切障礙撤除，一切束縛鬆綁，一切義務失效，一切規則中止。

科層組織環境下井然有序、非情緒化的行為，與狂暴的群眾憤怒或恐慌，似乎南轅北轍，然而兩者對道德動機和道德束縛造成的效應，竟然如此驚人的相似。相同的效應，出於相同的原因：「**人性喪失**」（depersonalization）、「**臉孔抹除**」（effacing of faces）、個人自主權廢止。科層制度由角色而非個人構成，並且把其他人類貶為角色，或通往目標或解決問題途中的諸多資源或障礙，狂暴洶湧的群眾則由無法分辨的分子而非個人組成，並且以數目而非成員的個人素質來決定性格，由此觀之，兩者同樣沒有面孔和沒有個性。

一個人首先必須被承認是**人類**，然後才會被其他人類同胞當做道德主體，亦即，有資格享受單獨替人類同胞保留的，並且適用於每一個人類的待遇（這種待遇假設互動伙伴擁有自己獨特的需要，他們的需要和我的需要同樣有效和重要，應當受到同樣的重視和尊敬）。我

們甚至可以說，「道德對象」（moral object）與「人類」這兩個概念，是指涉相同的東西——兩者涵蓋的範圍互相重疊。每當我們拒絕對某些人或某些類型的人負起道德責任時，我們是把他們當做「次等人」、「有瑕疵的人」、「不完全是人」，或根本「不是人」。

**「道德義務範圍」**（universe of moral obligations）（道德責任涵蓋的群體）可能包括人類物種的每一位成員，也可能不包括。許多「原始」部落給自己取的名字，意思只是簡單的「人類」兩個字；對待其他部落的態度，尤其除了偶爾爆發衝突之外，別無互動關係的部落，則不完全承認其人類身分。這種否認陌生部落及其成員之人性的觀念，一直延續到蓄奴社會，在蓄奴社會，奴隸的身分被歸到「會說話的工具」一類，對待奴隸的態度，則純粹從他們對於鑑定合格的工作是否有用來考量（或至少原則上如此）。有限人性的身分，實際上意味了對待這種身分者，不必拘泥於道德態度的基本要求：尊重他人的需要，最主要包括承認對方生命的完整和神聖不可侵犯。人類歷史似乎是一部人道觀念逐漸而堅持不懈的擴張史，至於道德義務涵蓋範圍越來越廣，最後與人類全體完全接壤，則是歷史發展的明顯趨勢。

不過，如前所述，人道觀念的演進過程並非一路坦途。我們生活的二十世紀，即因為出現了一種具有高度影響力的世界觀而遺臭萬年，這種世界觀把一整類人——階級、民族、種族、宗教——排除在義務範圍之外。另方面，科層式的組織行動日趨完美，已臻道德束縛不再能夠有效干預效率考量的地步。這兩個因素，一個是科層管理科技所提供的道德責任暫停的可能性，另一個是隨時準備實踐這種可能性的世界觀，混合在一起，製造了許多成功圍堵義務範圍的機會，繼而大開方便之門，引來各式各樣的後果，包括：共產社會對於階級敵人及其同路人施行的集體恐怖行動；一些自詡人權紀錄優良的國家，

139

揮之不去的種族和少數族裔歧視;許多國家公然或偷偷摸摸實施的種族隔離政策;以及從土耳其的屠殺亞美尼亞裔人民,納粹德國的消滅幾百萬猶太人、吉普賽人和斯拉夫人,到庫德族人的慘遭毒氣殺死和柬埔寨的集體謀殺等等不勝枚舉的種族滅絕事件。時至今日,義務範圍的疆界仍然是一個爭議不斷的議題。我們懷疑,科層科技在壓抑道德動機方面的精益求精(和道德敏感度延伸到人類全體成員一樣,同為現代社會的一大成就),實際上使這個議題比過去任何時候更具爭議性,儘管理論上未必如此。

在義務範圍之內,其他人的需要具有公認的權威性。其他人只要有需要,就有提出要求的正當性;如果不能滿足他們的要求,則永遠必須交代失敗的原因,往往還必須做出某種性質的道歉。其他人的性命,應不計任何代價保護之。應盡一切力量保障他們的幸福,延長他們的壽命,對他們廣開社會福利的大門。他們的貧窮、疾病、索然無味的日常生活,對於同屬一個義務範圍的其他所有成員,是一個挑戰,也是一項指責。面對如此挑戰,我們覺得有義務替自己辯白,有必要提供一個令人信服的解釋,解釋為什麼我們對於改善他們的命運做得如此之少,為什麼我們不能做得更多;我們也覺得有義務證明,一切能夠做的已經做了。解釋未必代表說實話。例如,我們聽說,全民健保不能改善的原因是「入不敷出」。但這個解釋隱藏的事實是,有錢人自費看病付的錢才被歸為「收入」,供給付不起私人醫療費用者的服務,則被算做「支出」;這類解釋的背後,隱藏了根據付費能力,對個人需要給予差別待遇的事實。不過,居然有人提供解釋,而且解釋者居然覺得有義務這麼做,這一點足以證明醫療需求遭忽略的人,無論如何仍然屬於義務範圍之內。

如果能夠把遭忽略的「其他人」完全逐出義務範圍,或至少證明

他們的身分可疑或「不配」待在義務範圍之內，我們才不會覺得他們的匱乏是我們的失敗，才不會有迫不及待替自己辯白的內心衝動。這個情境並非異想天開。製造這種情境不難，只要把那些「其他人」歸類為相對次等的人種，然後把他們的不幸歸咎於他們不能表現得像「人的樣子」。最後一步是決定不能把他們當人看待，因為他們的毛病無可救藥，不管做什麼都無法把他們帶回人類的懷抱。譬如，他們永遠是「非我族類」，「本土」的道德秩序不可能遷就他們，因為他們不能夠遵守本土的道德秩序。

　　自我保護與道德責任彼此對立。沒有一個能宣稱自己比另一個「更自然」、更符合人類天性。如果其中一個佔了上風，變成支配人類行動的主要動機，失衡的原因通常可以追溯到社會決定的互動環境，追溯到風險如何界定及如何權衡輕重。利己動機與道德動機孰強孰弱，取決於環境形勢，而被這兩種動機驅使的人，對形勢只有有限的控制。然而，我們也觀察到，環境的力量從來不是絕對的，即使在最極端的條件下，仍有在兩個互相矛盾的動機中做選擇的空間。外在力量或壓力，畢竟解釋不了人為什麼承擔道德責任或放棄道德責任。

自然與文化

8

*Thinking Sociologically*

社會學動動腦

142　　「你瞧，那個人好矮噢。可憐的傢伙，老天爺待他太薄
了」，我們語帶憐憫和同情。我們不怪他自己不爭氣。他看起
來比大多數我們認得的人都矮，肯定比「正常」人矮。但我們
不會想，是否什麼地方的什麼人忘了做點什麼把他弄高一些。
據我們所知，人無法操縱身高，身高這回事，可以說是大自然
的判決，而且是不准上訴的判決。沒有任何已知的方法，可以
撤銷判決或宣布它無效。人別無選擇，只能接受自己的身高，
盡可能與之和平共處。「你瞧，來了一個大胖子，」下一刻我
們又說，邊說邊笑。「他一定是個飯桶或啤酒桶。眞丟臉啊。
他眞的應該想想辦法減肥了。」跟身高不同的是，人體的寬度
通常在人力可以控制的範圍內──至少我們如此相信。人可以
變胖或變瘦，沒什麼不可改變的。體重可以也應該管制，靠個
人努力把體重帶回規定的標準。人主宰自己的體重，對自己的
體重負責，如果怠忽職守，就應該感到羞愧。

　　　這兩個例子有何不同？爲什麼我們對於身高和體重有如此
截然不同的反應？答案在於我們對於人**能夠**（can）做什麼的認
知，與**應該**（should）做什麼的信仰。首先，問題是，那件事
是否在「人力範圍之內」（知識、技術或科技是否存在，是否
可得，人能否利用那些知識或技術來改造世界的某個片斷或層
面，使之更合自己的胃口）。其次，問題是，有沒有一個標
準、一種**規範**（norm），是「那件事」**應該**服從的。換言之，
143　有些事情是人可以改變，可以造成差異的。對待這類事情的態
度，應該和對待其他事情不同，其他事情乃超出人力範圍。前
者我們稱之爲「**文化**」（culture），後者我們稱之爲「**自然**」
（nature）。所以，如果我們認爲某件事屬於文化範疇，不屬於

自然範疇，我們是在暗示那件事可以操縱，而且有一個值得嚮往的、「適當」的最終狀態，是操縱的目標。

誠然，如果你用心想的話，「文化」一詞的意義不過如此。一想到文化，我們就想到農夫或園丁的勞動【cultivation 一字有耕耘和教化兩種意思──譯註】，農夫或園丁化荒野爲耕地，他們設計田園，選種育苗，播種插秧，施肥剪樹，打造正確的造型──亦即，他們認爲適合該植物的造型。不過農夫或園丁做的尚不止這些。他們還拔除不速之客，那些「未獲邀請」的植物，「憑自己意願」生長，以致破壞了田園的整齊設計，減少農場的計畫利潤，或折損花園的美觀理想。當初就是這些利潤計算，或秩序與美感的概念，使得植物被劃分成有益的、需要呵護的適當對象，與活該拔除、下毒或摧毀的野草。農夫或園丁先在腦中召喚出一幅「萬物秩序」（order of things）的願景，然後運用他們的技術與工具來實踐那幅願景，使現實變得「秩序井然」，亦即，更貼近他們憧憬的秩序（請注意，在大多數情形下，農夫與園丁的想像力，受到他們已經擁有的技術與工具的限制；只有以目前技術水準辦得到的秩序，才可能進入他們想像的秩序願景）。同樣的，**秩序**（order）與**脫序**（disorder）、**常軌**（norm）與**脫軌**（deviation from the norm）的差別，也是根據農夫和園丁提供的準則。

農夫與園丁的工作是最好的文化範例，文化是一種有目的的活動，而且是一種特殊的目的：把一個原本不存在的形態，強加在現實某部分之上。文化是改變事物原來的形狀，和假如不去碰它，應有的形狀，文化是使事物維持「捏造」的、人工的形狀。文化是引進和維持一種秩序，並且打擊任何偏離這種

秩序的東西，以及從該秩序的觀點來看，屬於**混亂**（chaos）的
東西。文化是用人工的、設計過的秩序，取代或補充「自然秩
序」（亦即，若非人類干預，萬物原本的狀態）。文化不僅**提倡**
人工秩序，而且**評價**它。文化是一種偏好。它讚美一種秩序，
奉之爲最好，甚或唯一好的秩序。它貶抑其他一切秩序，斥之
爲次等，或根本雜亂無序。

　　當然，自然與文化的分界線究竟在哪裡，還得看看有哪些
技術與知識可用，以及有沒有野心運用那些技術與知識來達到
以往未試過的目的。總的來說，科技的發展，擴大了迄今「自
然」的現象的可能操縱範圍，並因此擴張了文化的範疇。回到
我們最初的例子，基因工程和化學工業的知識與應用，加上醫
療科技的發展，很可能把人體的高度從自然現象變成文化領
域：遲早有一天，操縱基因的科技，或影響人體組織與器官生
長的藥物，會有能力防止任何人的身高低於理想的標準身高，
屆時理想身高會成爲一個常態。總有一天，適當的身高，就像
今天的適當體重一樣，會成爲一項屬於集體關懷和個人責任的
事務。

　　讓我們在這個虛構的例子上再發揮一下，因爲這個例子可
以示範所有的文化都有的另一個重要特色。倘若基因控制技術
可以應用在身高管制上面，那麼未來可能是由父母決定子女應
該有多高，或由政府當局立法執行適當的國民身高，或由醫療
專業人士的判斷來建議什麼是「正常」、什麼是「不正常」的
人體尺寸。無論由誰來決定，身體的主人都必須接受他人的宣
判，抑或（假如由基因工程做決定的話）不管他或她接受與
否，都無關宏旨。文化象徵了人類整體力量的成長（我們可以

說，文化象徵人類克服自然，越來越獨立自主），但是從個人 145
角度來看，文化和自然法則差不多，可能代表了個人無法反抗
的命運。

如這個例子所示，文化確實是一種人類活動，但它是某些
人施加在另外一些人身上的活動。在任何耕耘過程中，比如園
藝，種樹的園丁和被種的植物角色分明，絕不至混淆。為什麼
在「人類植物」的耕耘過程中，耕耘者和耕作物的界線較不一
目了然，原因在於通常搞不清楚誰是「園丁」。塑造個人或約
束個人的規範，其背後的權威通常分散四處，往往不知其名。
要想正確指出它的位置，是不可能的事情。那個形塑人類軀體
與思想，可敬可畏的權威，出現在「公共意見」、時尚潮流、
「普遍共識」、「專家觀點」之中，甚至存在於像普通常識這樣捉
摸不定的實體──既屬於人人，又不屬任何特定個人的意識─
─之中。所以，似乎是捉不住、摸不到、抽象的文化本身，促
使人們做某些事情，例如擦口紅而非染耳朵，或私底下上廁所
和公開喝啤酒。文化具有一種虛幻的「實質」，它似乎堅實、
沈重、壓迫和不可抗拒。凡是認為抗拒主流生活方式乃是冒險
和得不償失之舉的人，在他看來，文化很可能和其餘「外界」
現實無法分辨。文化似乎不比大自然本身更不「自然」。的
確，文化沒有多少**人工**（artificial）斧鑿的痕跡，如果人工的
意思是人類所為，因之全憑某人的決策、習慣和默契來支持的
話。儘管文化顯然源出人類，但它和大自然一樣高高在上，個
人對它只有仰之彌高、攻之彌堅。它和自然一樣，代表「事情
本該如此」。沒有人會懷疑農耕（agriculture）或園藝
（horticulture）是人類的作為，但是一碰到「**人耕**」（homini-

culture），同樣的眞相就隱藏不見，或至少被一層薄紗遮住了。但無論如何，文化是人爲的，恰如農業和園藝是人爲的一樣，這是不爭的事實。

如果你仔細想一想你自己生命中的「人造成分」，你恐怕會發現，這些成分是以雙管齊下的方式，影響你的生活；或換一種說法，你可以說，人工、「人造」秩序的引進與維繫，必需靠兩種行動。第一種針對環境，第二種針對個人。第一種執掌管制功能，使個人生命流程的運行環境井然有序。第二種形塑生命流程本身的動機與目的。第一種使個人生活世界較少隨機性，較多規律性，以致某種行爲變得更理智、更合理，最後變得較其他任何種類的行爲更可能發生。第二種使個人在面對無數可以想像的動機與目的之際，更傾向於選擇其中一些動機與目的。但請注意，這兩種在分析上截然不同的行動類型，在應用與效應上並非互相排斥，也不是各自獨立。每一個人的生命流程運行環境，都是由許許多多有自己動機與目的的個人所構成的，因此個人動機與行爲模式的「規範性管制」（normative regulation），是環境的整體規律性和可預測性的一個重要因素。

「**秩序**」（order）與隨機或混亂的差別在於，在一個有秩序的環境中，並不是什麼事情都可能發生，有些事情是不可能發生的。可以想像的事件幾乎無窮，可能發生的數目卻有涯。不同的事件有不同的或然率，有些事件較其他事件更可能發生。一旦過去不可能發生的事情，變成必要或不可避免（比如，把原本毫無可能一起出現的雞蛋和培根，變成每天早餐桌上的固定食物），人工秩序就大功告成了。因此，設計秩序的意思

是，操縱事件發生的或然率。把原本不規律出現的事件，變成更可能出現——更「正常」，同時設下障礙，防止其他事件發生。設計秩序的意思是挑選，是抉擇，是建立偏愛與優先次序，是**評價**。在所有人工秩序的背後，「**價值**」（value）聳然而立，最後被納入人工秩序之中。沒有一種人工秩序可以眞正免於價值判斷。每一種人工秩序代表一種傾斜或然率的辦法，傾斜或然率的辦法很多，但其中一種打敗了其他一切。一旦秩序根深蒂固、安全牢靠之後，我們自然而然「忘記」了當初選擇的事實；我們認爲這種秩序是唯一可以想像的秩序。如今看來秩序只有一種，各式各樣的**脫序**卻無窮無盡。於是某一個特定的、既定的秩序，被視爲秩序的同義詞；其他一切選擇，一概被歸入脫序或混亂之流。

147

做爲人類，我們每個人對於創造和維持一個井然有序的環境，都是既得利益者。這是因爲我們的行爲大部分是**學習**而來。我們記住自己過去的行動，那些行動已證明成功：帶來理想的效果、愉快的經驗、周遭人士的認同與讚美。感謝上天賜給我們記憶與學習能力的寶貴禮物，使我們能夠取得越來越有效的生活技術，使我們能夠**累積**知識、技術與經驗。但是，唯有在行動環境大致不變的情形下，記憶與學習才能夠帶來有益的後果。拜周遭世界恆常不變所賜，過去成功的行動，今天和明天再重覆一遍，多半會照樣成功。舉例來說，如果在毫無預警的情況下，交通燈號顏色所代表的意義突然改變了，想想看，會出現什麼樣的混亂局面。如果世界可以任意改變，那麼記憶與學習便會從祝福變成詛咒。學習和按過去經驗辦事，會變成眞正的自殺行爲。

　　**秩序井然的**世界，即大多數時候我們生活於其中的那個規律、很容易預測的環境，是文化設計與選擇的產物。一棟妥當設計和執行的建築物，可以嚴格限制溫差範圍，完全消除不可忍受的嚴寒或酷暑。分隔人行道和快車道的馬路，可以大幅降低急馳中的汽車撞死行人的或然率。跨越河流兩岸的橋樑，可以減少渡河之際把渾身弄濕的可能性。把城市劃分成不同的區域，各有不同的地產稅和房租水準，和不同的生活環境品質，可以限制你可能遇到的路人和鄰居類別。把火車或飛機分成頭等艙和經濟艙，票價訂得天差地別，同樣限制了可能遇到的旅伴類別。

　　周遭世界的秩序井然，對應了我們自己行為的中規中矩。我們絕大多數人在走路和開車時，會選擇不同的線道。在飲酒作樂的派對上，我們的舉止不會和在大學課堂上或商務會議上的表現一樣。放暑假回爸爸媽媽家，我們的行為不會像正式拜訪我們不認識的人家一樣。我們變換說話的語氣和字眼，端看我們是向老闆做報告，還是跟朋友聊天。有些話我們會在某種場合上說，換了一個場合卻避之唯恐不及。有些事我們會在大庭廣眾下做，但也有一些「私密」的事情，我們只會在確定四下無人時才會去做。奇妙的是，當我們選擇「適合」某個場合的行為時，我們發現周遭的人表現得和我們如出一轍；偏離顯然**規範**的行為，偶爾會發生，但機會不大──好像有一條隱形的繩子，拉著我們每個人做同樣的動作似的。

　　假如我一時糊塗，在不適當的場合做出不適當的行為，我多半會感覺尷尬或內疚。我後悔自己犯下錯誤，這個錯誤可能代價不菲，譬如害我丟掉飯碗或失去升遷機會，令我名譽掃

地，或不能贏得或喪失我心愛的人的同情等等。有些過錯可能
令我感覺羞恥，好像我洩漏了關於我的「眞實自我」的天機似
的，那些秘密我本來希望永遠隱瞞，甚或希望它們根本不是眞
的。羞恥感與因做錯事情、帶來不愉快後果的懊悔不同，羞恥
感完全不涉及利害計算，它甚至無理性可言。羞恥感是不假思
索、油然而生的。羞恥感是對混淆了不該混爲一談的事情，是
對逾越了應該嚴守的分際的一種自動反應。我們可以說，羞恥
感是一種（文化訓練出來的）避免混淆事情——避免疏忽**差異**
（differences）的防禦機制。我們可以把羞恥感想成是一種維持
我們行爲留在正軌（文化限定的軌道）上的工具。

　　讀到這裡，你一定已經明白，文化的運作——維持人工秩
序的努力——最主要是靠製造差異，靠分化、隔離、區別原本
幾乎無分軒輊的事物或行爲。在人類足跡未至，與人類目的無
關的沙漠，沒有路標或圍牆來區隔一片地與另一片地，這堆沙
和下堆沙長得一模一樣，沙堆本身不含任何意義，不具任何可
以區分彼此的特徵。無人居住的沙漠，似乎沒有固定形狀。另
方面，在文化運作的環境，千篇一律、平坦的土地，被劃分成
不同的區域，每個區域吸引了一些人，同時排斥了另一些人，
或分隔成不同的線道，有的線道只適合汽車行駛，有的只適合
路人行走；這個世界遂取得了一個「**結構**」（structure）。人被
分成上等人和次等人、權威化身和門外漢、發號施令者和奉命
行事者，而這種種區別，既與體型或心理構造的「自然」差異
或雷同無關，亦非爲了捍衛自然差異或雷同而存在。千篇一律
的時間，卻被分割成早餐時間、咖啡時間、午餐時間、下午茶
或晚餐時間。「實質」組合成分類似，甚或一模一樣的聚會，

149

有時候叫做研習會，有時候叫做討論會，換了另一個場合，又叫做茶話會。同樣是吃飯的場合，卻區分成茶點、快餐或燭光晚餐的不同事件。

以上和類似的區分，似乎同時劃分在兩個層次上。一個是「世界外貌」（shape of the world），即採取行動的地方。另一個是行動本身。世界被分成許多部分，每部分各自不同，各部分本身在不同時段也有差異（同一棟建築，早上是學校，晚上可能是辦舞會的場所，同一間宿舍，白天是書房，晚上變成臥房；時段不同，性質也跟著改變）。行動也同樣被差異化了。餐桌上的行為可能極端不同，依桌上擺的食物和圍桌而坐的人而定。甚至餐桌禮貌──吃飯的規矩──也不一樣，依是否正式宴會、平常家庭晚餐或三兩好友的聚會而定。

讓我們再說明一點，這兩個層次（脈絡與行動、外在與內在、客觀與主觀）的區隔，是抽象思考的產物。兩個理論上分開的層次，並非真正彼此獨立。如果用餐者不擺出一本正經的樣子，就沒有正式晚宴可言，如果跳舞者沒有參加正式舞會的情緒，就沒有正式舞會這回事，就像水不流不成河，風不吹不成風的道理一樣。討論課之所以是討論課，是因為教師與學生的某種行為使然。兩個理論上獨立的層次，實際上糾結在一起，剪不斷理還亂，與其說它們是兩個獨立的實體，不如說它們是一個銅板的兩面。沒有其中之一，另一個就不可能存在。它們只能同進共退，秤不離陀、陀不離秤。**差異**（distinctions），本質上是文化製造的秩序，以平行、協調、同步的方式，同時影響了行動的環境和行動本身。我們可以說，周遭世界的對立性，複製在行動者的差異化行為上，而對立行為模式的運用，

反映了內在世界對周遭世界的區隔。我們甚至可以進一步說，行為的差異，是環境差異的本質或意義——反之亦然。

我們可以換一個方式來說明兩個層次的協調，文化所組織的社會世界，與文化所訓練的個人行為，在對立性的協助下，被**構造**（structured）——亦即「銜接」（articulated）——成不同的社會環境，每一個環境要求特殊的舉止，以及適應不同社會環境的不同行為模式，而且這兩個銜接體彼此「對應」（correspond）（或用生物學的術語來說，兩者「異種同形」〔isomorphic〕）。每當我們發現行為模式的對立性時（比如前面提到的正式與非正式行為的對比），我們可以可靠地猜測，類似的對立性，存在於施展這些對立行為模式的社會環境——反之亦然。

社會現實與文化規範的行為，之所以能夠維持這種奇妙的「重疊」和結構上的對應，是靠一種叫做「**文化符碼**」（cultural code）的工具。現在你大概已經猜到了，文化符碼最主要是一個對立系統。沒錯，在此系統中，真正對立的是記號（signs）——看得到、聽得到、摸得到、嗅得到的物體或事件，譬如不同顏色的燈光、服裝配件、文字記錄、口頭聲明、說話語氣、肢體動作、面部表情、氣味等等，把行動者的行為和靠行為維繫的社會形構（social figuration）連結在一起。這些記號同時指向兩個方向：一個是行動者的意圖，另一個是採取行動的社會現實片段。兩者並非僅僅反映對方而已。兩者沒有主要或次要之分。讓我們再重複一遍，兩者必須同時存在，建立在同一套文化符碼工具的基礎上。 151

想想看，例如辦公大樓門口釘的「請勿進入」的告示牌。

你一定早就注意到了，這種牌子通常釘在大門外面，而且那扇門通常沒有上鎖（如果那扇門根本打不開，又何需掛這個牌子呢）。所以牌子本身並不是通知你「門的客觀狀態」。相反的，它是一項指示，意在創造和支持一個原本不會發生的情況。事實上，「請勿進入」這四個字，旨在區分大門內外兩邊，區分門內和門外的兩種人，以及這兩種人被期待和允許的兩套不同的行為。告示牌背後的空間，對於外面的人來講是一個禁地，但對於裡面的人來說，卻不構成任何限制。這個記號所代表的，恰恰是這種區別。它的成就，恰恰是把除此之外沒有差別的空間，對除此之外沒有差別的人造成差別待遇。

「人耕」，人的培育，是由傳授關於文化符碼的知識所構成的，包括教導人們閱讀記號的能力，以及選擇和展示記號的技術。凡是受過適當教化的人，均能對他們進入的環境所蘊含的要求和期待，做出正確無誤的判斷，而且能夠選擇恰當的行為模式，對之做出反應。從反面來看，凡是受過文化訓練的人，均能正確無誤地挑選一種行為模式，來造成他們想要引起的情境。凡是「知道」符碼的人，均從兩個方向同時接收符碼。十字路口的交通燈號，提供了一個很好的例子來說明這種「雙面性」。紅燈**告知**（inform）駕駛人前面道路關閉。它也**導致**（induces）駕駛人停車，因此造成前面道路真的對來自這個方向的車子關閉，並且使綠燈所傳遞的開放橫向交通的信息成真。

當然了，除非既定社會形態的每一位參與者均受過類似的文化訓練，否則符碼不會發生作用。人人必須學會用同樣的方式解讀和使用文化符碼。否則記號就不成為記號——無法告訴

讀者它代表什麼物件或行為，或可能被解讀成不同的、可能互相矛盾的意義。預期中的協調不會發生，因為讀者各行其是（想想看，假使有些駕駛人讀錯紅燈的意思，或把紅色煞車燈裝在車頭，把白色照明燈裝在車尾，十字路口會出現什麼狀況）。凡是有過大一新生報到，或加入公司頭一天，或去國外度假經驗的人，肯定已經學到了這個不愉快的事實。與熟悉周遭環境有關，與回到家有關的安全感，正是來自對本地使用的文化符碼的透徹認識，加上對周圍人人分享這個知識的信心和把握。

因此，知道符碼，即等於**瞭解**記號的意義；瞭解記號的意義，繼而等於知道如何應付記號出現的情境，以及如何利用記號來製造那種情境。瞭解記號，即等於能夠有效地行動，並因此維持了情境與個人行為這兩個架構的協調一致。瞭解代表一種雙重選擇。記號向能夠解讀記號的人，揭示了特定行為與特定情境之間的聯繫關係。

我們常聽人說，瞭解一個記號，即等於領悟它的意義。但如果你認為「領悟意義」即等於腦中浮起一個想法、一幅心靈圖像，那你就錯了。想法（用語言「破解」記號的內容，類似在你的腦子裡「大聲唸出」記號，譬如：現在是紅燈，紅燈的意思是命令我停車）的確可能隨著記號的形象或聲音一起出現，不過對於瞭解來說，思考既非必要，亦不足夠。領悟意義，與瞭解本身一樣，不多不少剛好是指知道該怎麼辦。以此類推，記號的意義，可說是存在於有記號或沒記號的差別之中。換一個說法，記號的意義，存在於它與其他記號的對立關係中。記號的意義，在於**區別**此時此地的情境，與其他可能取代它但並未取代的情境；講白了，就是區別這一個情境和其他

153

所有情境。

　　事實上，除了最簡單的情形之外，通常如果只有一個記號，不足以造成清晰的區別，最重要的是，不足以讓區別「黏固」。我們可以說，有時候單一記號不能傳達足夠的資訊，使情境突顯出來，引起所有相關者的注意，強迫他們選擇正確的行為，因而確保預期的情境必然發生。單一記號可能被誤讀，而且一旦誤讀，沒有別的辦法來糾正錯誤。舉例來說，看到一位身穿軍裝的人，我們毫無疑問地知道眼前這個人是軍人；對大部分平民老百姓來說，這個資訊已相當充分，足以「構造」這個邂逅了。但是，由於軍隊的權力階級和責任分工體系非常複雜，對其他軍人來說，軍服傳遞的訊息是不夠的（軍人碰到下士和碰到上校，有非常不同的反應）。因此需要在主要和一般記號——即軍服本身——之上，「堆砌」其他顯示軍階的記號，以補充資訊之不足。但這還不是唯一值得注意的地方，我們發現，在軍服上面，象徵軍階的記號數目之多，遠超過傳遞一切資訊，使人們絕對不會誤判形勢的必要數目。區別下士與上校，通常用了不止一對的對立記號：軍服的剪裁不同，布料不同，鈕釦用不同的金屬製成，肩膀上面釘了形狀迥異的記號，袖子上面也一樣。這種採用超額記號，在一個對立記號上面再加一個，重複其他記號已經傳遞的訊息的做法，有一個名稱叫做「冗餘碼」（redundancy）。

　　任何文化符碼的適當運作，似乎都缺少不了冗餘碼。冗餘碼可說是預防錯誤的保險機制，是確保曖昧性已徹底消除，不至造成誤解的必要工具。要不是有冗餘碼，我們一不小心就可能曲解或忽略了單一記號，而導致錯誤的行為。對立記號所傳

遞的資訊對整體秩序越重要，你可以預期越多的冗餘碼。冗餘碼絕對不是浪費。相反的，在文化的秩序製造活動中，冗餘碼是一個不可或缺的要素。它降低出錯的危險，減少**誤解**的機會，確保人們正確解讀記號原本的意義。換句話說，冗餘碼使文化符碼能夠成為「**溝通**」（communication）工具，亦即，使我們能夠彼此協調行為。

讓我們再重複一次：真正**有意義**的是記號與記號之間的**對立性**，分開來看，單一記號不具意義。這進而意味了有待「讀出」和瞭解的意義，存在於記號系統之中，亦即存在於整個文化符碼之中，存在於文化符碼製造的差異之中，而不在於記號與它的指涉物之間的假設特殊聯繫。事實上，兩者之間根本不存在特殊聯繫關係（在我們印象中，記號及其代表的東西之間有一種天然聯繫，其實這個印象本身是一個文化產物，是學習符碼的結果）。從記號與世界片段的關係，或記號引起的我們的行動片段來看，記號是**任意指定的**。記號不受這些片段的影響，除了表示文化符碼分配給記號的功能之外，記號與這些片段毫無關係。這種任意性，使得文化製造的記號（整個人工意義系統），與自然界的任何東西均不同；文化符碼乃真正的破天荒創舉。

談到我們認識自然現象的方法，我們時常參考大自然「告知」我們的「記號」，我們必須閱讀那些記號，才能解析其中蘊含的資訊。於是，看到水珠順著玻璃窗流下，我們說「下雨了」；我們把水珠當成雨的記號。注意到地面潮濕，我們的結論是，剛才一定下過雨。把手放在女兒的額頭上，感覺溫度出奇高，我會說，「她一定生病了，趕快打電話給醫生。」在鄉

間小徑散步，留意到一排形狀特殊的腳印，我心裡想，今年春天野兔又回來了，而且數目不少。在這些例子裡，我看到或感覺到的東西，告訴了我關於我看不到的東西的訊息——這正是記號通常的作用。但是和我們先前討論的文化符碼不同的是，自然界的記號有一個特性，它們一律是**已經決定的**（determined）；換言之，它們是某個原因的後果。我從這些記號「讀出」的資訊，正是它們的原因。雨水造成水珠順玻璃窗流下和打濕地面；疾病改變體溫，使額頭發熱；野兔跑過多沙的小徑，留下形狀特殊的腳印。一旦我知道了因果關係，我就能夠從觀察到的結果，重構「隱形」的原因。為了避免混淆起見，也許我們在推論的時候，最好用「**索引**」（indices）或徵兆（symptoms），而非記號，來指涉因果決定（有別於任意決定）的線索（所以雨滴是雨的索引，額頭發熱是疾病的徵兆）。

在文化符碼方面，卻不存在這種因果關係。文化符碼是任意決定的或約定俗成的。雨不可能在小徑上留下腳印，野兔也不可能造成水順窗流下：因果之間有一種一對一的關係。但是文化決定的差異性，可以用各式各樣的記號來表示。記號和它代表的東西，既不存在因果聯繫，也沒有相似之處。如果某個文化特別強調性別差異，它可以用無數方式來表示這種差異。性別特定的時尚風氣（亦即穿著、化妝、走路姿態、詞彙、一般儀態的形狀與外觀），可能因時代不同或換了地方而有激烈變化，但是男性與女性的分際始終如一。同樣的道理也適用於世代差異（弔詭的是，世代差異有時候剛好表現在一個世代拒絕在穿著或髮型上有性別差異）、正式環境與非正式環境的差

別、悲傷場合（比如葬禮）與歡樂場合（比如婚禮）的差別。
文化符碼確實會自由改變它們的明顯外型，但是記號與記號的
對比，以及它們代表的對立性，會隨著每一次的外型改變進行
維修和重組，因此能夠一次又一次的適度發揮差別化的功能
——它們唯一的功能。

　　但是，任意決定未必等於百分之百的選擇自由。最自由的
記號，是除了擔任文化區別功能之外，別無其他功能，除了滿
足人類溝通需要之外，毫無其他作用的記號。這種記號最主要
是「**語言**」（language）。語言是一種專司溝通功能的記號系
統。因此在語言中（而且唯有在語言中），記號的任意性完全不
受拘束。舉凡人類發得出來的聲音，都可以用絕對任意的方
式，調和成無數音節，只要有足夠音節來製造必要的對立性即
可。不同的語言，可以借助不同的對立詞彙，來翻譯同一個對
立性，例如boy與girl、garçon與fille、Knabe與Mädchen，均
代表男孩與女孩的對立。

　　不過，大部分記號系統均做不到百分之百的自由（可允許
的任意程度）。除了語言之外，其他一切記號系統不但擔任溝通
功能，且與其他的人類需要有密切關聯，因此受到其他功能的
約束。舉例來說，衣服是充滿任意性的記號，但它也提供了防
曬禦寒、保持體溫、保護皮膚易受傷部分，以及維護禮節規範
等作用。大部分這些功能也是文化制訂的（譬如，哪一部分皮
膚「易受傷」和需要保護，在很大程度上是文化決定的；穿鞋
的需要是文化產物，如同遮胸卻露腿，或遮腿卻露胸的需
要），但它們不單單是滿足溝通的需要而已；裙子和褲子除了
是傳達意義的記號，還有遮身蔽體的功用。同樣的，無論賦予

156

食物和進餐方式多豐富、多精確的差異化功能，可以用來表示文化差別的材料到底有限，因為以人類消化系統的特質，畢竟不是什麼都能吃的。此外，下午茶或晚餐，不管正式不正式，除了顯示場合的特定性質，還必須提供營養，畢竟它還是一個進食的場合。儘管人類的語言能力純粹用在溝通目的上，但是其他溝通媒介兼具「**記號性**」（semiotic）（意義的攜帶和轉換）和滿足其他需要的功能。它們的符碼，似乎刻在其他功能上，而非刻在主要的溝通功能上。

以溝通功能（做為有意義的物件或事件，構造該物件或事件出現的情境）觀之，記號永遠是任意的。但令人好奇的是，對於「受過適當教化的人」來說，也就是能夠熟練無誤地在既定文化符碼形塑的世界中遊走的人，記號似乎完全不是任意決定的。凡是自幼生長在某個語言環境中的人，都會覺得一個字的發音和該字的指涉物之間，似乎有某種自然的、必要的聯繫，似乎名字天生屬於物件，可以和尺寸、顏色或彈性等等並列為物件的屬性。刻在其他媒介外型上的任意性，可能完全遭到忽略：衣服是用來穿的，食物是用來吃的，汽車是把你從一個地方載到另一個地方。我們很難意識到，衣服或食物除了可穿或可吃之外，還可以區別不同的人和他們目前扮演的不同角色；我們很難想像，「吃的東西」和「穿的東西」，也協助創造和複製了一個特殊、「捏造」和人為的社會秩序。事實上，這種盲目性是文化遊戲的一部份。我們對於文化形塑的行動非本質性（亦即，與表面的活動內容無關）的秩序製造功能愈茫然不知，這些行動維持的秩序愈穩固。文化最有效的時候，是它偽裝成自然的時候。於是分明是人造的東西，卻一副根深蒂

固存在於「大自然」之中，必要和不可取代，非人類決策所能改變的樣子。一旦受過文化訓練的人，接受了男人與女人的社會區別是先天決定的，是人體生理結構造成的，是「自然」的，那麼兩性截然不同的社會定位與社會待遇（受到文化激勵和靠文化維持，從出生那一刻開始，利用不同的衣著、玩具、遊戲、友伴、鼓勵或勸阻的興趣或嗜好等，貫穿一生），便成了既成事實和牢不可破，因此必須服從，並且公開表露在幾乎一切行為上，包括說話的態度、走路的姿勢、使用的詞彙或流露（或不流露）感情的方式。文化製造的兩性社會差異，似乎同男人和女人在性器官與生殖功能上的生理差異一樣自然。

　　只要文化傳播的規範之人為、慣例性質（即它們可以改變 158 的事實）尚未被揭穿，文化便可以最成功地冒充自然，而不至引起任何懷疑。如果周遭每個人都受過相同的文化訓練，如果人人內化和效忠同一套規範與價值，而且不知不覺地在日常行為上繼續宣誓效忠，這套規範的人為性質就不大可能被拆穿。換言之，文化看起來像自然，表現得像自然，只要我們沒看見、不知道其他習俗的存在。不過，在我們這樣的世界，這種情形幾乎從未出現過。事實剛好相反。幾乎人人都知道，世界上有許多不同的生活方式。放眼望去，我們四周到處是穿著、談吐、舉止跟我們不同的人，他們顯然（或我們如此假設）遵守一套和我們不同的規範。所以我們心知肚明，任何生活方式，到頭來都是一種選擇。做人方式何止一種。幾乎每一件事的處理方式，都可以和我們的做事方法不同——沒有什麼是真正不可避免的。即便每一種做人處事方法都需要一種文化、一套訓練，但沒有什麼明顯的理由為什麼文化訓練必然指向這一

個而非那一個方向，做出這一個而非那一個選擇。我們知道**文化不只一種**。既然我們可以把文化想成是複數的，就不可能把文化和自然劃上等號。沒有一種文化可以像自然那樣，要求人們無條件服從。

　　置身於五花八門，有時候南轅北轍的生活方式之中，文化對於人類行為與思想的控制，不可能做到像是真正普世和無競爭的文化那般牢不可破。文化追求的秩序（任何文化的終極「目的」），不可能真正安全穩固。我們，文化訓練的對象，「有教養」的人，同樣的也不是不可改變。被文化訓練像變魔法一般變出來的秩序，令人憂心地顯得脆弱和不堪一擊。我們這種秩序，無非是眾多可能的秩序之一。我們不確定它是否最好的一個。我們甚至不敢肯定它好過其他許多替代方案。我們不知道為什麼我們給予它優先順位，而忽略其他競相向我們招手的秩序。我們彷彿從外面觀察自己的生活方式，彷彿我們是自己家裡的陌生人。我們懷疑，我們一肚子問題。我們需要解釋和再保證──而且堅持得到答案。

159　　不確定性鮮少是一種愉快的狀態。因此人們普遍有逃避不確定性的傾向。所以文化訓練在向人們施壓，要求人們服從它自己提倡的規範之餘，通常極盡醜化、污衊其他文化規範，以及其他文化產品：另類秩序之能事。其他文化被形容為**沒有**文化──「不文明」、粗糙、野蠻、殘忍的生活方式，獸性大於人性。要不然則描述為墮落的象徵，恐怖、往往病態的悖離「常態」，扭曲、變形或畸型。萬一其他生活方式是公認的健全和有效的文化，則往往把它描繪成怪誕、次等和隱隱約約帶了點威脅性，或許適合其他人，要求不高的人，但絕對不適合我

們這樣有品味的人。所有這類反應，一概是**懼外症**（xenophobia）（害怕外鄉人），或「**懼異症**」（heterophobia）（害怕不同）的不同包裝。它們是形狀不同的防禦工事，旨在保護那個脆弱和不穩定的，純粹靠共同文化符碼支撐起來的秩序，旨在打擊**曖昧性**。

在文化建立和鼓吹的差異當中，最重要的可以說是「我們」與「他們」、「本地」與「外地」、「內部」與「外部」、「本土」與「外國」的區別。藉助這些區別，文化劃清界限，宣稱界線內是自己的領土，自己擁有獨一無二的統治權，並將盡一切力量擊退外來競爭者。文化往往只在保持距離的情形下，才能容忍其他文化；換言之，容忍的先決條件是禁止一切交往，或將交往限制在嚴格控制的場域和儀式化的形式之內（例如，同「外國」商店或餐館的交易；雇「外國人」從事公認卑賤的工作，維持最低限度的互動，且不准外溢到其他生活領域；在博物館、劇院、銀幕或樂隊舞台的安全範圍內，欣賞「外國」文化產品，當做休閒或娛樂，與「正常」生活分開和保持一定距離的消遣）。

換一種說法來形容文化活動的這種傾向，我們可以說，一般而言，文化的目標是「**霸權**」（hegemony），企圖壟斷規範與價值，在此規範與價值上豎立起自己的特殊秩序。文化的目標是，維持在自己霸權統治範圍內的一致性，同時嚴格區分這個範圍與人類世界的其他部分。因此文化天生反對生活形態一律平等，反而鼓吹其中一種生活形態優於其他一切。總的來說，文化是一種**改變信仰**（proselytizing）（傳教）的活動。文化的目標是**皈依**（conversion），是說服它的對象放棄他們的舊習慣

160

與信仰，改爲擁抱別的習慣與信仰。文化像一把利刃，砍向**異端邪說**（heresy），視之爲「外國影響」造成的衝擊。異端邪說之所以可恨，因爲它們暴露了內在秩序的任意性和可選擇性，破壞了文化獨佔的權威，以致鬆動了文化對主流價值的掌控。生活在數個文化設計共同存在，彼此的影響範圍並無明顯區隔的世界（亦即，在多元文化的環境下），**互相容忍**（互相承認對方的價值與正當性）的態度，是爲了共同生存極其必要，但可惜不易建立的態度。

# 國家與民族

9

*Thinking Sociologically*

社會學動動腦

161　　　你恐怕有不少機會，為了種種原因，需要填寫表格，提供你的身分資料。這類表格的第一個問題，多半是問你的尊姓大名。你需要填你**本人**的姓名（包括姓——你和你的家人共有的名字，以及名——單單給你一人取的名字，用來區別你和你家族的其他成員）；姓名的作用是區分你和其他填表人，你的姓名單指你一人，那個獨特、不可複製、不同於任何其他人的個體。一旦建立了你的特殊身分，接下來的問題卻試圖建立你和其他人的共同特徵，亦即希望找出你屬於哪一個更廣大的類別。當初設計表格的人，一定是希望藉著瞭解你所屬的類別（比如性別、年齡、教育、職業、居住地），而取得關於你個人屬性的資訊，那些資訊可能對於判斷你的目前地位或未來動向有一些價值。表格設計人最關心的，當然是你的行為中曾經和該組織的目的有關，或未來可能有關的部分，該組織設計和使用表格的用意即在於此（例如，如果是一份信用卡或銀行貸款申請表，則表上蒐集的資料，應該能夠幫助銀行經理評估你的信用價值若干，借錢給你的風險多大）。

　　　許多表格上面有一欄關於「**國籍**」（nationality）的問題。
162 回答這個問題，你可能填「英國人」，但也可能填「英格蘭人」（或「威爾斯人」，或「蘇格蘭人」，或「猶太人」，或「希臘人」）。其實回答國籍問題，這兩個答案都很妥當。但是它們指的是兩件不同的事情。當你回答「英國人」的時候，你指出你是一位「英國屬民」，亦即，你是一個叫做大布列顛或聯合王國的「**國家**」（state）的公民。當你回答「英格蘭人」的時候，你說出你屬於英格蘭這個「**民族**」（nation）的事實。一個國籍問題，竟然有兩個可能答案，而且兩者皆可接受，此事說明了

這兩種成員身分實際上不能明顯區分，且往往重疊，並因為這個傾向而容易引起混淆。儘管如此，當你在國籍一欄填下「英國人」時，你指出你身分中的一個面向，這個面向與你填「英格蘭人」時所指的面向非常不同。國家與民族可能混淆，但它們是非常不同的東西，你參與兩者的成員身分，亦使你捲入了兩種非常不同的關係。

首先，凡是國家必有一個特定領土，以及一個管轄領土的權力中心。凡是居住於國家權力管轄範圍內的居民，一律隸屬該國。「**隸屬**」（belonging）一詞，在這裡最主要是法律上的意義。「國家權威」（authority of state）的意思是，頒佈與執行「國土之法」（law of the land）的能力，國土之法則是所有臣服於國家權威的人（除非國家本身豁免他們服從的義務），所有剛好待在這塊土地上的人，都必須遵守的規定。不遵守國法者，有可能遭到懲罰。他們被迫服從，無論心中樂不樂意。事實上，國家主張自己唯一擁有行使強制武力的權利（使用武器來捍衛法律，透過拘禁來剝奪違法者的自由，而且最終可以處死，如果違法者毫無改過自新的可能性，或罪行重大到無可寬恕或屬於死刑是最低懲罰標準一類；當國家下令處死，而且唯有由國家下令處死，殺人才是被允許的行為，才不會被視為謀殺，反而是一種本身不可懲罰的懲罰形式）。國家壟斷人身強制權的另一面是，任何武力的使用，如果未經國家授權，或使用武力者非國家授權的代理人，則一律譴責為暴力行為（因此是「犯罪活動」，如果是國家主動的，則是「執法活動」），以致惹來殺身之禍和懲罰。

國家頒佈與保護的法律，決定了國民的權利與義務。最重

要的義務是納稅——把你的部份收入拱手交給國家，由國家控制和用在國家決定的用途上。另方面，權利則包括**個人**（personal）權利（例如個人身體與財產的保護，除非國家授權的機關另有規定；或表達個人意見與信仰的權利）；**政治**（political）權利（影響國家機關的組合與政策，例如參選國會議員，然後變成國家機構的統治者或行政者）；**社會**（social）權利（由國家擔保基本生活，並提供只有靠集體才能提供的基本需求，或特定個人無法憑一己之力取得的基本需求）。這些權利與義務的結合，構成了國民身分。我們對於身為國民的第一個認知是，無論我們多不甘願，都必須繳納所得稅，或增值稅，或人頭稅；另方面，如果我們的身體或財產遭到侵犯，我們可以向國家當局投訴和尋求協助，並要求國家做出賠償；如果我們一些最重要的需求陷入危機（譬如空氣或水遭到污染、健康或教育設施欠缺或不足等等），我們認為理所當然應該譴責國家機關（政府、國會、警察等等）。

國民身分是權利與義務之結合體的事實，使我們既感到被保護，又覺得受壓迫。我們知道，多虧一直虎視眈眈躲在某處，隨時準備對付破壞和平者的可怕武力，我們才能夠享受相對寧靜的生活。對此我們絕不會輕易放棄。因為唯有國家有權區別合法與非法，也因為國家機構的執法是唯一保障此一區隔永久與安全的方法，我們相信，萬一國家收回懲戒非法的拳頭，暴力橫行和「叢林法則」將取而代之，支配一切。我們相信，我們的安全與安心是國家力量所賜，沒有國家力量，就沒有安全與安心可言。然而，很多時候我們憎恨國家干預我們的私人生活。國家強加再我們身上的法規，往往顯得過多和過於吹毛

164

求疵；我們覺得那些法規限制了我們的自由。如果說，國家的**保護**（protective）功能使我們能夠行事——使我們能夠在相信計畫可以執行無礙的信心下，計畫我們的行動，那麼國家的**壓迫**（oppressive）功能，感覺起來更像是剝奪能力（disablement）；因爲國家的壓迫，許多選項變得不切實際。因此我們的國家經驗天生曖昧不明。我們對國家的感情，也可能是愛恨交織。

至於這兩種感情如何平衡，哪一個佔上風，則看情形而定。如果我生活寬裕，錢不是問題，我可能希望我的孩子有機會受到比一般人好的教育，因此我可能很討厭由國家辦學校，由國家規定哪一個孩子（根據戶籍）應該上哪一所學校。相反的，如果我收入微薄，付不起貴族學校的學費，我可能很歡迎國家壟斷教育，視之爲保護和賦予能力（enabling）。於是我可能痛恨有錢人成天呼籲國家鬆綁對學校的控制。我擔心一旦有錢有勢人家的孩子全轉到私立學校去了，公立學校變成專門替無錢無勢人家的孩子而設，屆時教育品質會一落千丈，它賦予能力的力量亦將流失一大半。

如果我經營工廠，我可能很高興國家嚴格限制罷工權。我覺得這條禁令展現了國家賦予能力的功能，而非它的壓迫角色。對我而言，這條禁令增加了我的自由，使我可以不顧員工反對，做我愛的事情，採取我愛採取的措施，若非罷工權的限制，這些措施保證會激起他們的罷工反應。在我看來，限制罷工權的規定，是一個維持秩序的工具，它使我的周遭世界更可預測、更容易控制；在這樣一個「改善」的世界裡，我的運籌帷幄的自由擴大了。但如果我剛好是同一家工廠的工人，限制

罷工的法令，感覺分明是壓迫。我的自由縮小了。最有效的對付老闆的武器，現在已不在我的掌握中。我的雇主既然完全清楚我只是一個跛腳鴨的事實，於是可以不必顧忌我做出報復的可能性，可以肆無忌憚地設計他們的計畫，換言之，我的談判力量被削掉了一大塊。我不知道我的雇主將會做出多少令我不快、於我有損，我卻不得不接受的決策。總而言之，我的世界變得更不可預測，我將成為任人宰割的羔羊。我覺得我掌控事物的能力大不如前。換句話說，對我的老闆而言是**賦予能力**的國家行動，在我看來，毋寧更像是一種**壓迫**。

　　所以說，端看每個人的處境和事情的本質，在一些人眼中是增加自由的國家行動，在另一些人看來卻是壓迫，令一些人感到壓迫的措施，其他人卻覺得如虎添翼，擴大了他們的選擇範圍。但總的來說，人人希望改變這兩種國家功能的比例。人人希望賦予能力的功能越大越好，壓迫功能則除非絕對必要，越小越好。至於哪些措施是賦予能力，哪些又是壓迫，則因人而異，不過想要控制或至少影響兩者混合比例的衝動，卻是人盡相同。我們的生活依賴國家行動的部分越大，這種衝動越普遍和強烈。

　　人民希望改變國家賦予能力和壓迫這兩個功能的比例，於是要求在國家事務管理上，以及國家頒佈與執行的法律上，擁有更大的影響力；他們要求行使公民權。身為「**公民**」（citizen）的意思是，除了身為國民（subject）（承擔由國家界定的權利與義務）之外，尚且對國家政策的決定有發言權（亦即，參與界定國民的權利與義務）。換言之，身為公民即意味了有資格影響國家的活動，乃至有份參與國家致力保護的「法律與秩序」

（law and order）的界定與管理。為了實際發揮這種影響力，公民必須享有一定程度不受國家管制的自主權。國家不可無限度地干預國民的行動能力。在這裡我們再度看到國家活動是否賦予能力，抑或壓迫的爭議。不過，這一回賦予能力與壓迫的爭議，牽涉的是影響國家政策，以及在國家野心過份擴張時，予以制止的一般資格。公民資格要求國家的限制能力本身應受到限制，國家不可做任何事情來阻止公民發揮控制、評估和影響國家政策的能力；反之，國家有義務讓公民的控制與影響力實際可行和有效。舉例而言，如果國家活動列為機密，如果「一般老百姓」無法洞悉統治者的意圖和作為，如果人民不准接觸事實，因而無法評估國家行動的真正後果，則無法充分行使公民權。

　　國家與國民的關係往往處於緊張狀態，因為國民發現自己必須奮力爭取，才能夠成為公民，或必須步步為營，才能夠保護他們的公民身分不被擴張的國家野心所侵犯。在奮鬥過程中，他們碰到的主要障礙是所謂的國家監護情結（tutelage complex）和治療態度（therapeutic attitude）。前者指國家有一種把國民當做未成年人的傾向，認為國民沒有能力判斷好歹，不知道什麼事情真正符合他們的利益，因此很容易誤解國家活動和做錯一切決定，害得國家老是需要出面善後，所以國家必須在他們鑄成大錯之前制止他們。後者指國家當局對待國民的態度，就像醫生對待病人一樣，國民渾身是病，只有在專家的指導和監視下，才可能治癒；毛病「存在於病人體內」，存在於他們的身體與靈魂之中，所以病人必須服從指導和監督，才能按照醫生的吩咐修復身心。

從國家觀點來看，國民最主要是國家管制的對象。國民的行為，應該用國家決定的權利與義務，予以從嚴界定；如果國家不去界定，國民就會自己決定自己的行動，結果往往陷自己和同胞於不義，因為他們個個追求自私的目的，使得共同生活極不舒適或根本不可能。國民的行為，似乎時時刻刻需要禁止和規定。國家的責任，和醫生一樣，是引導國民邁向健康，保護國民以防生病。如果國民行為不合乎國家的規定，就像生病一樣，永遠表示國民本身出了問題。一定要找出生病的內在、個人原因，如此監護人（國家，如同醫生）才能夠對症下藥，匡正病人行為。國家與國民的關係，就像醫生與病人的關係，是**不對稱**的。即使病人准許選擇自己的醫生，一旦選好了，就應該聽醫生的話和服從醫生的命令。現在一切得聽醫生的，由醫生告訴病人該怎麼做。醫生期待的是紀律，不是討論。畢竟，病人缺乏關於病因和療程的知識，遑論將此知識付諸行動的意志力（一般而言，躲在專業知識背後的醫生，會千方百計讓病人繼續無知下去，好讓病人繼續依賴醫生下去）。當醫生要求病人投降和無條件服從時，他的解釋是，這樣做完全是為病人好。國家要求國民無異議服從國家的指揮時，所採的理由如出一轍。國家主張的是「**牧師的權力**」（pastoral power）——以體弱多病，需要保護的國民之「最佳利益」為名，而行使的權力。

國家與國民關係的不對稱性，在資訊流動方面，表現得最明目張膽。我們都知道，醫生要求於病人的是完全坦白。他們叫病人毫無保留地報導生活中的每一個細節，只要醫生認為那些細節與疾病有關；他們叫病人吐露內心最深處的秘密，無論

多私密，無論藏得多好，從不告訴其他人，包括親友在內。不過病人的坦誠，換不到醫生的善意回報。病人的檔案被列爲機密。醫生根據病人提供的或從病人身上取得的數據而推演出來的意見或結論，也一樣列爲機密。至於這些意見或結論可以向病人吐露多少，完全由醫生片面決定。隱瞞資訊的做法，再度以替病人著想爲藉口：太多資訊可能有害，會令病人沮喪或絕望、魯莽，要不然就是抗命。國家實行類似的「**保密**」（secrecy）策略。國家機構蒐集、處理和儲存了關於國民的相當細節的情報，但是關於國家行動的資訊，卻被列爲「官方機密」，洩漏國家機密者可以依法起訴。由於大部分國民不准預聞國家機密，少數有資格接觸國家機密者，遂掌握了特殊優勢。國家有蒐集情報的自由，加上保密的措施，進一步加深雙方關係的不對稱性。兩者影響對方的機會極端不均。

　　所以公民資格另外還有一個傾向，就是抗拒國家所嚮往的居高臨下地位，努力收回國家權力，把重要的人生領域從國家控制與干預中解放出來，改爲自我管理。這類努力有兩個方向，兩者相關而不同。一個是**地域主義**（regionalism）：國家權力是地方自治的天敵，事實上，國家權力是介於國家機關與每一位國民之間的所有中間權力的天敵；地域主義所挑戰的，正是國家權力的唯我獨尊。它指出地方利益與地方問題的特殊性，是地方事務應由地方自己管理的充分理由；它要求成立更接近本地人民，對本地議題更敏感、更能做出反應的地方議會。第二個方向是**去除領土權威**（deterritorialization）：國家的權力基礎永遠是領土，亦即，凡是居住在既定領土內的人，無論有其他哪些特徵，一概臣屬於國家權力，而且僅僅臣屬於

168

國家權力；去除領土權威所挑戰的，正是這個原則。它主張其他特徵比居住地重要得多。種族、族群、宗教、語言等等，是更重要的人類面向，對於人一生的影響，遠大於共同居住地。它堅持其他特徵有權自主，有權分開來管理，並且應該抗拒來自單一領土權力的統一壓力。

因此，即使在最好的情況下，國家與國民之間永遠存在至少一些殘餘的壓力和不信任。在這種情形下，國家為了確保國民遵守紀律，便和其他一切尋求及要求紀律，以確保屬民行為有規律的權力一樣，需要「**正當性**」（legitimation）：它需要提出正當理由來說服國民，為什麼他們應該服從國家命令，儘管他們被禁止洞悉命令背後的一切真相；為什麼只因為那是國家命令，他們就應該服從。正當化的目標是取得國民的信任，無論任何命令，只要來自國家，蓋上適當的官印，就**應該**服從，而且這個信仰本身也**必須**服從。人應該守法，即使他不確定那是不是一條合理的法律，即使他不喜歡法律叫他做的事情。人應該守法，只因為那是正當權威所支持的法律；只因為人家告訴他，那是「國土之法」。

正當化的目標是培養對國家的無條件效忠，這種忠誠最穩固的基礎，莫過於「這是我的故鄉」，「無論好壞都是我的故鄉」的感情。既然是我的故鄉，它的財富與力量，對我只有百利而無一弊。因為它的財富與力量有賴全體居民的共識與合作，有賴全體居民的維護秩序與和平共處，所以我相信，只要我們大家行動一致，並且同意任何對大家都有利的事情，我們的共同家園一定會日益茁壯。我們的行動必須以「**愛國主義**」（patriotism）──對故鄉的愛，不惜餘力維護故鄉強大與幸福

的意志——爲最高指導原則。愛國者最重要的義務是紀律；的
確，服從國家是愛國主義最顯著的標記。任何挑戰國家法律的
行爲均會破壞和諧，所以是（不管事情原委如何）「不愛國」
的行爲。正當化的目標是透過「人人服從，人人得益」的推理
和計算，確保全民的服從。共識與紀律使我們每個人的日子過
得更好。總而言之，協調一致的行動，較之傾軋不和，對每一
個人更有利，對我當然也不例外——即使這表示我必須服從一
個我不贊成的政策。

　　然而，一旦開始計算利害得失，就會引來逆向考量。如果
國家以理性爲名，要求愛國主義式的絕對服從，難免有人會躍
躍欲試，考驗這個論述的理性。他可能會盤算，服從一條可恨
政策的代價，與積極反抗該政策的可能收益，到底孰輕孰重。
他可能會發現，或至少說服他自己，到頭來抗拒比服從的代價
小，損失也較小，所以拒絕服從更划算。因此靠援引團結的好處
來正當化服從之必要性，這種努力幾乎從來沒有結果和永遠結
束不了。恰恰因爲正當性是以理性計算的產物呈現出來，只要
它繼續如此，就擺脫不了易攻難守和立論不穩的問題，就需要
繼續不斷地重申與捍衛。

　　另方面，民族忠誠卻沒有這個煩惱，不存在困擾著國家忠
誠的內在矛盾。「**民族主義**」（nationalism）是呼籲對民族及
民族福祉的無條件效忠，它不需要以理性或利害得失爲訴求。
它未嘗不可做出忠於民族理想可以帶來利益或福祉的允諾，但
它大可不必如此。反之，它以服從本身即是一個價值，服從本
身即是目的爲訴求。民族成員身分被認爲是任何人都無法抗拒
的宿命，是不可能隨意戴上或脫掉的素質。民族主義暗示，個

170

別成員的身分是民族賜與的。民族和國家不同,它不是一個為了增進共同利益而加入的協會。相反的,民族團結和民族共同命運高於一切利益考量,實際上,它給利益兩個字帶來了意義。

國家若能和一個民族完全重疊(多元民族的英國顯然不在此列),即所謂的「**民族國家**」(national state),便能夠利用民族主義的潛能,而不必勉強引用不大可靠的利益計算來正當化自己。民族國家要求人民服從,所根據的理由是它代表民族發言,因此遵守國家紀律,即等於服從你的民族命運,是一種不必替任何目的效勞,本身即是目的的價值。於是違抗國家命令——可懲罰的罪行——變成比違反法律嚴重得多的行為,它變成背叛民族理想,是最邪惡、最不道德的行為,犯下這種罪行的人,遂失去一切尊嚴,被逐出人類社會的圍牆。也許是為了正當化,更普遍來講,為了確保行為團結一致,國家與民族之間有一種互相吸引力。國家往往利用民族的權威來強化它自己的紀律要求,民族則往往把自己建構成國家,以便利用國家的強制潛能來支持它自己的忠誠主張。然而,不是所有國家都是民族性的,而且不是所有民族都有自己的國家。

什麼是民族?這是一個出了名的難題,沒有一個答案能夠讓人人滿意。民族不像國家,它不是一個「現實」。國家是「真實的」,因為它有劃分清楚的疆界,不僅畫在地圖上,而且標示在土地上。疆界一般有邊防部隊駐守,所以隨便跨越國界,任意進出國家,會遭遇非常真實的、有形的阻力,從這一層來看,國家給人感覺是「真實的」。在國家疆界範圍內,有一套具有約束力的法律,這一點再度讓人感覺「真實」,因為

漢視法律的存在，表現得目無法紀，會跟撞到一堵眞正的圍牆
一樣，撞得「鼻青臉腫」。所以從擁有一個清楚界定的領土和
一個清楚界定的最高權威來看，國家「眞實」存在，並且定義
明確：一個結實、頑強、有抵抗力的實體，你不可能憑主觀意
願讓它消失。民族則不然。民族徹頭徹尾是一個「**想像的共同
體**」（imagined community），民族做爲一個實體，其存在完全
繫於它的成員在心理上與感情上對集體的「認同」，而那個集體
的大部分成員，一生一世也碰不到面。民族成爲心理上的現
實，只因爲它被**想像**成如此。固然不錯，民族通常佔據一塊連
續的領土，可以理直氣壯的宣稱，它給那塊土地帶來了特殊的
色彩和風味。然則，民族色彩給領土帶來的一致性，鮮少能夠
與靠「國土之法」強制出來的統一性相提並論。幾乎沒有一個
民族能夠誇口自己獨佔任何一塊領土。實際上，幾乎每一塊領
土上面都有比鄰而居，卻界定自己屬於不同民族，向不同民族
主義效忠的人。許多領土上面並沒有一個眞正佔多數的民族，
遑論壓倒性的多數，足以界定那塊土地的「民族性格」。

　　固然不錯，民族通常結合在一個共同語言之下，語言通常
可以用來區分民族。但是被視爲共同與獨特的語言，在很大程
度上，是一個與民族主義脫不了干係（而且往往引起爭議）的
決定。有些地方方言在詞彙、句法和習慣用語上的差異，時常
大到彼此幾乎不能理解的地步，但是這些方言的身分卻遭到否
認或積極鎮壓，不被承認爲獨立的語言，只因爲害怕它們破壞
民族團結。另方面，有些方言只有相對微小的地方差異，卻被
拿來大作文章，過分誇大其獨特性，以便把方言提升到獨立語
言的地位，使之成爲一個獨立民族的特徵（舉例來說，挪威話

和瑞典話的差異，荷蘭話和法藍德斯話〔Flemish〕的差異，烏克蘭話和俄羅斯話的差異，恐怕還不如許多民族「內部」方言的差異那般顯著，但後者卻被當做同一個民族語言的變種——假如它們運氣好被承認的話）。除此之外，一群人即使承認他們講同樣的語言，仍可能認為自己屬於不同的民族（想一想，同樣說英語的威爾斯人和蘇格蘭人，共同使用英語的許多前大英國協民族，同樣說德語的奧地利人、瑞士人和德國人）。或者如瑞士的例子所示，在同一個民族的招牌下，掩蓋了語言使用上的明顯差異。

　　領土與語言之不足以構成民族的「現實」，還有一個決定性的因素：人可以遷入和遷出民族。原則上，人可以宣布改向別的民族效忠。人可以搬家，在一個他不隸屬的民族當中取得居留權。人可以精通另一個民族的語言。如果說居住的土地（別忘了，這塊土地並沒有邊防衛戍）和使用的語言（別忘了，人沒有義務只因為掌權者不承認其他語言便使用民族語言，）是構成民族的唯一特徵，那麼民族未免太「漏洞百出」和「定義不足」了，不足以主張絕對、無條件和獨佔性的忠誠，像所有民族主義一致主張的那樣。

　　民族忠誠主張最具說服力的時候，是當民族被視為**宿命**（fate），而非**選擇**（choice）的時候；當它被視為牢不可拔地建立於過去，現在非人力所能改變的「事實」時；當它被視為不可輕舉妄動，除非甘冒生命危險的「現實」時。總的來說，民族主義追求的，正是這個境界。**起源迷思**（myth of origin）是民族主義的主要工具。這個迷思暗示，即使民族最初是一個文化創作，但是在歷史發展過程中，民族變成一個真正「自然」

的現象，變成了一個非人力所能控制的東西。根據這個迷思，民族的目前成員，被他們的共同過去綁在一起。民族精神是他們共享和獨佔的財產。民族精神團結了他們，同時區隔了他們與其他一切民族及其他一切人，那些人容或嚮往加入這個共同體，卻沒有資格或能力加入，因為民族精神只可以集體繼承，永不能私自取得。

　　這個用迷思支撐起來的主張，即民族的「自然性質」，民族成員身分的「先天」（ascribed）和後天性質，無可避免的陷民族主義於自相矛盾之中。一方面，民族號稱是歷史的判決，和任何自然現象一樣，是客觀和堅固的現實。另方面，民族卻岌岌可危，它的團結和凝聚力不斷遭到威脅，因為其他民族企圖偷獵或綁架它的成員，因為入侵者企圖混入它的隊伍之中。民族必須捍衛自己的存在，即便它是自然存在，仍須隨時警惕和不斷努力，否則不能存活。因此民族主義通常要求權力——使用強制力的權利，以確保民族的存活與延續。**國家**權力最符合這個要求。如前所述，國家權力意味了壟斷強制工具；唯有國家權力，才能夠執行統一的行為規範，和頒佈人人必須遵守的法律。因此，恰如國家需要民族主義來確保它的正當性，民族主義同樣需要國家來捍衛它的有效性。**民族國家**便是這種互相吸引力的產物。

　　一旦國家與民族被視為一體（國家是民族的自我統治機構），民族主義的成功機率便大為提高。從此以後，民族主義不必再純粹依賴自己論述的說服力與可信度，以及成員接受其論述的意願了。現在它有了另一個更有效率的工具，可以任它使用。國家權力意味了執行語言政策的機會，可以把民族語言變

174　成公家機關、法庭、議會唯一使用的語言。國家權力意味了動
　　員公共資源的可能性，可以提昇廣義的民族文化和特殊的民族
　　文學與藝術的競爭機會。最重要的是，國家權力也意味了控制
　　教育，可以透過免費和義務教育，一網打盡所有國民，把全民
　　納入它的影響範圍。全民教育使得國土之內每一個居民，均受
　　到主流民族價值的訓練，使他們全部變成「天生」的愛國者，
　　於是過去只是理論上的主張，所謂民族身分是「自然性質」的
　　主張，現在可以實際完成了。

　　　　教育，加上雖然散漫但無所不在的文化壓力，再加上國家
　　強制執行的行爲規範，三者綜合起來，產生了對「民族成員身
　　分」的相關生活方式的感情依賴。這種精神上的聯繫，有時候
　　表現爲存心的、不避諱的「**族群中心主義**」（ethnocentrism）：
　　深信不疑自己的民族和一切相關事物是正確、道德高尚和美麗
　　的，遠勝過其他任何選擇；而且堅信自己民族的利益，應該超
　　越任何其他人的利益。即使沒有明目張膽地鼓吹族群中心——
　　「群體自私」（group-selfish）——思想，但一個簡單的事實依
　　然存在，即人們從小到大在特定的、文化形塑的環境中長大，
　　難免只在這一種環境中才會感到舒適與安全。人一離開熟悉的
　　環境，過去取得的技術便會貶值，因而對應該替自己的困惑負
　　責的「外鄉人」產生不安的感覺和隱隱約約的厭惡，甚至萌生
　　敵意。外鄉人的生活方式，被視爲落後或傲慢的證據，外鄉人
　　本身，則被當做入侵者。最好把他們隔離起來，或驅逐出境。

　　　　民族主義激勵了文化聖戰（cultural crusades）的傾向：
　　企圖改變外鄉人的生活方式，轉化他們，強迫他們向優勢民族
　　的文化權威屈服。文化聖戰的目的是「**同化**」（assimilation）。

（「同化作用」一詞源自生物學；有機體為了生存，會同化環境中的元素，亦即把「外來」物質轉化成自己身體的細胞和組織。透過同化作用，使外來物質變成和自己「類似」，使過去不同的東西變成相同。）確實如此，民族主義一向與同化有關，因為儘管民族主義斷言民族「天生團結」，但民族並非天生存在，它首先必須被創造出來，把往往漠不關心、多元化的人口，圍繞著民族獨特性的迷思與符號團結起來。同化工作最明顯，其內在矛盾最赤裸裸暴露出來的時候，是當一個勝利的，已取得對特定領土的國家統治權的民族主義，與居民當中的「外來」群體交鋒的時候，這些群體或宣稱自己擁有不同的民族身分，或被已完成文化統一過程的其他居民視為特殊和外來的民族。在這種情形下，同化作用往往被描述成一種改變信仰（proselytizing）的任務，類似使異教徒皈依真正宗教的傳教工作。

　　矛盾的是，轉化工作往往做得敷衍了事，好像怕自己太成功似的。民族主義願景揮之不去的內在矛盾，在轉化工作上留下了痕跡。一方面，民族主義宣稱自己的民族、自己的民族文化與民族性格的優越性。如此優秀的民族，豈不是理所當然的對周圍的人有吸引力；的確，其他人想加入民族光榮行列的願望和努力，是對民族優越性的頌讚和額外肯定。此外，在民族國家的情形下，民族主義亦動員民意對國家權威的支持，打擊其他一切權威來源，如果後者抗拒國家鼓吹的民族統一性的話。另方面，外來分子大量湧入民族，尤其如果本地民族「張開雙臂」的好客態度使他們更容易進入時，民族成員身分的「自然性質」難免露出馬腳，以致侵蝕了民族團結的基礎。人們似乎

可以隨便換邊站。在眾目睽睽之下，昨天的「他們」，變成今天的「我們」。因此，民族身分看來無非是一種選擇，無非是一項決定的後果，而那個決定，和所有決定一樣，原則上可以不同，甚至可以撤銷。同化作用，如果有效的話，會暴露民族和民族成員身分證據不足、自願的本質──民族主義千方百計想要隱瞞的眞相。

　　所以同化作用滋生憎恨心理，憎恨的對象，剛好是文化聖戰存心吸引和轉化的同一批人。那些人似乎對秩序與安全構成威脅，因爲他們做到了理論上不可能的事情，他們憑人力完成了咸信超越人類力量和控制的任務。他們證明了號稱天然的疆界，實際上是人爲的，更糟的是，可以穿越。因此，他們的同化──民族主義政策公開宣布的目標──居然能夠大功告成，實在令人難以接受。在懷疑的眼光下，表面上已經同化的人，看起來毋寧更像是變節者，口是心非、隨時可能叛變的傢伙，這些人或爲了個人利益，或懷了甚至更邪惡的動機，而冒充別人。弔詭的是，同化的成功，恰恰證實了分化乃永恆不變的想法，使人更相信「眞正同化」實際上不可能，利用文化轉化的民族建構計畫不可行。

　　於是民族主義可能撤退到一個更強硬、更易防守的種族主義防線。和民族不同的是，「**種族**」（race）被公然地、毫不猶豫地視爲一種自然現象──毫無疑問超越人類影響和控制的範圍。種族觀念主張人與人之間的差異，既非人爲，亦非人力所能改變。種族一詞，往往被賦予純生物的意義（亦即，種族觀念認爲人的性格、能力和性向，與可以觀察的外在特徵，譬如頭顱或其他身體部位的形狀和尺寸，有密切的關係，或根本完

全由基因品質所決定）。無論如何，種族觀念把差異歸因於**遺傳**（hereditary）因素，透過繁殖過程，代代相傳。面對種族，教育束手無策。凡是自然決定的事情，豈是人類訓誨改變得了的。和民族不同的是，種族不可能同化，同化只會「污染」另一個種族的純淨度和破壞它的品質。爲了避免這種恐怖事件，異族必須被隔離、被孤立，最好把他們移到一個保持距離以策安全的地方，以排除混合的可能性，以保護自己的種族不受污染。

同化作用與種族主義似乎南轅北轍，但它們系出同門，同樣出於民族主義與生俱來的**劃清界線**（boundary-building）興趣。兩者分別強調民族主義內在矛盾的一端。兩者均可能被拿來當做追求民族主義目標的武器，至於選擇哪一個，則看形勢而定。不過兩者始終潛伏在任何民族主義運動之中，等待機會，伺機而動。與其說它們互相排斥，不如說它們互相拉抬與強化對方。

民族主義的力量，來自它在社會秩序的推廣與永續生存中，扮演的橋樑角色，而這種秩序是由國家當局界定的。民族主義「扣押」（sequestrates）了廣泛的懼異症（對異己的憎恨，我們在討論陌生人現象時已談過），並且動員這種情緒，替國家忠誠與服從國家權威的紀律服務。因此它使國家權力更有效。在此同時，它運用國家權力資源，塑造社會現實，俾使新的懼異症，乃至新的動員機會，可以源源不絕的供應。國家絕不肯放鬆自己獨霸的強制力，因此通常禁止任何私了形式的解決糾紛辦法，例如族群或種族暴力。在大多數情況下，國家也會禁止，甚至懲罰私人發動的瑣碎歧視行爲。國家一方面運用民族

主義，就像運用它的其他資源一樣，做為維持獨一無二的（亦即國家界定、支持和執行的）社會秩序的工具，同時毫不留情地打擊擴散式、突發性，因而可能脫序的民族主義表現形式。於是民族主義的動員潛能，遂能被適當的國家政策所駕馭──利用最好是花費有限，但聲望卓著的軍事、經濟或運動場上的勝利，加上限制移民的法律、強制執行的驅逐出境，以及其他種種顯然反映了普遍懼異症，且肯定強化了它的措施，以鼓吹民族主義的情緒和愛國精神。

在世界大部分地方，國家與民族在歷史上合而為一；國家利用民族情緒來加強自己對社會的控制，並鞏固自己提倡的秩序，民族建構運動則求助於國家權力，以推行那個據說是自然的，因此並不需要推行的民族團結。但是讓我們記住，國家與民族在歷史上確曾合併的事實，並不是合併乃不可避免的證據。族群忠誠和對本土語言與習俗的感情，不可簡化為政治功能，一旦與國家權力結盟，則被擱置一旁。國家與民族的結合，絕不是天作之合，只能說是互相利用而已。

# 秩序與混亂

*10*

*Thinking Sociologically*

社會學動動腦

178　　我不知道，當電影最後一個鏡頭淡出，銀幕上開始出現工作人員名單和致謝表的時候，你是否還有耐心留在座位上不走。假如你有耐心的話，你一定會訝異製片人覺得非提不可的人名——或只是功能——之多，簡直沒完沒了。從那份名單你得知，幕後工作人員的數目，比銀幕上出現的面孔多了好幾倍。隱形幫手的名單，比演員表長得多。此外，這項集體創作的部分功勞歸於一些公司，名單上只見公司名字，但這些公司家家肯定雇了不少員工，多到族繁不及備載。但這還不是全部呢。有為數甚多的人，其工作對於電影製作同樣不可或缺，若非他們的貢獻，你根本看不到這部片子，但他們的名字毫無機會上榜。舉例來說，名單上提到了音效製作公司，卻不見供應音效器材的公司，也沒有製造零件以供組裝音效器材的公司，更不見生產原料以供製造零件的工廠，遑論不計其數、不知其名的人，多虧他們的努力，生產原料或成品的人才有飯可吃，有鞋可穿，有屋頂可遮風避雨，有可能維持健康，有辦法取得工作所需的技術……

　　一一列出他們的大名，甚至只是間接提及，根本是不可能的任務。所以某人一定做了一個在某處切斷工作人員名單和致謝表的決定；無論他的決定是什麼，必然是任意的。他可以同樣輕鬆自在地（而且具有同樣正當性或缺乏正當性）做出在另一處切斷名單的決定。任何一個切斷點，無論挑選得多慎重，必然是任意和偶然的，並因此成為爭議的焦點。爭議難免激烈，恰如它必然永無結論，原因無他，只因為無論如何煞費苦

179　心地劃分，天下沒有一條分界線反映了「客觀事實」（客觀存在的區隔，分界線僅僅報導事實而已）。分界線裡面不管包括

什麼人，都不能算做一個真正自給自足的團體──足以不假外求地製作影片；這群人做為一個完整、封閉的集體而存在的「現實」，是切割作業的產物。製作一部影片所牽涉到的人，事實上沒有疆界（更嚴格來說，要不是任意選擇一個切斷點，然後用此點進行切割作業，本來並沒有疆界）。使劃分疆界的工作更複雜的是，這群人替電影做的事情，不可能和他們的其他生活層面分得一清二楚；他們對電影製作的貢獻，不過是他們生活的一個層面而已，生活中還有其他許多關切與興趣，與電影製作最多只有鬆散的關係。所以，當人們決定在哪一點上停止致謝的時候，他必須做出一個有雙重意義的人為區隔。他必須從縱橫交錯、互相依賴的人際關係網中，切下薄薄的一片，由於這一片已經被切下來了，和其餘部分分離，所以它隱然「自成現實」：它似乎一方面自給自足，另方面內部團結，團結在共同目標與功能之下。事實上，它兩者皆不是。

重點是，所有號稱獨立或自主的單位，所有表面上「自我管理」、可以存活的人類世界分部，本質上均根基不穩、不堪一擊，全都是亟欲從一個無窮無盡、沒有邊界、延續不斷的現實中，切出一塊清楚標示、可以管理的小小世界，所造成的後果。在電影最後列出的功勞表的例子裡，切割作業的後果影響有限。了不起惹起官司，萬一有哪位名字遭遺漏的合作者要求討回公道，堅持其功勞應獲得公開承認的話。不過，這個例子點出了一個更普遍的尷尬處境，後果卻不像上述例子那樣無害。想一想，如果為了劃清國界，而硬生生切開一群在經濟和文化上有密切聯繫的人，同時把一群沒有多少共同點的人扔進相同的環境，結果會如何。再想一想，如果只顧挽救婚姻，完

全不理會夫妻兩人各自捲入的種種互依關係，婚姻關係只是其中之一，但絕非獨立或甚至最具決定性的一個，結果又如何。

可想而知，當「自然」（即根深蒂固、一成不變的）區隔與距離日益模糊、消失，當人類生活（即使彼此之間的地理或心靈距離極為遙遠）聯繫日益緊密，這種劃分、標示、捍衛人為疆界的企圖，便越來越成為關切的對象──簡直變成狂熱的執著。越不「自然」、越嚴重違反複雜現實的疆界，越需要虎視眈眈的防守，越吸引高壓和暴力。一般來講，最和平、最少守衛的國界，通常和「閉關自守」、內部團結的人口徙置區的領土界限剛好重疊。凡是從一塊經濟與文化交流頻繁密切的區域中間劃過的國界，通常是糾紛和武裝衝突的目標。讓我們再舉一個例子：當性交活動越來越脫離性愛，越來越不涉及性交「天生」隸屬的穩定、多面向的共同生活關係時，它也成為日益高漲的焦慮感、強烈的技術創新衝動，以及偶爾演變成暴力的心理壓力的焦點。

區隔的重要性，以及花在劃清界限與捍衛界限的力量強度，可以說跟區隔的脆弱性，以及它對複雜人生現實破壞的程度成正比。區隔被爭得最你死我活的時候，也是它最不可能被忠實遵守的時候；越是漏洞百出的區隔，企圖把它堵得滴水不漏的鬥爭越是慘烈。

很多人認為這種情形是所謂「**現代**」社會（modern society）的明顯標記；現代社會是指大約建立於三百年前的西方世界，一直延續至今的社會形態。現代社會出現以前（時常被叫做「前現代」，以示與目前環境有所區別），不同類型的人之間的差異與區隔，往往比現在容易維持，不像今天這樣吸引

高度注意和引發許多活動，原因恰恰是，那時候的差異似乎與
生俱來，不需要人去刻意維持。那時候人與人之間的差異，似
乎不證自明和永恆不變，非人類所能干預。的確，它們完全不
像是人為的。相反的，它們被看成「神聖宇宙」（Divine
Cosmos）的一部分，在那個宇宙裡，每一樣東西和每一個人
的位置，都是上天決定的，而且注定永恆不變。貴族從呱呱落
地那一刻開始，就是貴族，往後不管他做了什麼，幾乎都不能
剝奪他的貴族身分或把他變成另一種人。農奴的身分也一樣，
鎮民的情形亦大致相同（戰爭和宗教提供了跨越身分界線的唯
一狹窄通道，除此之外身分界線不可逾越；這個情形說明了為
什麼當時人們對於神職和軍職工作，對於建構、保護和延續教
會與軍隊的層級制度，有如此特殊的興趣）。的確，那個時代
的人類環境，似乎同其餘世界一樣的堅實和穩固，所以沒有理
由去區分「自然」與「文化」、「自然」法則與「人為」法
律、自然秩序與人類秩序。它們似乎是從同一塊堅硬、不可撼
動的石頭劈開來的兩半。

　　大約到了十六世紀末，在部分西歐，這幅和諧、堅如磐石
的世界圖像開始崩垮（在英國，變化出現於伊麗莎白女王一世
王朝剛結束時）。越來越多人無法恰到好處地套入任何按照
「神聖位階」（divine chain of being）劃分好的框框，這種人的
人數和顯著性（以及為了把他們分配到一個定義完善、嚴格監
督的位置而引起的憂慮）均急遽上升，立法活動的腳步隨之加
快；新的身分地位引進了，以便規範自不可記憶的古老年代以
來，一直任其自生自滅，不曾規範的生活領域；專門機構成立
了，以便調查、監督和維護法規，並解除不馴服者的武裝與權

力。社會特徵和差別，變成需要檢驗，需要事先構想、設計和計畫的事物，最重要的是，變成有意識、有組織和專業化的工作。**社會**秩序是**人類**產物，不同於森林、海洋或草原秩序，此事逐漸明朗；社會秩序必須靠一些措施的不斷支持，否則不可能延續多久，而唯有人類施為者（human agent）才能夠、才應該採取和貫徹這些措施。人類區隔不再顯得「自然」。既然是人類產物，就可以變好或變壞。無論如何，人類區隔過去是，未來也仍會是**任意**和**人為**的。人類秩序是一個關乎藝術、知識和技術的議題。

這幅新的圖像，鮮明區分了自然與社會。我們不妨說，自然與社會二者被同時「發現」了。事實上，被發現的既不是自然，也不是社會，而是兩者的**差異**（distinction），尤其是兩者允許或要求的實際做法的差異。人類環境似乎越來越像是立法、管理和刻意操縱的產物，「自然」則擔任一個龐大的儲藏室，凡是人類力量尚無法鑄造或尚無野心去鑄造的東西，都儲存在裡面；換言之，自然是一切看起來有自己一套運行邏輯，人類不予理會，任其自生自滅的東西。哲學家開始用國王或國會頒佈的法律來比喻「自然法則」，不過他們也區分二者。「自然法則」很像是王法（亦即，它們是義務性的，並且以懲罰性的制裁為後盾），但和王法不同的是，自然法則沒有可想像的人類作者（因此自然力量是超人類的，無論是否出於上帝的旨意和不可測知的目的，或者由因果關係所決定，具有無法擊破的必要性，直接聽命於天地萬物的安排方式）。

秩序的觀念，代表事件發生的固定次序，代表搭配良好的零部件的和諧組合，代表事情安排一如預期，這個觀念並非誕

生於現代時期。不過，對秩序的**關切**，急著做點什麼來維持秩
序的迫切感，擔心如果什麼都不做，秩序就會化為混亂（chaos）
的恐懼感，倒是現代才有的。（混亂一詞，則被想像為對事情
的控制失靈，事態發展不同於預期和試圖達到的秩序，因此混亂
不被認為是另一種秩序，反而被視為毫無秩序可言。混亂之所
以是無秩序，因為觀察者無力控制事件的發展，無法從環境中
取得渴望的反應，不能防止或消除計畫外和不樂見的事情發
生。簡言之，混亂代表**不確定性**。）在現代社會，秩序與混亂
之間，似乎只隔了一層戒慎恐懼的人類事務管理。

　　然而，如前所述，人類依存網的任何切片，或從生活世界
切下來的任何一組局部行動，其疆界都是任意的，因之漏洞百
出，很容易滲透及引起爭議。所以（永遠局部的）秩序管理，
始終是不完全、不完美的，而且必然永遠如此。許多外在依附
因素和預計不到的人類目的與動機，撕裂了人工劃分的疆界，
干擾了管理者的設計。計畫和管理下的部門，永遠只是建在流
沙上的茅屋，或狂風橫掃下的帳棚，或更精確來說，急流中的漩
渦，形狀雖維持不變，但內容不斷改變。

　　在最好的情況下，我們只能說它們是零星散佈在混亂（非
計畫和非設計下的事件發展）大海中的（暫時和脆弱的）秩序
孤島。秩序建構工作，最多只能做到「**相對自主的局部整合**」
（relatively autonomous subtotalities）（其特徵是，向心力平
均比離心力稍稍強一些；內部聯繫的密度稍稍高一些，外部聯
繫的重要性稍稍低一些）。向心力壓倒離心力的優勢，永遠是
相對的、接近完成的。這意味了秩序之打敗混亂，永遠不是完
全或最後的勝利。奮鬥永無止境，因為它的公開目標永不能達

成。

　　談了半天，我們所做的，無非是給前面幾章多次提到的觀點做出概括性的結論。讓我們回想一下，強行把所有進入一個領土單位或組織勢力範圍的人，分成整齊和清楚切割的類型，歸類為「我們」或「他們」、圈內人或圈外人、朋友或敵人，所遭遇的困難。我們業已發現，追求這種區隔清晰度，做得最認真努力者，最後仍以失敗收場，因為還有一大堆人既不屬於圈內，亦不屬於圈外——陌生人，他們的出現，沾污了這幅圖畫的純淨度，破壞了行為指導的清晰度。因為所有**二分法**（dichotomy）均對人類情境的複雜性適應不良，所以企圖把二分法強加在大千世界的現實上，只會製造更多的**曖昧性**（ambivalence），使得混亂的危險一直存在，造成設計的秩序永遠完成不了。或回想一下，每一個科層組織在企圖約束成員的行為，使之完全服從經理人設定的唯一目標，並且剝除成員可能從辦公時間外，從其他群體帶來的一切動機與慾望時，所遭遇的困難；或回想一下，把組織內部一切人際關係，貶到僅僅與完成組織任務有關的交換層次，不允許個人野心、嫉妒、同情、厭惡或道德衝動造成干擾，以便集中全部注意力，完成科層組織最高領導人所界定的唯一目的，那種毫無希望的苦苦掙扎。我們業已發現，在這方面最不惜餘力的努力，最後仍不免失敗，無法實踐最初繪在組織結構圖上的那幅清澈、和諧的圖像。因此組織總有抱怨不完的不忠誠、吃裡扒外、不服管教、背叛等等。

　　詮釋人工秩序的努力，必然永遠離理想目標尚差一截。這種解釋，像變戲法一般變出了相對自主的秩序島嶼，但同時也

把與人工切割的島嶼毗連的領土，變成一片模糊的灰色地帶。因此它必須不斷解釋下去，永遠不能停止。曖昧性（那是無秩序或混亂的本質）是所有一刀兩斷、毫無例外的分類法無可避免的後果；這種分類法處理現實成分的態度，彷彿它們是真正分離和截然不同，彷彿它們不曾溢出任何界線，彷彿它們屬於一個區隔，而且僅僅屬於一個區隔。曖昧性是一種假設的後果，即假設人們或他們的許多特徵，可以整整齊齊地分成圈內和圈外、有益和有害、有關和無關——或至少應該如此劃分。每一個二分法，必然生出一大堆曖昧性；若不是每一個尋找秩序的努力，必然憧憬二分式的願景，就不會有曖昧的問題。

二分式、「非此即彼」（either-or）的願景，係受到一個慾望的驅使，即建立一塊相對自主的被包圍領土（enclave），以便對之行使完全、無所不在的控制。因為凡是權力必有限度，　185因為控制整個宇宙，非人類潛能所能及，即使最大膽的人也不敢夢想，所以創造秩序，實際上永遠意味著從雜亂無章的世界，從蠻荒大地，闢出一塊秩序井然的淨土；在無邊無際的混亂大海中，畫出秩序島嶼的疆界。問題是，如何讓這種切割工作、阻隔工作生效；如何築一座防波堤，阻止海水漫過島嶼，如何堵住曖昧的浪潮。建立秩序的意思是，向曖昧宣戰。

在每一個相對自主的秩序島嶼內，盡力做到所有事物都一清二楚、直截了當（亦即，每一個名字指一件清楚分類的物件，每一個物件有一個一看即知、難以混淆的名字）。當然了，這需要做到其他一切意義、「其他功能」、計畫外的特徵和事物和字彙，一概被禁止、鎮壓或宣告無關宏旨，然後棄置一旁。為了達到這個雙重目的，首先必須做到分類標準完全由

一個地點來控制和決定，從那個地點來統治和管理整塊被包圍的領土（請注意，統治者的壟斷權，即獨佔在何處劃分圈內和圈外分界線的決定權，獨享界定自己疆域內一切事物的能力，是維持秩序和避免曖昧的必要先決條件；或許也是其動機）。所以凡是逃避中央控制的分類標準，通常被宣告非法；實際禁止之、壓制之，不然則使之無效。曖昧是敵人，對付敵人應不惜一切強制手段和一切象徵性的力量。別忘了，任何正統捍衛者為了打擊異端邪說和異議份子而發動的鬥爭！別忘了，這種鬥爭往往比對付正式宣戰的敵人──異教徒或無神論者──的戰爭還要凶猛無情！

在地圖上畫下一條假想線，然後稱之為「國家邊境」。沿著邊境派駐武裝的人，以阻止「非授權」的跨界移動。這些人身穿制服，使人一望即知是權威的化身，有權決定誰准、誰不准跨越邊界。不過，他們並不是真正的守門人。他們扮演的是中間人的角色，他們是另一個高坐在國家首都某處的權威的代理人。遠方的權威，決定了誰有資格隨便跨過邊界，誰又應當被阻止和遣返。對第一類人，當權者頒發護照；對第二類人，他們彙編一份黑名單。當權者所做的，正是所有權威都會做的事情：試圖把一大群本身特徵絕非互相排斥，彼此之間有無數不同點（及相同點）的人，一分為二切成互相排斥的兩群人。多虧當權者的時時刻刻警惕，和許多中間人忙忙碌碌地貫徹當權者的意志，這個搖搖欲墜的國家身分做為一群人以國民身分結合在一起的主體，才可能維持得住。人或者屬於這個主體，或者不屬於這個主體，沒有第三種可能性，沒有中間身分，沒有曖昧性。

　　同樣的模式，在無數地方不斷地上演。每當你看到身穿制
服或配帶武器的人守在大門口，你就發現這個模式的運作了。
有的時候，為了獲准入內，你必須出示一張識別證，這張卡片
辨別你是某個足球隊證實和許可的球迷，有別於其他一切非授
權的球迷。或出示一份請帖，以證明主人已經把你歸類為宴會
的客人。或出示一張會員證，以界定你是「自己人」，俱樂部
的圈內人。或出示一張學生證，以證明你在圖書館裡面讀書是
合法的，不像其他冒充學生進來讀書的人，或只是被書香吸引
進來閒逛的意外訪客……如果你不能出示這樣一張卡片，或
護照，或請帖，你多半在門口就會被擋駕。如果你想辦法溜進
去，萬一被發現，最好的下場是被請出去。那個空間是專門替
某種特殊類型的人保留的，他們被期待遵守同一套規則，向同
一個權威所界定和執行的同一套紀律輸誠。你冒冒失失闖入，
可能削弱了當權者對那個空間的控制。當權者控制的那塊被包
圍領土的相對自主性，可能遭到未馴服的曖昧性之侵犯和腐
蝕，因為現在它門戶洞開，放進了外來的力量和影響力，造成
任意的互動，以致降低了規律性和秩序。一般而言，一個國家
或組織，只要守門人一直保持警戒，只要某些人或某些人格層
面被安全地關在門外，便可保護和保存它的特殊而永遠岌岌可
危的秩序（乃至它的身分，或相對自主性）。

　　關閉一扇實質大門或實際邊界並不容易，但至少技術上直
截了當。另方面，把人格分裂成兩塊，一塊准許進來，另一塊
擋在門外，並且禁止兩者溝通，則是複雜得多的事情。組織忠
誠（等於拒絕或擱置其他一切忠誠）是出了名的高難度目標，
往往激勵了最巧妙、最富想像力的對策。有些公司或機關禁止

員工參加產業工會或政治運動。或禁止員工談論、思考或同外
人討論組織內部事務（如果他們違反這條規定，則有可能拿
「圈外人」的觀點和判斷，來跟組織當權者的官方觀點做比
較，而發覺後者並不像他們被告知的那樣無可非議）。還記得
惡名昭彰的正式機密法案（Official Secrets Act）吧，該法案
禁止公務員洩漏有關國家機關活動與意圖的資訊，即使向全民
公布這些資訊可能符合大眾利益；大眾利益，顧名思義，是指
除了國家機關本身圈內人以外的其他人的利益。因為組織有阻
止資訊流通的傾向，所以跨越人工界線的整個人格和個人聯
繫，被詮釋為帶有危險的曖昧性，所以——從組織及其經理人
的觀點來看——是對秩序的最嚴重威脅。因為保密，才創造出
間諜和叛國者；或毋寧說，因為保密，有些本來無害和「自然」
的人類行為，才會被貼上背叛和顛覆的標籤。

　　無可避免地包圍一切人工邊境的曖昧地帶，以及種種旨在
散佈或壓制它的精心策略，並不是領土性或功能性（永遠相對
和搖搖欲墜）自主權的唯一後果。自然的聯繫和依存網，被割
裂得肝腸寸斷，人工豎立的邊界兩邊，溝通嘎然而止，因此劃
清界限的活動，也產生了不計其數，沒有人預料、計算或樂見
的副作用。一個相對自主的單位，為了解決內部問題而採取的
看似恰當、理性的解決方案，卻成為另一個單位的問題。由於
這些單位儘管貌似獨立自主，實則高度互依，所以解決問題的
活動，終究會反彈回來，擊到最初採取解決方案的機構。結果
導致整個形勢出現計畫外、預料外的均勢變化，使得原始問題
的持續解決，比預期的昂貴，甚或根本不可能解決。最著名的
副作用，莫過於破壞整個地球生態和氣候平衡，危及所有土地

與人類的生存，無論受害者距離那些尋找解決方案者的實際措施
與想像力所覆蓋的有限領域是遠是近。地球自然資源的枯竭，
使得問題日益艱鉅，持續解決問題日益困難。工業組織污染了
空氣和水，給負責人類健康與都市發展的人創造了許多可怕的
新難題。公司爲了改善自己活動的組織，而理性化勞動力的使
用，卻用同樣的理由大量裁員，致使週期性失業和貧富不均的
問題更加惡化。私家汽車和公路的蓬勃發展，機場與飛機的迅
速成長，一度被認爲是解決移動和交通問題的救星，卻創造了
交通阻塞、空氣污染和噪音，破壞了整個人類安身之地，導致
文化生活與服務供應的集中化，造成許多過去的居住地變成無
法居住；於是旅行變得越來越必要（因爲現在工作地點離居住
地點更遠），或越來越誘人（「逃離這一切煩惱」，即使只有幾天
假期也好），同時變得更困難、更讓人筋疲力盡。總而言之，
汽車和飛機的無心之過，擴大和惡化了它們原本打算解決的問
題，增加了問題的嚴重性，降低了未來解決方案的可行性。別
的不提，起碼限制了它們自己允諾擴大的集體自由。

　　這個進退兩難的困境，似乎是普世性的，而且沒有明顯的
脫困之道。問題的癥結在於，我們居住的世界必然和全體人類
結合成一個整體，任何用人工方式從這個整體撬下來的一塊實
體，其自主性必然是**相對**的。在最好的情況下，自主性只是局
部的，在最壞的情況下，純屬幻想；自主性看似眞實，通常只
因爲我們瞎了，或故意閉上眼睛（這不干我的事；這不是我的
責任；難道什麼事都歸我一人管嗎？人不爲己，天誅地滅），
不去看每一位行動者之間，和每一位行動者所做的每一件事情
之間，存在了無數且無遠弗屆的聯繫。當我們計畫和實施任何

問題的解決方案時，我們考慮的因素，永遠少於應該考慮的因素的總和，那些應考慮而未考慮的因素，或對該問題造成影響，或受到其影響。我們甚至可以說，權力——設計、執行和維護秩序的能力——的意思，恰恰是漠視、忽略、剔除許多因素的能力，若非忽略那些因素，即無可能建立秩序。擁有權力的意思是，有能力決定什麼事情重要，什麼事情不重要，什麼事情與維持秩序的奮鬥相關，什麼事情與之無關。但問題是，有權力並不代表能夠像變魔術一般，把那些不相干的因素變不見了。

相關與不相關的分配，永遠是**偶然的**（亦即，沒有什麼勢不可擋的理由，非得把相關與不相關的界線劃在某處，劃分方法絕對不只一種），所以這種決策可能會，也時常會引起激烈的抗爭。歷史上充滿這類抗爭的例子。其中一個最重要的權力鬥爭，發生在跨入現代世紀之際，圍繞著從**恩賜關係**（patronage）到**現金交易關係**（cash nexus）的轉變而發展起來，後者令一些現代思想家悲慟不已，並且遭到一些現代抗議運動的大力反對。當時工廠制度剛剛萌芽，批評者看到工廠主人對「工廠人手」（把工人叫做「人手」，說明了雇主對工人的關心只限於他們的手而已）命運的冷漠無情，難免懷念起工匠作坊，甚或農村莊園那種照顧上上下下每一個人的「大家庭」作風。作坊師傅和莊園主人或許是粗暴專橫的老闆，肆無忌憚地剝削工人的廉價勞力，但是工人也期待老闆照顧他們的需要，並在最困難的時候，幫助他們脫困。工人可以指望老闆提供住所，在生病或發生自然災害時伸出援手，甚至提供老年和傷殘照顧。這些期待無一被工廠主人視為正當要求，和過去形成尖銳對比。工

廠主人認為自己只是買員工在工廠時間內的勞動，他們堅持，其餘一切是工人自己的責任。批評者和工運領袖對這種「撒手」不管的態度深惡痛絕。他們指出，工廠紀律規定工人日復一日從事漫長、枯燥和疲累的勞動，使工人心力交瘁，嚴重影響他們本人和他們的家庭生活，對此工廠主人豈能推卸責任。當工廠人手被工廠制度榨乾之後，他們變成「人類廢物」（從生產計畫的角度來看，他們毫無用途，與被歸類為廢物的部分工廠產品差不多，同樣是製造最後成品不可避免的剩餘品，因為缺乏有利可圖的用途，而不受重視、乏人問津，最後被一扔了之）。批評者並指出，工廠主人與工廠人手之間的關係，事實上不限於用勞力換工資的簡單交易，因為勞力不可能從工人身上切下來，而單獨存在，不像現金可以從老闆身上拿走那樣。「付出勞力」的意思是，整個人，包括身體和靈魂，投入老闆制訂的任務和老闆決定的工作節奏。雖然眼睛只盯著「有用」產品的老闆極不願意承認，但無可否認的，他們要求工人拿來交換工資的，是工人的全部人格與自由。工廠主人在這個表面等值的交換中，佔了便宜還賣乖的事實，說明了廠主與工人之間是一種不對稱的權力關係。雇主界定雇用關係的定義，並且保留什麼事與他們有關、什麼事與他們無關的決定權——剛好是他們拒絕工人享有的權利。基於同一個理由，工人爭取更好的勞動條件，更多對生產流程管理的發言權，以及界定自己在生產流程中的角色與責任的定義權，必然演變成反對雇主界定工廠秩序之限度與內容的權力鬥爭。

　　凡是關於秩序的定義，必然會引起糾紛，工人與廠主就工廠制度界限的定義而發生的衝突，只是其中一例。既然任何定

191

MK-1168
SM

義皆是偶然，最後完全看誰有力量執行定義，所以原則上每一個定義都可以抗爭，實際上也經常引起被定義傷害到的人的抗爭。誰應該為後果負責的問題，例如新鮮空氣的污染、有毒廢物的棄置，或新礦場或新公路對自然景觀的破壞，便一再引起激烈的辯論。原則上，這種辯論可以沒完沒了的一直辯下去，因為並沒有一個中立和客觀的答案，最後只能靠權力鬥爭來擺平。一個人的廢物，很可能是另一個人生計的重要成分。引起爭議的問題，可以呈現完全不同的面貌，端看你從哪一個相對自主的實體來考慮問題，而問題的定義，完全來自它們在各個局部秩序中所佔的位置。夾在許多往往對立的壓力中間，這些問題最後被擠壓成一種沒有人事先計畫，也沒有人喜歡看到的形狀。在許多局部秩序的影響下，沒有一人承認它們是「我的責任」。

在現代時期，這個問題往往變得一日比一日尖銳，因為隨著人類行動使用的科技工具力量日趨強大，科技應用的後果亦日趨嚴重。每一個秩序島嶼都變得更有效率、更理性化、管理更好、績效更高，然而，無數完美的局部秩序，卻造成全面性的混亂。有計畫、有目標、理性設計和嚴密監控的行動，所產生的遙遠後果，反撲回來，變成無法預料、不可控制的大災難。想一想，令人不寒而慄的溫室效應，那是無數以提高效率和增加產量為名，而開發更多能源的計畫（每一項計畫，單獨來看，皆是科學的成就，而且永遠可以用眼前的任務予以合理化），綜合之後所產生的始料未及的後果；或想一想，新基因工程製造的有機物，被釋放到環境之中，會產生什麼至今尚無法想像的後果；單獨來看，每一項基因工程都恰如其份地達到各

192

自的特定目的，但綜合起來，必然會以無人能夠預測的方式，改變生態的平衡。畢竟，把有毒物質釋放到大氣層中，只是這一個或那一個相對自主的組織，為了解決一個特定的問題，而十分理智、誠摯地尋找最好、最理性（最有效和最廉價）的解決辦法，所產生的副作用而已。每一個新發明的病毒或細菌，都有一個定義明確的目的，和一個具體有用的任務，例如消滅一種特別有害的寄生蟲，這種蟲子威脅了農夫種小麥或大麥的收成。人體基因的操縱，如果有一天獲准進行的話，同樣會是追求某個顯然值得追求的直接目標，譬如說，防止某種人體缺陷，或增加對某種疾病的抵抗力。但是，在所有這些例子裡，「焦距內」情勢的改變，無可避免的對許多「焦距外」事物造成衝擊；那些計畫外、預料外的衝擊，可能證明比一度令人頭痛，現已成功解決的原始問題更具殺傷力。使用化學肥料來增加農作物收成的例子，非常生動地說明了這個議題。把硝酸鹽類的化肥摻進土壤之後，效果一如預期：農穫量增加。但是，經過雨水沖刷，很大一部份化肥滲入地下水源，於是創造了一個新的，至少同樣險惡的問題：現在水庫裡的水必須經過淨化處理，才能夠飲用。為了解決新問題，就需要建淨水廠，淨化過程中，當然免不了要用新的化學反應，才能夠消除舊的化學反應遺留的後果。遲早有一天，又發現新的淨化過程也有自己的污染效應：它們提供了豐富的養分給一種有毒的水藻，現在水庫裡面長滿了這種水藻。

所以，打擊混亂的鬥爭尚未成功，同志仍須努力。不過，越來越多尚待控制和征服的混亂，將會是師出有名，旨在建構秩序的人類活動製造出來的，因為解決舊問題，會創造新問題，而

193　每一個新的問題，又無法用舊的方式來解決；換言之，無法靠成立一個專案小組，負責尋找最快、最便宜、「最合理」的解決方法，來解決目前的問題。過程中，未曾計算在內的其他因素越多，所提供的建議就越快、越便宜、越理性。

　　綜合到目前為止我們討論的各點，可以做出結論如下：企圖以秩序取代混亂，使周遭世界循規蹈矩、可以預測和可以控制的鬥爭，必然永遠不能塵埃落定，因為鬥爭本身是妨礙它自己成功的最大絆腳石；大部分無秩序（違反規矩、不可預測和不可控制）的現象，恰恰是目光狹窄、急功近利、任務導向，一次解決一個問題式的行動所造成的。每一次發動新攻勢，企圖使人類世界某一部份或人類活動某一領域井然有序，結果即便消滅了舊問題，也會創造出新問題。每一個這種企圖，必然產生新品種的曖昧性，致使下一步行動不可避免——後果亦相同。

　　讓我們換一種說法：現代社會在尋找人為秩序上的成功，正是它最沈重、最令人憂心的疾病的根源。把無法管理的整體人類情況，切割成許多細小、直接的任務，由於每一個任務規模很小、時間有限，故能做到完全的掃瞄、監督和管理，結果使得人類行動越來越有效率。眼前任務越精確、有限和定義明確，它的績效越好。的確，現代特有的做事方法，顯著地勝過從前任何方法——如果純粹用投資報酬率來衡量的話（亦即，只計算直接成本效益）。現代行動方式被形容為**理性**，這句話的真正意思是，完全以功利為考量，用是否達到預期目的來衡量實際結果，並且計算資源與勞力的支出。不過，這裡頭有一個陷阱，並不是全部成本都計算在內，而是只計算了行動者本人

必須負擔的成本；而且並不是全部結果都受到監督，而是只監督了與行動者自己界定或他人為他界定的任務有關的結果。另一方面，如果把全部損益計算在內（倘若這樣超級野心的計畫切實可行的話），現代做事方法的優越性，恐怕就不是那麼肯定了。它很可能會揭露，許多局部和分開的理性行動，終極效果非但不是更理性，反而是整體更**不理性**。而且，問題解決最亮麗的成就，非但沒有減少，反而增加了需要解決的問題總數。或許，這就是尋找秩序和打擊曖昧的鬥爭最惱人但無可迴避的內在矛盾，而曖昧，自始至終是現代社會最顯著的標記。

194

我們所受的訓練，使我們把生活想成一堆有待從事的工作和有待解決的問題。我們的習慣思考方式是，一旦發現問題，第一件事是把問題精確定義下來，以便清楚顯示解決之道（當我們感覺憂鬱、消沈或沮喪時，我們的第一個反應是問，「我出了什麼問題？」——然後請教專家如何處理）。我們以為，一旦定義好了，要解決那個惱人的問題，不過是找到正確的資源和自己勤奮地去做罷了。萬一做了之後沒什麼效果，問題還沒有解決，我們會責備自己無知、大意、懶惰或愚蠢（如果情緒繼續低落，我們的解釋是，自己缺乏戰勝憂鬱的決心，或者是把病因界定錯了——此事本身是一個該解決的「問題」）。但是再多的失望和挫折，都不能打擊我們的信心，我們深信每一個情況，不管多複雜，都可以拆成數目有限的問題，只要有適當的知識、技術和努力，這些問題便可以一一迎刃而解（使之無害或消失）。簡言之，我們相信生活之道可以分割成許多單一問題，每一個問題有一個答案，每一個答案有一個或應該找得到一個特定的工具和方法。

　　這個信念，一方面促成了現代世界壯觀亮麗的成就，另方面必須爲現代社會日益增加的憂心問題負責，而直到今日，現代社會才開始計算科學與科技發展的總成本，因爲它發現自己面臨了科技成就必然帶來的危險與挫折。我們會在下一章看到，現代環境與生俱來的曖昧性，完完全全複製在我們每個人計畫自己的生活和過自己日子的方式上。

過日子

11

*Thinking Sociologically*

社會學動動腦

195　　我和你一樣（希望如此），是一個頗能隨機應變，技術也不差的人。家裡很多修修補補的工作，我都是自己動手做。舉例來講，我會修理電燈開關，會安裝插頭或插座。我甚至為了這個目的而購置了一套工具，包括螺絲起子、保險絲和粗細不等的電線。有時候不巧工具箱裡面找不著我要的東西，譬如我想把檯燈挪到房間另一角，而需要拉一條延長線，偏偏工具箱裡的電線長度不夠。但是我知道去哪裡找，我曉得有些店鋪專門賣各式各樣的水電器材。我還知道有一些叫做「自己動手做」（DIY）的商店，凡是修理家裡小東西可能用得上的器材，裡面應有盡有。有一天我去了一間這樣的商店，順利找到我需要的把電纜釘在地板上的釘子；但是在找釘子的同時，我注意到好些我從來沒見過的東西，像工具啦、用具啦、小電器啦之類的東西。每一樣東西，如果使用得當，都可以改善我的生活。譬如，有一種巧妙的分段式電燈開關，可以讓我調節燈光強度。還有一種電子開關，可以隨著日出日落，自動開燈關燈，或按照我預設的時間開關電燈。我從來沒用過這類小玩意兒，但它們看起來實在是不錯的點子。我興致勃勃地讀說明書，研究它們的用途和安裝步驟。我買了回來，安裝在家裡。不過，事後證明它們比老式開關難修多了。當它們壞了的時候，螺絲起子根本無濟於事。它們封得死死的，壓根兒沒打算讓我這種毛手毛腳的業餘電工撬開。我必須買一個新的開關來替換這一個。

196　有些小電器附有備份零件，可供我替換其中部分零件，而不必扔掉整件東西。

　　這些玩意兒使我享受了電力提供的各種好處。當然，我用電的最主要用途是避免晚上傻坐在黑暗中。但是電力還有其他

許多用途，而且經年累月下來，用途增加了不少。例如，我還記得從前我用手在一個盆子裡洗襯衫。現在我只消把襯衫丟進洗衣機裡面就行了。幾年前我買了一台全自動洗衣機，自此之後，我買一種洗衣機專用的洗衣粉（我不記得在全自動洗衣機發明以前，有這種洗衣粉出售）。打從去年開始，我停止在廚房水槽裡用手洗碗。我改用電動洗碗機和洗碗機專用的洗碗劑。幾天前洗碗機發生故障。我發現自己陷入窘境。請幾位朋友來家吃飯——過去我常做的事情，飯後的洗碗工作，對我來講，簡直是苦不堪言的差事……。更麻煩的事還在後頭呢，電刮鬍刀跟著也壞了。我已經忘了不用電刮鬍刀如何刮鬍子。我有整整兩天沒刮鬍子，好在最後我終於找到一家店鋪，有賣修理我用的那個牌子電刮鬍刀的必要零件。

當然，不能不提一下那次難忘的全國大罷工事件，造成家家戶戶每天被迫停電好幾個小時。那真是一場噩夢。我的收音機沒聲音了，電視沒畫面了。我不知道如何打發晚上時光。看書？對不起，我發現我的眼睛不適合在燭光下閱讀。然後，停電最嚴重的後果發生了，電話斷了。突然之間，我的朋友和同事變得無限遙遠，無法接觸。我的世界簡直崩潰了……。我還記得自己一人孤伶伶活在世界上那種可怕的感覺，以及平日不假思索做的簡單事情，突然變成艱鉅無比的任務那種不知所措的感覺。

既然我已經洩了自己的底，我得回頭再想一下我在開頭時說的那段話：我說自己如何懂得隨機應變，如何技術高強，又如何能夠做日常生活所需的各種事情。現在看來，事情似乎不像我想像的那麼簡單。我的技術，原以為使我成為一位聰明、

自立更生的人，現在看來並沒有使我獨立。別的不提，它們起碼把我變成一個俘虜：變成商店的俘虜，變成發電廠和電力公司的俘虜，變成許許多多專家和設計師的無數發明的俘虜，變成他們製造的小機器和他們編輯的說明書的俘虜。沒有他們，我的日子根本過不下去。

　　回首從前，我可以看出我對他們的依賴是如何逐年增加的。多年前，我用一把普通的剃刀刮鬍子。當然，我自己不會製造剃刀，但是一旦我有了一把剃刀（事實上，我的第一把剃刀是我父親送我的，他把自己用了大半輩子的兩把剃刀中的一把給了我），我可以輕而易舉地磨利它，使它可以隨時上場為我服務。後來安全刮鬍刀流行起來，我那把老實可靠的舊剃刀，頓時顯得笨拙無比，用起來完全不像我一向以為的那般順手，甚至還有一點丟臉，好像繼續用它會把我變成落伍的LKK似的。可惜安全刮鬍刀用不了多久就鈍了，而且沒法子磨利，至少不是我這種人磨得利的。所以我必須隨時記得買新的刮鬍刀。進到店裡，我發現貨架上琳瑯滿目擺滿了各種牌子的安全刮鬍刀，我必須運用我的聰明才智挑選其中最好的一種。我覺得我的選擇自由大為增加，不過我的選擇自由不包括一個牌子都不選的自由。畢竟，我每天都得刮鬍子。後來電刮鬍刀登場，舊故事又重演一次。幾乎一夜之間，安全刮鬍刀失去了它的大部分光彩，跟聰明的新玩意兒比起來，它似乎一無是處。我發現自己一再被人追問，你買了哪個牌子的電刮鬍刀？什麼，你還沒買嗎？為什麼？你真的打算用一輩子那些過時的玩意兒嗎？最後我終於投降，買了電刮鬍刀。現在如果停電，我就刮不成鬍子。而且我既不能磨利它，出了毛病時也不能修理

它。現在我需要靠專門技師幫我解決問題。

日子一步一步往前走，每往前跨一步，我就需要一套新技術，而我也成功地取得了那些技術。現在我可以自豪的說，我是技術熟練的操作員，能操作大部分最新科技。然而，每往前跨一步，我也需要一個更複雜的「科技物件」（technology object）來施展我的技術。對於這些物件，我越來越不了解它們的機件原理，越來越不知道裡面藏了什麼玄機。當它們故障時，我越來越不能強迫它們正常運作。為了做我一向做慣的事情，現在我需要比過去更精密複雜的工具；如今這些工具橫阻在我的意願與意願實現的中間。現在沒有這些工具，我動彈不得。我已經忘記沒有它們如何做事情了。我的新技術，圍繞著新工具而生，卻趕跑了我的舊能力。舊技術，隨著昔日較簡單的用具一起埋葬了。記憶所及，我一度熟練，如今已忘卻的做事方法，似乎需要更多的訓練、經驗、專心和細心，比按電刮鬍刀的開關按鈕困難多了。似乎困難的部分，已經被新工具扛下來了。彷彿我過去的技術，有部分已轉移到我現在使用的工具裡面，而且「鎖在裡面」了；這一點，或許正是我對它們倚賴如此之深的原因。

在距今天已遙遠，我還年輕的時代，用剃刀刮鬍子是每一個男人習慣做的事情。它的確需要學習（以免刮傷自己），但幾乎沒有人認為那是一門需要專家知識的特殊技術。刮鬍子所需的全部技術，是人人都會的技術；因為刮鬍子技術如此普及，所以沒有刮鬍子專家和刮鬍子科技的明顯生存空間。如今形勢完全改觀。刮鬍子流程變成祥細科學研究的對象。首先把它拆成幾個基礎部分，每一部份分開來詳細檢驗，譬如不同類

型皮膚的敏感度、毛髮在臉部不同部位的生長角度、刀片的旋轉方式和毛髮的切斷速度之間的關係等等。每一個分析過的部分，遂代表一個問題，有自己的必須滿足的內在需求，所以每一個問題需要一個解決方案。接著設計各種解決方案，一一進行實驗、衡量比對，最後其中一個脫穎而出，被選為最好的一個（因為最有效率或最有吸引力，所以潛在上銷路最好），然後和其餘問題的解決方案組裝在一起，成為最後產品。幾十位專家，各自代表一個高度專業的專門知識領域，參與了最終產品的開發過程；他們組成研發小組，全神貫注於一個議題：刮鬍子，所以他們對這個議題瞭解之深，是你我這種只不過希望每天早上臉上清潔溜溜出門的普通人無法企及的。

199　　　其他事情，從掃地、剪草、修樹籬，到煮一頓飯或洗碗，無一不是如此。在所有這些例子裡，鎖在科技用具和小電器裡面的專門知識，接管了人人一度擁有的技術，並擦亮之、磨利之。現在我們需要專門知識和科技來做事情。我們也需要新的技術，來取代陳舊、落伍和被遺忘的技術，但這一回，我們需要的技術是尋找和操作適當科技工具的技術。

　　　我們現在用的，沒有它們便活不下去的科技，不全然是取代某個固有功能，搶走在它們發明和問世之前，我們習慣自己動手做的工作。很多在我們生活中佔有重要地位的事情，要不是科技促成它們的話，我們絕對不會去做。想一想，收音機、音響、電視機、個人電腦。它們的引進，打開了許多嶄新的，過去完全不存在的可能性。在用看綜藝節目或連續劇消磨一晚上的念頭尚不可行的年代，我們似乎並沒有那種需求，現在如果電視機壞了，我們會產生「被剝奪」的感覺而沮喪不已。我

們似乎發展出對電視的**需求**（need）。在電腦走入家庭之前，我們並不需要電腦遊戲。同樣的，在音響和隨身聽問世之前，我們也不需要隨時隨地用音樂做背景聲音。在這些例子裡，科技似乎創造了它自己的需求。事實上，一種新品種的需求。這些新科技物件，並沒有取代舊的做事方法，反而誘導我們去做自己過去不曾做過的事情，而且使我們覺得不做不行，不做就不快樂。

所以，專門知識和科技的出現是因應我們需求的說法，並非事實。向我們推銷專門知識和產品的人，往往必須先鼓起如簧之舌，說服我們確實需要他們提供的東西。即使新產品的出現，確是為了滿足一個存在已久、無庸置疑的需要（比如前面提到的刮鬍刀），但如果我們拒絕新玩意的誘惑，則我們照樣可以沿襲習慣的做事方法來滿足那個需要。因此即使在這個例子裡，新科技也不是單純的因應某個需要而已。新科技從來不是應大眾要求，千呼萬喚始出來。相反的，大眾要求是被新科技的出現促成的。無論是否先有需要後有產品，對新產品的**需求**，確實出現在產品問市**之後**。

200

那麼，究竟是什麼原因，促成日新月異，越來越深奧、專精、特殊化的專門知識，以及不斷推陳出新的精巧科技用品呢？一個可能的答案是，專門知識和科技的發展，是一個自我推進、自我強化的過程，不需藉助任何外力。找一組專家，給他們一套研究設施和設備，保證他們會想出新的產品和建議，因為他們受到組織活動邏輯的牽引──需要超越自己，需要證明自己比競爭者強，或僅僅出於完全合乎人性的工作熱情和興趣。產品通常在尚未確定有何用途之前，已經先在科學上或科

技上可行了：我們有了這個科技，想想看如何用它？既然有了
這個科技，不用它豈不是暴殄天物？先有答案，後有問題；答
案尋找自己或許能派上用場的問題。換言之，有些生活層面，
本來不是**問題**，並沒有哀求人們設法解決，直到專家建議或科
技物件以救星的姿態出現，它們才變成問題。唯在此時，才會
出現說服潛在使用者該物確有使用價值的下一步工作。而潛在
使用者必須被說服，否則他們不會認為該物值得花錢。否則他
們不會下決心購買。

　　你我都是專門知識的**消費者**（consumers），無論專門知識
是以口頭指導的形態出現，或是鎖在我們常用的科技用具裡
面。事實上，人人都是，包括專家本人在內，一旦出了他們狹
窄的專業領域，在無數生活層面上，他們同樣是專門知識的消
費者。許多專門知識未經邀請，未獲我們許可，便潛入我們的
生活。舉例來說，想想看，警察用來偵察超速駕駛，或驅散暴
動群眾，或辨識他們追蹤的人，或滲透從事不法活動的團體，
所使用的日新月異的科技。或想想看，各種公私機構如何利用
資訊科技，蒐集和儲存了不可思議的關於你我的龐大資訊，以
備未來不時之需，而此需要未必合乎你我的利益。這一類專門
知識和科技用途，相當明顯地限制了我們的自由，使某些選擇
變得較無利可圖，或根本不可行。它們增加了掌握專門知識者
的能力，使他們更能控制我們的行動自由。在極端情形下，它
們甚至可以把我們變成無助的受害人，聽任別人任意決策的發
落。不過，許多科技的存在，確實是為了供我們個人使用，它
們允諾擴大，而非限制我們的選擇範圍；它們使我們更自由，
更能掌控自己的生活。若果，則我們在擁抱新科技之餘，亦對

之產生依賴，我們與科技的關係也變得不是三言兩語說得清楚了。一般而言，我們歡迎新科技產品，因為它們解放或充實了我們的生活，允許我們用更快的速度和較不疲勞的方式做舊的事情，或使我們能夠嘗試過去沒做過的事情。我們歡迎它們，因為我們相信它們真的有用——所以我們需要被說服，以便確定我們的信仰用對了地方和有憑有據。

我們需要被說服，亦即用一種說法使我們相信我們聽到的事情，因為我們自己無法洞悉真相。我不知道，至少事前肯定不知道，新科技產品是否真的能滿足我的需要。（這種飲料真的能讓我開的派對大獲成功嗎？這種香水真的能讓帥哥或美女從滿街人潮中注意到我，而且單單注意到我一人？這種洗衣粉真的能讓白色衣服愈洗愈白，讓所有污垢消失無蹤，讓人人注意到它的效果嗎？它能否讓我最在意的人注意到我為他們所做的一切，而對我感激不盡和特別友善？）有的時候，我甚至不知道我有這種科技發明意圖滿足的需要（我不知道用肥皂洗澡洗不乾淨皮膚的「深層污垢」，這種肉眼看不見的污垢，只有用某牌子的沐浴乳才洗得乾淨；我不知道我的地毯長滿了可怕噁心的塵蟎，吸塵器根本吸不掉，所以我需要一種專門消滅地毯塵蟎的殺蟲粉；我不知道刷牙之前如果不先用某牌子漱口水來漱口的話，我的牙齒上面會累積讓人退避三舍的醜陋牙垢；我不知道我的忠實可靠的老照相機是如此可笑的原始和無能，直到人家展示給我看新上市的全自動照相機，那種照相機會自動對焦距、自動選光圈、自動捲底片，而且據說會把我照得更漂亮）。

既然人家已經告訴我這一切了，或許我會希望取得人家告

訴我的產品，以便滿足人家告訴我的，我擁有而且迫不及待要求滿足的需要。一旦茅塞頓開，知道自己真的有此需要，再不做點什麼，似乎不大對勁。既然知道了，如果繼續置之不理，就不能再用無知做為藉口了。從此以後，如果不採取行動，就證明我粗心大意、缺乏愛心、豬腦袋或愚蠢；不管是什麼，多多少少都貶低了我的價值，剝奪了我贏得他人尊敬和自尊的權利。我會覺得自己不關心或沒有照顧好我的家人或我心愛的人，或我自己受之於父母不敢毀傷的身體膚髮；我會覺得自己疏忽職守或未盡到自己的責任。我會有罪惡感，或羞愧感，或覺得對不起自己。突然之間，我過去擁有的東西和所做的事情，以及我過去做事的方法，似乎不再令我滿意；最肯定的一點是，不再值得吹噓和驕傲。為了恢復我的自尊和別人對我的尊敬，我真的必須取得那件製作精巧、功能強大的東西，好讓我能夠正確地做事情，並賦予我做那些事情的權力。

取得的意思，通常是指購買。那些美妙、精巧、功能強大的東西，大多數是**商品**（commodities）；換言之，它們是行銷的產品，為了銷售而製造，用金錢來購買的東西。有人想要出售商品給我，以換取金錢，以賺取利潤。但是要達到這個目的，他首先必須說服我，為了擁有他提供的商品而向我的錢說拜拜，是值得做的事情；使我相信該商品確實有**使用價值**（use value），而此價值合理化了它的**交換價值**（exchange value），亦即我將為之付出的價格（也就是我們常聽到的，東西「物有所值」）。希望出售產品（使產品變成可銷售的商品）的人，必須在已經過度擁擠的市場中，擠出一塊空間來容納他們的產品。他們必須讓舊產品顯得過時、落伍、低劣（電腦文書處理

器一出，誰還敢用打字機？）。清場之後，下一步是進行說服工作：他們必須激起我使用該產品的慾望，使我願意爲了擁有該產品而犧牲自己（更努力工作，以便賺錢、存錢和花錢）。最明顯的說服方式是**廣告**（例如電視廣告）。廣告必須達到兩個效果：首先，它必須指出，我對自己的需要認識不足，滿足需要的技術不夠，而我的判斷力很差，不足以判斷自己眞正需要和眞正該做的事情；其次，它必須指出，有很可靠的辦法來彌補我的無知或蹩腳的判斷力，那就是聽更有知識的人說的話。在大部分廣告中，按老法子辦事的人，常常被嘲笑爲老古董或白癡，並且拿來跟值得信賴的權威做對比，後者證明前者的無知，同時爲前者指點迷津。權威通常以科學家，或汽車科技、銀行或保險業的高級專家的形象出現；或是化身爲慈祥和藹、諄諄善誘的長者；或是充滿愛心、經驗豐富的母親；或是知識淵博，在該產品的應用領域是大師一級的人物；或僅僅是家喻戶曉的名人，人們一邊帶著敬畏之心觀看這位名人，一邊心知肚明，成千上萬和自己一樣的人正在同時觀看他。最後一個例子說明了數目本身即可能是權威的化身（畢竟，我們相信「那麼多人不可能同時犯錯」，「人可以欺騙一時和一些人，但不可能欺騙一世和所有人」）；有些廣告乾脆告訴我們，大多數人使用它，越來越多人改用它，大多數貓喜歡它。

　　單支平面廣告或電視廣告，目的只是鼓勵、催促我們購買某一個特定產品而已。但綜合起來，它們提高了我們對商品，對可以找到商品的市場（百貨公司、購物商場），對擁有商品的興趣。若非這種興趣已深植人心，若非逛街已成爲日常生活的一部份，光靠一個廣告，很難改變我們的行爲。換句話說，

203

廣告商的「說服工作」，是迎合已經建立的「**消費者心態**」（consumer attitude），繼而強化它。

擁有消費者心態和展現這種心態，指的是什麼意思呢？首先，它是指把生活看成一系列問題，每一個問題可以具體說明，或多或少清楚界定，單挑出來個別處理。其次，它是指相信這類問題的處理和解決，是你自己的責任，你不可能忽略這個責任，而不產生罪惡感或羞愧感。第三，它是指確信每一個已知的問題，或未來可能出現的問題，都有一個答案，一個由專家，由擁有卓越知識的人準備好的特殊物件或訣竅，而你的工作是找到它。第四，它是指認定該物件或訣竅基本上可以取得，可以用錢來交換，而逛街是取得它的方法。第五，它是指將學習生活藝術的工作，轉化成如何取得尋找這類物件或訣竅的技術，以及一旦找到，如何取得擁有它們的權力，換言之，轉化成購物技術和購買力（它是一種能夠找到最好的洗衣粉和最好的洗衣機的鬼計多端，以及買得起它們的能力，以導致「洗衣問題的解決」，而不是你祖母引以為榮的巧手和勤儉持家的態度）。

一點一滴的，一個問題接一個問題的，消費者心態把整個人生指向市場，把一切慾望和一切努力，導向尋找一個可以用錢買到的工具或專家。它化解了如何控制更廣大生活環境的問題（大多數人一輩子也做不到），化為個人能力所及的——至少原則上如此——無數小小採購行動。它把議題**私人化**（privatizes）了，使之不再被視為**公共**（public）議題；它把任務**個人化**（individualizes）了，使之不再被視為**社會**（social）任務。現在改善我本人和我的生活，教養和提昇我自己，克服

我的缺點和我生活方式中的其他惱人缺陷，都成了我自己的責任（而且，如同我被鼓勵去希望的，也是我能承擔的任務）。於是，不可忍受的交通噪音，轉化為安裝雙層玻璃窗的慾望。污染的都市空氣，用買眼藥水來解決。操勞過度的妻子和母親，用一包止痛藥和速效頭痛丸來安頓抑鬱的心情。受不了大眾交通工具的浪費時間，就買一部車子來對付，因而強化了噪音、空氣污染和精神緊張的痛苦效應，以及大眾交通工具的進一步崩垮……。

　　的確，消費者心態使我的生活變成我的**個人**（individual）事務，消費活動則使我成為一個個體（人幾乎永遠集體創造和集體製造，但他們消費的大部分東西是單獨消費，為了滿足個人慾望）。到最後，我似乎是由我買的及擁有的許多東西構成的：告訴我你買了什麼，在哪家店買的，我就告訴你你是誰。彷彿藉由精挑細選我採購的東西，我可以把自己變成任何一位我希望變成的人，或我相信值得變成的人。恰似處理我的問題是我自己的責任和義務，塑造我的個人「**身分**」（identity）、我的自我肯定，使我成為一個實實在在的人，同樣是我自己的任務，而且是我一人，責無旁貸的任務；這個任務永遠見證了我的決心、勤勞和毅力，而我必須對它的任何後果負一切責任。

　　市場上應有盡有各種可供我塑造自己的模型，今天有今天的流行款式，明天和後天還會有更多款式源源不斷而來。模型附帶了全套可供組裝的零件，和一步一步教你如何組裝的說明書：如假包換的DIY「身分製造工具」。即使廣告商展示給我們看的只是單一、特定的產品，顯然只是解決單一、特定的需要，但一般而言，產品廣告都喜歡以一個描繪清晰的生活風格

為背景，以示（建議）該產品天生屬於那種生活風格。只要比較一下啤酒廣告與賣高級香水，或小汽車，或名貴轎車，或貓食，或狗食的廣告，看看裡面人的衣服、語言和消遣活動，甚至體型，你肯定會發現，每一種產品都附帶了一個「地址」（address）。廣告的賣點，不單是產品本身的直接使用價值，而且是它的象徵意義，象徵它是一種特殊生活風格的基本建築材料，是那種生活風格不可或缺的構成要素。

　　模型受歡迎的程度，會隨時間而改變：一會兒「**時髦**」（fashion），一會兒又落伍。為了讓生產與消費的輪子不停運轉下去，永遠不可讓購物熱退燒。假如我們不捨得丟掉產品，只要產品還能發揮表面用途，就一直用下去，則市場活動很快就會嘎然而止。流行現象阻止這種情形發生。東西被扔掉或被取代，並不是因為它們沒用了，而是因為它們褪流行了；亦即，它們的外表很容易讓人認出是**昨天**的消費者選擇和購買的貨品，因此它們一出現，就會令人懷疑它們的主人目前是否具有成熟、可敬的「今天」消費者的身分。為了保持今天消費者的身分，你必須一直不停地跟進市場不斷推出的新產品。取得那種身分，即表示再確認你的社會地位，不過也只能維持到其他消費者紛紛跟進為止，屆時當初使你卓越不凡的時髦東西，搖身一變淪為「平凡」或「俗氣」的化身，隨時準備退出流行，被其他東西迫不及待的取而代之。

　　模型受歡迎的程度，也會隨著社會圈子，以及每個圈子賦予時尚追求者的不同尊敬程度而改變。所以說，模型對不同的人有**不同**的吸引力。透過選擇某一個模型，購全它的一切必要裝備，並且努力身體力行，我可以把自己變成某一個群體的成

員，該群體贊同那個模型，奉之爲註冊商標，視之爲成員身分的明顯符號。把我自己變成該群體的成員，所需無多，無非是戴上那個符號罷了，譬如穿群體特定的服裝，買群體特定的唱片，聽群體特定的音樂，欣賞和討論群體特定的電視節目和電影，在房間牆上懸掛群體特定的裝飾品，用群體特定的方式在群體特定的地方消磨一晚上等等。我可以靠購買和展示部落特定的飾物，而「加入部落」（join the tribe）。

這表示我爲了尋找自己的身分而加入的「部落」，跟探險家在偏遠地區發現的部落大不相同（事實上，跟任何一個由定義清晰的成員身分所構成的群體都不一樣，後者謹慎挑選或驅逐成員，控制成員的行爲，使之符合群體的標準，並施壓成員，使之服從一致性）。靠購買符號而加入的「部落」，和眞正的部落有一個很表面的相似處，即兩者均區別自己與其他群體，並且小題大作的強調自己的特殊身分，以免造成混淆；兩者皆把自己的身分讓渡給成員——用代表來界定身分。但兩者的共同點到此爲止，接下來是一個決定性的差異：靠購買符號而加入的「部落」（爲了避免誤會，以下稱之爲「**新部落**」〔neo-tribes〕），一點兒也不關心誰宣稱自己是其成員。它們沒有長老或董事會或招生委員會之類的組織，來決定誰有權加入、誰必須擋駕。他們不雇守門人，也沒有邊防守衛。它們沒有權力機構，沒有最高法院來判決成員的行爲是否正確。簡言之，它們不控制成員，也不去監督成員服從的程度。因此，對新部落而言，誰愛加入就加入，誰愛退出就退出。你可以自由自在地從一個新部落逛到另一個（亦即，戴上和摘掉部落的辨識符號），你需要做的，只不過是改變你的服裝，重新裝潢你的

公寓，去別的地方消磨時間而已。新部落的大門永遠敞開（如果有門的話）。

　　或只是表面如此。如果新部落本身無意看守門戶，自有其他人代它做了：**市場**（the market）。新部落基本上是一種**生活風格**（life styles），而生活風格，如我們已經看到的，幾乎完全等於**「消費形式」**（styles of consumption）。通往消費——任何形式的任何消費——之路，穿過市場，透過購買商品的行動。世上很少東西可以不先買來就消費，免費的消費品，即不是以商品形式取得的東西，在大多數情形下，不被當做可辨認的生活風格的建築材料。如果有一些免費消費品對某種生活風格有所貢獻的話，則那種生活風格通常被人看扁，毫無光彩和榮耀可言，遭鄙夷，被認為毫無吸引力，甚至連實踐那種生活風格的人都被人看不起（與那些因缺乏手段而選擇自由受限制的人同病相憐，他們不能挑精揀肥，注定只能消費免費的東西，因此表現得不像消費者應有的樣子，而被排斥在市場門外：也就是處境被形容為「**貧窮**」（poverty）的人。在消費者社會，貧窮的意思是消費選擇有限或全無）。

　　爭奇鬥豔且花樣越來越多的新部落，各自標榜不同的生活風格，在我們眼前晃來晃去，明顯的唾手可得，對我們的生活造成強烈而矛盾的影響。一方面，我們感覺一切限制解除，徹底自由。現在我們可以隨心所欲的從一種人格素質換到另一種，自由選擇我們喜歡做的人，自由造就自己。彷彿沒有力量阻擋得了我們，沒有夢想不恰當、不符合「我們的身分」。這種感覺，理所當然的，很像是解放（liberation）：一種不被任何東西綁住，任何事情原則上都可能或至少可以夢想，任何情況皆

非最後和不可逆轉的令人振奮的經驗。然而，既然我們的每一項成就，不論永久或暫時，似乎完全是我們自己的選擇，是我們過去行使自由造成的結果，那麼不管結果如何，我們只能責怪自己一人（或讚美自己，依我們對自己滿意的程度而定）。我們全部是「白手起家者」，而且我們一再被提醒，沒有任何理由不把我們的野心放得更高更遠。每一種生活風格，無論出於多遙遠的新部落，都是一個挑戰。如果我們發現它很誘人，如果它比我們的生活風格更炫耀、更有樂趣或更值得尊敬，我們便感到多少有點**自慚形穢**。我們為它著迷，被它吸引，拼命想加入。我們目前的生活風格頓失大部分魅力，不再像過去一樣帶給我們滿足。於是我們永遠不能停止努力。無論何時，我們都不能說，「我抵達了，我做到了，現在我可以休息、放緩腳步了。」每當我剛剛準備慶祝長期奮鬥的成果時，新的誘惑又從地平線升起，慶祝的心情立刻變得索然無味。我的自由（亦即，消費者的選擇自由，透過採納或拒絕不同的消費風格，把自己變成另一種人的自由）的一個後果是，（我似乎被詛咒永遠陷入不饜足的狀態。）一個又一個新的誘惑向我們招手，明顯的伸手可及，一次又一次奪走任何成就的樂趣。當天上的星星都可以摘的時候，地上還有什麼目的地足以讓人流連忘返。公開炫耀的生活風格，不僅琳瑯滿目、種類繁多，而且往往代表不同的價值，賜與實行者不同的榮耀。人人力爭上游，但文化教養有高下之別，有高雅，有普通，有低俗。當我們忙了半天還是達不到最高級的地步時，從此之後，我們相信自己矮人一截的社會地位，是不夠努力自我教化的自然結果。

　　但故事還沒結束呢。為什麼其他人的生活風格，甚至連最

高級的生活風格，都是如此令人垂涎的近在眼前，似乎一蹴可及，原因是他們並不是偷偷摸摸躲起來過日子的。相反的，他們公開招搖，開門迎客；沒錯，新部落不是住在有城牆、護城河和砲塔保護的城堡裡面，所以過往路人，只要有決心，都可以登堂入室。但是，如我們稍早之前看到的，入口並非真的如表面顯示的那樣自由；這種性質的不自由，其惡毒可恨之處，在於真正的守門人是隱形的。真正的守門人──市場力量──不穿制服，而且否認自己必須對闖關者的最後成敗負任何責任（它不像國家，國家不得不公佈有關人民需求及滿足人民需求的規定，因此很容易遭到公眾抗議，成為集體改革要求的箭靶）。闖關失敗的倒楣路人，必然相信錯在自己，毫無疑問的。他們冒了對自己，對自己的性格、智慧、才華、雄心壯志失去信心的風險。我一定有什麼毛病，或許該去找專家幫忙，找精神分析師來矯正我的人格缺陷，他們如此結論。專家則證實他們心中的懷疑：是的，外在環境沒有問題，問題出於某些內在缺陷，隱藏在失敗者的破碎自我當中，阻礙了他們傾全力把握機會，而那些機會毫無疑問始終存在。專家幫忙把挫折感再投射到挫敗者的身上。由挫折感而產生憤怒，但憤怒不會溢出去，不會遷怒於外在世界。橫阻在理想國入口的隱形守門人，會繼續隱形下去，比過去更堅定不移。它們如此引人入勝描繪的夢幻世界，光環絲毫未減。它們的吸引力和誘惑力仍在，值得你下功夫追求，只不過你為了種種原因，不能強迫自己下那種功夫罷了。於是失敗者繼而被否決了自我安慰的權利，不能掉頭去詆毀自己苦追而不得的生活風格的價值（俗話說的「酸葡萄」心理：我吃不到，但它們根本不值得吃，所以反正我沒

什麼損失。這種心理相當普遍，當人們達不到一個被宣傳為傑出和特別令人滿足的目標時，往往對目標本身產生厭惡感，或仇恨唾棄的心理，但這種心理很容易轉嫁到那些吹噓自己已達到目標者的身上）。

無論這套解釋聽起來如何合情合理，實則達不到夢寐以求的生活風格，通常不是嘗試者的過失。為了促銷成功，即使最奢華的生活風格，也必須展現出人人可得的樣子：它們裝出的平易近人，正是它們的誘惑力的必要條件。它們激起購物慾和消費興趣，因為潛在購買者相信自己追求的模型，不但可敬畏、**可仰慕**，而且**可取得**；不僅是值得尊敬的願望，而且是務實行動的正當目標。這種展示手法（市場不可貿然放棄的手法），暗示了消費者人人**平等**（equality），因為消費者是自由選擇者，自己決定自己的社會地位。既然假定人人平等，那麼不能取得他人享有的貨品，自然是唐突無禮和令人不快的。

但事實上，失敗乃不可避免。另類生活風格是否真正唾手可得，取決於潛在實行者的負擔能力；講白了，由他們花得起多少錢來決定。一個赤裸裸的現實是，有些人就是比別人有錢，因此有更多實際可行的選擇自由。尤其是，最有錢（錢是市場的真正入場券，進入市場提供的珍奇世界的真正護照）的人，才負擔得起最受讚美、最令人垂涎，因而最尊貴和最受景仰的生活風格。事實上，剛才這個句子是一句重複語（tautology）——假裝**解釋**事情，其實只是反覆**界定**的一種陳述方式：只有少數特別有錢的人才過得起的生活風格，當然是最高貴、最值得豔羨的生活風格。物以稀為貴嘛，它們實際上的可望而不可及，正是它們顯得如此神奇的原因。所以一旦取

210

社會學動動腦
*Thinking Sociologically*
— 242 —

龐.結.名牌

得，就驕傲地展示出來，做為高貴卓越的社會地位的顯著標
記。它們是「最棒的人」的符號；它們是「最棒的生活風格」，
因為它們是「最棒的人」所奉行的生活風格。商品和商品使用
者（炫耀是主要用途，也許是**最**主要的用途）所享受的崇高地
位，恰恰來自雙方的「結合」。

211　　所有商品都貼有價格標籤。標籤挑選潛在顧客群。它們不
直接決定消費者的最後採購決策，這個決策仍然是自由的。但
是它們在現實與可能之間，畫下了一條界線，一條特定消費者
不能逾越的界線。在市場提倡和宣傳的表面機會平等的背後，隱
藏了消費者的實質「**不平等**」（inequality）──亦即，實際選
擇自由的天壤之別。這種不平等，使人感覺既是一種壓迫，又
是一種刺激。它製造被剝奪的痛苦經驗，以及我們先前討論過
的自尊心受損的種種病態後果。它也激起了拼命增加個人消費
能力的狂熱，繼而鞏固對市場商品持久不衰的需求。

因此，市場儘管宣揚人人平等，卻在消費者社會製造和恢
復了不平等。這種典型的由市場引起或市場助長的不平等，透
過價格機制，而生生不息、不斷繁殖。市場推銷的生活風格，
之所以賜與令人羨慕的殊榮，因為它們的價格使阮囊羞澀的消
費者可望而不可及；賜與榮耀的功能，增加了它們的吸引力，
進而支持它們的昂貴價格。最後，真相大白，縱有再多的消費
者選擇自由，也不敵市場銷售的生活風格並非平均或任意分配
的事實；生活風格往往集中在社會的特定部分，因此能夠成為
社會地位的象徵。我們可以說，生活風格很容易變成階級特
徵。雖然它們是由完全可以在商店買到的東西組成的，但這不
表示它們是促進平等的工具，反而是使實質不平等愈來愈不可忍

受的因素。對較貧窮和被剝奪的人來講，實質上的不平等，比過去把能否擁有它們公然歸因於已經佔有，往往繼承而來和不可改變的社會階層，更不能忍受，也更難以接受。

市場促成和支持的消費者不平等，眞正衝擊到的，是**先天性**的（ascribed）不平等。市場靠所得與財富不均而繁榮，但它不承認社會階層。它貶低一切不平等工具的價值，而獨尊價格。貨品必須供給所有付得起價錢的人。生活風格——**一切**生活風格——應該開放給每一個人，任人搶奪。購買力是市場唯一承認的資格。由於這個原因，在市場主導的消費者社會，抗拒其他一切先天不平等的情緒高漲，達到史無前例的地步。凡是拒絕接受特定種族或族群爲會員的俱樂部，或只因爲「膚色不對」就禁止某些顧客入內的餐館或旅館，或基於同樣理由而不肯出售房屋的地產商，均遭到猛烈的攻擊。市場支持的社會分化標準，以壓倒性的力量，似乎宣告其他一切社會分化標準無效：天下沒有一樣東西是錢買不到的。

市場導向的匱乏，經常與根源於種族或族群的匱乏互相重疊。被「先天的」限制拘束在低層社會的群體，通常也從事低收入的工作，因此負擔不起注定屬於「上等人」的生活風格。在這種情形下，匱乏的先天性質遂被隱藏住了。顯而易見的不平等，被解釋成貧困種族或族群的成員不夠能幹、不夠勤奮或不夠聰明所致；要不是他們的天生缺陷，他們大可以和任何人一樣成功。只要他們願意，而且付諸行動，他們大可以變成他們羨慕和希望模仿的人。

但是，當原屬貧困階層的成員在市場上獲得成功，卻仍然發現通往「更好生活風格」的大門對他們緊閉時，這套解釋就

212

不能自圓其說了。財務上，他們付得起俱樂部的昂貴會費，或旅館的昂貴住宿費，但他們仍舊被禁止入內。於是暴露出他們之被剝奪，本質上是先天的；他們發現市場的允諾是假的，錢買不到一切，所以人在社會上的地位，人的幸福與尊嚴，不完全取決於努力賺錢和花錢，而是還有別的因素。這個發現，粉碎了他們對於自由市場可以保障人類自由的信心。據我們所知，每個人購買門票的能力容或不同，但只要買得起，沒有人可以拒絕賣票給他。在市場社會，先天的機會不平等是無法辯護的，所以也不可忍受。這便是爲什麼反對除了「購買力」以外任何理由的歧視的反歧視運動，其領導人都是被歧視種族、族群、教派、語言社群中境況較佳、較成功的成員（在某個程度上，女權運動者的抗爭力量，亦來自歧視婦女不符合消費者社會的「精神」，或至少不符合其原先的允諾）。一個「白手起家者」的時代，一個生活風格「部落」擴散的時代，一個透過不同消費風格而分化的時代，也是一個抗拒種族、族群、宗教與性別歧視的時代，一個決心爲**人權**（human rights）而奮鬥的時代——亦即，撤除一切限制，除了原則上（根據我們這種社會的信仰）可以靠個人努力來克服的限制。

# 社會學方法與手段

12

*Thinking Sociologically*

社會學動動腦

214　　　　一章接一章，我們並肩走完我們共同的日常經驗世界之旅。在我們邀請下，社會學以導遊身分，陪同我們走畢全程；如果說，旅程中的點點滴滴代表我們平日關切的事情和問題，則社會學一路擔任講評，為我們評論我們的所見所聞和所作所為。如同參加任何一個旅遊團，我們希望導遊能保證我們不錯過任何重要景點，並隨時提醒我們注意一些除非有人指點，我們多半會視而不見的事情。有些事情我們只有膚淺認識，我們也期待導遊為我們解說，跟我們講一些關於它們的故事，我們過去沒聽過的故事。我們希望，旅行結束後，我們的見聞和對事情的理解，會比出發前增長許多，當我們回到日常生活時，我們應該更有把握應付我們面對的問題。我們不見得能更成功地解決問題，但至少我們知道問題出在哪裡和用什麼方法去解決，如果有可能解決的話。

　　　　我想，旅途中同我們越混越熟的社會學，可說相當稱職地完成了我們要求它擔任的工作；但如果我們期待過高，希望它除了提供「**評論**」（commentary），對我們的日常經驗做出一系列詮釋性註腳之外，還能做點別的，那我們難免要失望了。社會學所能提供的，不過評論爾爾。社會學是把我們擁有的、運用在日常生活上的知識，加以提煉後的產品——這個說法，是鑑於它把一些肉眼無法辨別的細微差異和一些轉彎抹角的相關性暴露出來。社會學在我們的「世界地圖」上，填上更多細節；它也把地圖擴大了，伸展到我們日常經驗範圍之外，使我

215們能夠看到我們居住的領土，如何嵌入我們尚無機會探險的世界。接觸社會學之前和聽完社會學評論之後，我們認知上的差異，並不是對與錯之別（雖然我們得承認，有時候社會學剛好

糾正了我們對一些事情的看法）；其實，真正的差別在於，之前我們相信我們的經驗可以用一種方法來描述和解釋，而且天下只有這一種方法，現在我們知道還有很多可能的——和可信的——詮釋。不妨這麼說吧，社會學並不是我們尋找理解的終點，反而是催促我們繼續追尋下去的誘因，以及阻止我們沈溺於自我滿足，不許我們的好奇心枯萎，不讓搜索工作嘎然而止的障礙。有人說，社會學所能提供的最佳服務，是「刺激遲鈍的想像力」，辦法是從意想不到的角度，展現顯然熟悉的事物，並因此打破一切慣性思考和自信。

不過，一般對社會學這一門「社會科學」（亦即，做為一個知識體，自稱比觀點和意見高明，咸信掌握可靠、可信和正確的關於事實**真相**的資訊），所能夠且應該提供的服務，有兩種截然不同的期待。

第一種期待是把社會學和其他類別的專門知識，也就是那些應允告訴我們問題在哪裡、該怎麼辦、如何排除的知識，放在同等地位來看。把社會學看成一種DIY說明書，或教導生活藝術的教科書：如何取得我們想要的東西，如何跳過或繞過任何擋在路上，妨礙我們前進的石頭。這種期待，說穿了是希望一旦我們明白自己處境中的各種成分如何互相依賴，便能夠自由地控制那個處境，使之服從我們的目的，或至少強迫它更好地為我們的目的而服務。畢竟，這不就是「**科學知識**」（scientific knowledge）存在的目的嗎？我們之所以如此崇拜科學知識，是因為我們相信科學知識所提供的智慧，使我們可以**預測**事情的走向，而這種預測事態發展的能力（故而也是預測自己行動後果的能力），使我們能夠自由和理性地**行動**，換

言之，使我們能夠穩紮穩打的只採取能保證帶來理想成果的行動。

第二種期待與第一種關係密切，兩者皆出於功利觀念，但第二種期待毫不諱言這種觀念背後所本的假設，第一種期待則不必言明。控制情境，不管用什麼方法，必然意味了誘惑、強迫，不然則影響他人（永遠是處境的一部份）的行爲，使之幫助我們取得我們想要的東西。所以控制情境，也必然意味了控制他人（畢竟，生活藝術通常被形容爲「贏得朋友和影響他人」的方法）。第二種期待把控制他人的慾望擺上檯面。它延攬社會學的服務，以期社會學對於創造秩序和驅逐混亂的大業做出貢獻，我們在第十章已看到，秩序建構工作是現代社會的顯著標記。它期待社會學家從探索人類行動的內在活力，提供務實有用的關於事情應如何安排的資訊，以便誘導別人做出合乎自己希望的行爲，抑或消除與自己設計的秩序模型不符的行爲。於是工廠廠長可能請教社會學家如何防止罷工；佔領外國領土的軍隊指揮官，可能詢問社會學家如何打敗游擊隊；警察可能委託社會學家，就如何驅散群眾和制服潛在暴動，提出切實可行的方案；貿易公司經理可能要求社會學家，建議最好的引誘潛在顧客購買該公司產品的方法；政治人物的公關助理可能想知道，如何提高他們老闆的支持度和勝選機會；政治人物本人則想知道，有什麼法子可以維持法律與秩序——亦即，使他們的屬民服從法律，最好是自願服從，但縱使不情願也不得不服從。

所有這一切，不啻是要求社會學家建議如何減少某些人的自由，以便限制他們的選擇，使他們的行爲更可預測。它們渴

望社會學家提供的知識是，如何把人們從自己行動的**主體**（subject），變成他人行動的**對象**（object）；如何切實實施一種「撞球」式的人類行動模型，在此模型中，人的一切作為完全由外在壓力所決定。人類行動越接近「撞球」式移動模式，社會學服務越有利於預期目的。即便無法阻止人們做自己行動的選擇者和決策者，至少應該操縱他們行動的外在環境，使得他們不管做什麼選擇和決策，仍然逃不出操縱者的掌心。

　　總的來說，這一類期待，不啻要求社會學合乎**科學**，根據已建立的科學模式，形塑社會學的活動與產品；科學享有如此崇高的地位，正是因為它們充分展現了實用價值——帶來有形的利益。社會學應該師法物理學或化學，提供精確、實際有用和有效的處方。物理和化學之類的科學，自創始以來，始終追求一種定義明確的知識，一種以完全控制研究對象為終極目標的知識。科學研究對象，被解釋為「自然」，自然則被否認有自己的意志與目的，所以可以無怨無悔地完全屈從於人類的意志與目的，任憑人類利用來滿足人類的需要。科學用來描述「自然」對象的語言，已仔細淨化了一切涉及目的或意義的詞彙，剩下來的是一種「客觀」（objective）的語言，這種語言只從研究對象接受的行動，而非它們產生的行動，來分析研究對象，只把它們看成默默承受外在力量衝擊的對象；科學研究對象，無一不被描述為「盲目」的，亦即，沒有任何特定目的和缺乏任何動機。經此描述的自然世界，遂被想成一個「任人搶奪」的處女地，等待著被耕耘，被轉化為精心設計、更適合人類居住的土地。科學的客觀性，表現在用一種不帶感情、純技術性的語言報導科學研究的結果，強調胸懷大志的人類，與注

定按照人類意志被形塑和鑄造的自然之間，有一條不可跨越的
鴻溝。協助「人類駕馭自然」，是科學公開宣稱的目的。

人類懷著這個目的出發探索世界。研究自然，是爲了讓人
類工匠知道如何把自然改造成他們喜歡的模樣（看看雕刻家與
大理石的關係就知道了。雕刻家希望把一塊大理石變成一座人
像。要達到這個目的，首先必須瞭解石頭的材質。切割和鑿刻
大理石，必須從一定的方向使力，才不會敲碎石頭。雕刻家爲
了把自己腦中的形象強加在石頭上——使石頭屈服於他們的設
計，必須學習辨認正確的鑿刻方向。他們尋求的知識，應能讓
那塊沒生命的石頭順從他們的意志，並允許他們按照自己想像
的和諧與美麗，改造石頭的形狀）。科學知識就是如此建構起
來的：能夠**解釋**（explain）科學研究對象，即等於取得**預測**
（predict）事情發生後果的能力；有了預測能力，便**能夠採取行**
**動**（able to act）——亦即，能夠把人類的設計烙印在一塊已被
征服和馴服的現實片斷上，使之更好地服務人類選擇的目的。
現實，最主要被看成一種抗拒人類蓄意活動的力量。科學的目
的，即在於找出如何制伏那個抗拒力的方法。征服自然，即意
味人性掙脫自然的束縛，即等於人類集體自由的擴大。

所有知識均被告誡，如果還想混下去的話，就得以科學爲
典範。不論哪一種知識，只要嚮往大眾認可，希望在學術界佔
一席之地，渴望分享公共資源，就得證明自己不輸自然科學，
能夠提供和自然科學一樣有用而實際的教誨，把世界變得更合
乎人類目的。這種必須遵從自然科學標準的壓力極大，大到幾
乎無法抗拒。社會學的開山始祖，即使從來沒想到要當社會秩
序的建築師或起草人，即使他們唯一想做的是更完整地瞭解人

218

類情況，仍不得不默認或公然接受佔支配地位的科學模型，當做「好知識」的原型和一切理解的榜樣。因此他們必須證明自己能夠設計出和自然科學一樣精確與客觀的方法，來研究人類的生活與活動，結果產生和自然科學一樣精確與客觀的知識。他們必須證明，社會學可以提昇到科學的地位，並因此獲准進入學術殿堂，同其他較年長且領導潮流的成員平起平坐。

這個需要，足以解釋一旦社會學揚眉吐氣，和其他科學並列爲學術教育與研究的科目之後，所形成的相貌。使社會學「科學化」的努力，主導了社會學論述，盤據了社會學者的腦海，佔據了這一行最尊貴的位置。爲了迎接科學化的挑戰，萌芽時期的學院派社會學可以採取三個策略。三者均被試過，後來三者匯合，確立了今天社會學的風貌。

法國學院派社會學創始人**涂爾幹**（Emile Durkheim）的學說，最能說明第一個策略。涂爾幹理所當然地認爲有一個科學模型，是所有嚮往科學地位的知識領域所共享的。**客觀性**（objectivity）是這個模型最主要的特性，意思是，把研究對象當做和研究主體截然不同的東西，研究對象是「身外」之物，可以被研究者凝視，可以用絕對中立與超然的語言來觀察和描述。所有科學方法都一樣，不同學科的差異，僅僅在於用同樣客觀的方法，調查現實的不同部分而已；世界似乎被劃分成一塊一塊的版圖，每一塊交給一個科學科目來單獨經營。研究者好像是一個模子裡倒出來似的，他們一致掌握相同的科研技術，一致從事遵守相同規範和行爲準則的活動。他們研究的現實也如出一轍，一概是靜候觀察、描述和解釋的「身外」之物。科學之所以被分成不同學科，唯一理由是調查領域的分

219

工。不同的科學分科彼此商量好如何瓜分世界，然後各自照顧自己分到的那一塊，自己的「收藏物」（collection of things）。

如果科學果真如此，那麼社會學若想在科學界找一塊地盤──變成一門科學，就必須在世界上找到一塊尚未被目前存在的科學學科據為己有的版圖。社會學應該像遠洋探險隊一樣，去發現一塊尚未被人宣稱擁有主權的新大陸，在其上建立自己獨霸一方的科學能力與權威的領域。簡言之，社會學唯有在找到一個迄今遭到忽略、尚未獲得科學青睞的「收藏物」時，才能正當化自己做為一門科學，做為一個單獨存在、主權獨立的科學學科的身分。

涂爾幹建議，社會學可以把專屬**社會的**（social）事實，亦即不屬於任何特定個人的集體現象（例如共同的信仰和行為模式），當成事物（things），用客觀、超然的方式來研究，如同研究其他事物一樣。的確，對你我等個人來說，這種現象和其他「身外」的現實差不多，不管我們願不願意承認它們，它們照樣強硬、頑固和獨立的存在，我們無法憑自己意志使它們消失。不管我們知不知道它們，它們都在那兒，就像我房間中央的桌子和椅子一樣，不管我看不看、想不想它們，它們都在房間中央。再者，如果忽略它們存在，只會自食惡果。如果我假裝它們不存在，我會遭到嚴厲的懲罰（如果我不顧地心吸引力的**自然**（natural）法則，不從門走出去，反而跨窗子出去，我會遭到報應──摔斷一條腿或手臂。如果我忽略**社會**（social）規範，例如禁止偷竊的法律和道德戒律，我也會遭到懲罰，不是被關進牢裡，就是遭同胞唾棄）。事實上，我是在吃了苦頭

之後，才知道社會規範的存在：當我違反它，因而不慎「觸動」
它對我的懲罰性制裁時。

　　所以我們可以說，儘管社會現象顯然不能脫離人類而存
在，但它們不存在於單獨個人的**體內**（inside），反而存在於所
有人的**體外**（outside）。社會現象與自然現象及不可侵犯的自然
法則一樣，構成每個人類的客觀環境的一個重要部分，構成任
何人類行動和人類生活整體的外在條件。研習社會現象，用不
著去問受社會力量支配的人的意見，問了也是白問（靠蒐集只
能走、不能飛的人的意見，豈能真正研究地心吸引力）。反正
靠問人而得來的資訊，一定是模糊、片面和誤導的：被問的人
不能告訴我們什麼，因為我們研究的現象並不是他們發明或創
造的，當他們發現時，現象早已在那兒，早就形成了，而且通
常只和他們有短暫、片面的接觸（引起他們的注意）。所以我們
必須用系統化的觀察方法，直接、客觀地「從體外」研究社會
事實，與研究其餘「身外」之物完全相同。 221

　　涂爾幹同意，社會事實與自然事實有一個重要的差異。違
反自然法則與事後損害之間，是一種自動的聯繫關係，而不是
人類設計引進的（當然也不是任何人的設計）。相反的，違反
社會規範與違規者嚐到的苦果之間，是一種「人造」的聯繫關
係。某個行為遭到懲罰，是因為社會譴責它，而不是行為本身
傷害了違規者（偷竊本身不會傷害小偷，甚至可能對他有利；
如果小偷事後吃到苦頭，那只是因為反對偷竊的社會情緒發酵
而已）。然而，這個差異並不能降低社會規範的「似物」
（thing-like）性格，也不能減損客觀研究社會規範的可行性。
相反的，它進一步證實社會規範的「似物」本質，因為社會規

範顯然是造成人類行為的規律性和非隨意性，乃至社會秩序本身的真材實料和有效原因。只有這種「似物」的社會事實，而非個人心態或情緒（心理學孜孜不倦鑽研的題材），才能真正解釋人類行為。因此希望正確描述和解釋人類行為的社會學家，大可以理直氣壯地（而且被如此規勸）繞過只有個人本人才能告訴我們的個人心理、意圖和私人意義，因而必然是無法觀察、無法透視的「人類靈魂之謎」，反而集中心力研究可以從外部觀察，而且在任何觀察者的眼中都是一模一樣的現象。

以上只是一種替社會學爭取科學地位的可能策略。另一種非常不同的策略，則與**韋伯**（Max Weber）的著作有關。韋伯斷然否認天下只有一種「成為科學」的方法，因而社會學必須忘我地模仿自然科學的做法。相反的，他建議社會學研究方法，在不失科學知識的精確度之下，應該和自然科學的做法有所不同，恰如社會學調查的人類現實，不同於自然科學研究的非人類世界一樣。

人類現實和自然現實之不同——誠然是人類現實的獨到之處，在於人類行動者賦予行動的「**意義**」（meaning）。他們有動機，他們為了達到自己替自己設定的目的而行動。目的解釋了他們的行動。基於這個理由，人類行動不同於物體在空間的移動或化學反應，前者必須被瞭解，後者只需要解釋。更精確來講，去解釋人類行動，即表示去**瞭解**（understand）它：去領悟行動者挹注於行動的意義。

人類行動是有意義的，因而需要一種特別的調查方法，這個觀點並不是韋伯的創見。實則這個觀念存在久矣，是「**詮釋學**」（hermeneutics）的理論基礎；詮釋學是一種從文學作品的

文本，或一張圖畫，或任何人類創意作品當中，「發掘意義」的理論與學科。詮釋學曾拼命爭取科學地位，結果徒勞無功。問題在於，詮釋學理論家很難證明詮釋學研究方法與結果，可以做到科學研究方法與結果所聲稱的客觀程度；亦即，他們無法把詮釋學調查方法編成定律，精確到任何研究員只要依循那套定律，必然得出相同結論的地步。這個科學理想，似乎是詮釋學永遠達不到的境界。為了瞭解文本的意義，詮釋者似乎必須「站在作者的立場」，用作者的眼睛讀文本，用作者的腦子想事情；簡言之，試圖變成作者，像作者一樣去思考、推理和感覺（這種把自己「轉移」到作者的生命與精神之中，去重新體驗和複製作者經驗的做法，叫做「**移情**」〔empathy〕）。要做到這一點，需要跟作者真正氣味相投，並且發揮強大的想像力；研究結果如何，完全看個別詮釋者的**獨特**才華，而不是依賴一致的方法，**任何人**都可以應用之和獲致同樣的成功。因此整個詮釋過程，屬於藝術的成分大於科學。如果不同的詮釋者提出迥然不同的詮釋，你可以選擇其中之一，因為它比別的詮釋更豐富、更觀察敏銳、更深刻、更賞心悅目，或在某方面更令你滿意；但你不能因這些理由而說你喜歡的詮釋是**對**的，你不喜歡的詮釋是**錯**的。任何主張，如果不能斬釘截鐵地證明對或錯，就不屬於科學。

但是，韋伯堅持，做為一門調查人類行為，旨在瞭解行動意義（亦即，和詮釋學一樣，努力領悟行動意義）的學問，社會學仍然可以達到符合科學知識水準的「**客觀性**」（objectivity）。換句話說，他堅持社會學能夠，也應該成為一門關於主觀人類現實的客觀知識。

　　有一點可以確定，並不是所有的人類行動都可以如此詮釋，因為我們有很多活動是傳統或感性的──受到習慣或情緒的引導。傳統或感性行動是**不假思索的**（unreflective）：當我出於憤怒或依循慣例而行動時，我並沒有計算我的行動，也沒有追求特定的目的，我沒有設計或監督我的行動，視之為達到特定目的之手段。傳統或感性行動是被我的大腦控制不了的因素所決定的──很像是自然現象；而且和自然現象一樣，最好的理解方式是找出它們的原因。需要瞭解意義，而不是用因果關係來解釋的行動，是**理性**（rational）行動，亦即**思考後**的（reflective）行動，**計算過**（calculated）的行動，有意識地構思和控制的行動，並追求一個有意識地考慮過的目的（「為了某某目的」的行動）。傳統無奇不有，感情純屬個人且因人而異，但人人用相同的**理性**來衡量自己選擇的手段是否會達到目的。所以我不必去猜行動者的腦袋在轉什麼念頭，不必去「想他們的想法」（換言之，不需要移情），便可以從我觀察的行動中擠出意義，只消找出一個跟行動配合且言之成理的動機，便能夠使那個行動對我及任何觀察者都有意義。如果我剛好是一位個性溫和的人，從來沒有強烈的情緒，我可能不懂你為什麼會在盛怒中揮拳打你的同學。但如果我看到你「挑燈夜戰」，三更半夜還在寫論文，我可以輕易瞭解我看到的現象（任何人都可以），因為我知道寫論文是一個絕佳的、千錘百鍊的求知手段。

224　　簡單來講，韋伯似乎假定，一個理性心靈可以在另一個理性心靈上看到自己的影子；只要被研究的行動是理性的（計算過，追求一個目的），便能夠被理性地瞭解，便能夠用假設一個

意義，而非一個原因來解釋。所以社會學知識未必不如科學。相反的，它有一個明顯強過科學的地方，那就是它不但能描述，還能夠**瞭解**它的研究對象——人類。科學描述的世界，無論探究得多透徹，永遠沒有意義（你可以知道關於樹的一切，但你不能「瞭解」樹）。社會學比科學更進步，因爲它發現了它研究的現實的**意義**。

第三個旨在提昇社會研究到科學地位的策略，則證明社會學和科學一樣，有直接和有效的「**實用**」（practical）價值。美國的社會學先驅特別熱中於這個策略，我們知道，美國是一個以務實心態聞名的國家，美國人把實際成功當做最高價值標準，而且也是最後眞理。美國社會學家一起步，就選擇了一條和他們的歐洲同儕不同的道路，他們沒有空去理論化社會學研究的本質，也不浪費精力糾纏於社會學實務的哲學辯證。相反的，他們一頭栽進證明社會學知識的用途，可以和歷史悠久而成果輝煌的科學知識完全一樣：社會學可以用來預測未來和「操縱」現實，可以用來改變現實，使現實更合乎我們的需要和意圖，無論我們的需要和意圖是什麼，無論我們如何界定和選擇它們。

第三種策略專注於發展**社會診斷**（social diagnosis）方法（以調查方式詳細顯示某些社會生活領域的確切狀態），以及人類行爲的普遍理論（亦即人類行爲的決定因素，希望從關於這類因素的詳盡知識中，找到使人類行爲更可預測和更可操縱的辦法）。打從一開始，社會學就佔了實用上的優越條件。優越條件來自公認亟待解決的社會問題，例如犯罪率、青少年犯罪、酗酒和娼妓問題的日趨嚴重，以及家庭關係的日趨薄弱等

等。社會學用協助社會流程管理的允諾，做為爭取社會認同的
籌碼，就像地質學和物理學協助蓋摩天大樓的建築商一樣。換
225 言之，社會學主動獻身，替社會秩序的建構與維護效勞。它替
社會行政管理者分憂，替那些以管理他人行為為己任者代勞。
社會學應允的實用價值，向管理活動領域層出不窮的新問題招
手，也一再被採納。社會學家的服務，被用來化解工廠和礦場
的對立並防止衝突，被用來協助年輕軍人適應厭倦戰爭的部
隊，被用來促銷新商品，被用來感化犯人，被用來增加社會福
利措施的效益。

　　這個策略，最接近培根（Francis Bacon）所說的，「用順
應自然來征服自然」（to subdue nature by submission）的原
則；它混合真理與實用，混合資訊與控制，混合知識與權力。
它接受掌權者的挑戰，用社會學可以帶給社會秩序管理的實際
利益，用社會學可以解決社會秩序管理者所看到和表達的「問
題」，來證明社會學知識的有效性。基於這個理由，追求這種
策略的社會學，必須站在管理者的立場，「居高臨下」地看社
會，把社會看成操縱的對象，看成一種抗拒物，必須更好地瞭
解它的內在素質，才能使它更柔順、更容易任人擺佈。

　　社會學與管理利益的結合，也許使社會學深受國家、產業
或軍隊行政當局的喜愛，但也讓社會學飽受另一些人的抨擊，
批評者把來自上層的權力控制，看成對他們珍惜的價值的重大
威脅，尤其是對個人自由和社區自治的威脅。批評者指出，追
求上述策略，不啻是西瓜偎大邊的做法，並且是積極支持現存
的社會權力不均。他們堅持，社會學貢獻的知識和實用妙方，
並非一視同仁的可供任何人使用，所以不能看成中立和不偏不

倚。從管理者的觀點演繹出來的知識，並不是人人可用，畢竟
這種知識的應用需要資源，而資源控制在管理者的手中，只有
管理者才能調度。所以社會學加強了已經居控制地位者的控制
能力，增加了已經佔上風者的勝算。以致不平等和社會不公的
根源，愈發如虎添翼。

　　因此社會學引起爭議。社會學工作承受了來自不同方向，
彼此水火不容的壓力。凡是一方要求社會學做的事情，另一方
必認為可惡之至，並決心抗爭到底。但爭議的產生，不完全是
社會學的錯。社會學只是受害人，不幸捲入一個真正的社會衝
突，一個撕裂廣大社會的內在矛盾，一個根本非社會學所能解
決的矛盾。

　　矛盾存在於現代社會固有的**理性化**（rationalization）特質
之中。理性一刀兩刃。一方面，它幫助個人更好地控制自己的
行動。如前所述，理性計算可以使行動與目的配合得更好，因
而增加行動的效益。一般而言，理性的人比不計畫、不計算、
不監督自己行動的人，達到目的的機會大得多。運用在個人身
上，理性可以擴大個人自由範圍。另方面，當理性分析應用在
個人行動的環境上——應用在廣大社會的組織上，則很可能限
制個人的選擇範圍，或減少可供個人用來追求目的之手段。效
果可能適得其反：限制個人自由。所以理性的可能應用方式天
生互相矛盾，註定永遠爭議不斷。

　　環繞社會學的爭議，不過是反映理性的雙面性格罷了。對
之社會學無計可施，所以爭議多半會繼續下去。掌權者會繼續
指控社會學破壞他們對人民的控制，煽動他們眼中的社會騷動
和顛覆。而捍衛自己生活方式，不願被資源充沛的掌權者掐住

226

脖子的人，看到社會學家充當他們昔日敵人的顧問或打手，會繼續不知所措或悲憤不已。雙方衝突越激烈，對社會學的指控也越惡毒。

腹背受敵的結果，導致社會學的科學地位普受懷疑。敵人處心積慮想去除社會學知識的正當性，而否認社會學的科學地位，是達到這個目的的最佳辦法。很少學術分科曾面對這樣的兩面夾攻，或許這就是社會學家對於自己是否科學家的議題如此敏感的原因，也是促使社會學家發動一波又一波攻勢，企圖說服學術界和廣大民眾，社會學知識具有真正價值，符合科學知識標準的原因所在。這個爭議至今塵埃未定。也使得人們忽略了社會學思考可能對日常生活做出的真正貢獻。

任何知識，做為一個有條不紊的願景，一個關於秩序的願景，必然包含一套對世界的詮釋。我們常誤以為知識本身反映事物的原貌；其實是我們擁有的知識，使事物存在：彷彿我們粗糙、未加工的知覺，被篩入我們的知識替它們準備好的類型、等級、種類等容器之中，然後才濃縮成事物。我們的知識越豐富，看到的事物越多——能夠分辨世界上越多不同的事物。或毋寧說，（「我擁有更多知識」與「我能區別世界上更多事物」，兩者的意思相同。）如果我學畫，那麼過去在我印象中無甚差別的「紅色」，現在會分成特定、有高度差異，且數目不斷增加的「紅色家庭」成員：現在我可以看出亞德里安紅、火紅、桃紅、印度紅、日本紅、洋紅、胭脂紅、紅寶石色、腥紅、主教紅、紫紅、朱紅、玫瑰紅、拿不勒斯紅、龐貝紅、波斯紅和越來越多的其他紅。一個未受過訓練、對繪畫一竅不通

的人，與一個學有專精的藝術家或藝評家的差別，在於前者沒有能力辨認的顏色，對後者而言，則是醒目（即「自然」）的特殊與不同。差別也可能表現在後者喪失了前者對「紅色」一視同仁，把用深淺不同的紅色畫出來的東西，看成同樣色彩的能力。

在一切領域，知識的取得，是由學習如何做出新的區別，如何使整齊劃一變成各自分離，如何使差異更具體，如何把一個大類別分成許多小類別所構成的，所以對經驗的詮釋，也變得越來越豐富、越來越詳細。我們常聽說，衡量一個人的教育水準，可以看他使用字彙的豐富程度（看他的語言中包括多少個單字）。形容一件事，可以說它「很好」，但「好在哪裡」，可以說得更具體；於是我們發現，那件被形容為「很好」的事情，可能出於不同的經驗：很好玩，或很刺激，或很親切，或很合適，或很有品味，或「中規中矩」。經驗的豐富性與字彙的豐富性似乎一起成長。

228

語言的生命不是「外來」的，不是突然活過來紀錄已發生的事情。語言從一開始就是活的。的確，我們可以說語言是一種**生活形態**（a form of life），所有語言，無論英語、中國話、葡萄牙話、工人階級的語言、「上流社會」的語言、公僕的「官腔」、黑社會的暗語、飆車族的行話，或藝評家、水手、核子物理學家、外科醫生、礦工的術語，一概是名正言順的生活形態。每一種語言結合了一幅世界地圖（或世界的一個特定部分）和一套行為規範，而這兩種秩序、兩個層次的差別化（一個在認知上，另一個在行為表現上），彼此平行和互相協調。在每一個生活形態中，世界地圖與行為規範糾纏在一起。我們

可以分開來想它們，但實際上我們無法拆散它們。東西被叫做不同的名字，反映的是我們對它們素質不同的認知——因此也反映了我們對它們用途不同和採取不同行動的認知；但是我們能夠辨別不同的素質，反映的是我們在對它們的行動上，以及對行動後果的期待上所做的差別待遇。回想一下前面談過的，瞭解即等於知道如何進行下一步。反之亦然，如果我們知道如何行動，我們已然瞭解。正是因為我們的行為表現與我們看世界的方法互相重疊，因為兩者的和諧，所以我們才會假設事物本來就不同，才會認為我們周遭世界本身分裂成不同的，可以用我們語言來區分的部分，才會認為名字天生「屬於」被命名的東西。

　　生活形態很多。每一個生活形態當然和其他生活形態不同，畢竟因為它們不同，才使它們成為分開的生活形態。但它們中間並不是隔著銅牆鐵壁，我們不應該把它們想成一個個與世隔絕、閉關自守的世界，各有一套自己的庫存內容，而裡面收藏的每一件東西，完完全全屬於它們自己，在其他世界絕對找不到。生活形態是有秩序的共享模式——但它們往往一個疊印一個。它們重疊，它們也競爭整個人生經驗的選擇領域。它們可以說是整個世界的各部分和共同庫存包含的各物件的不同選擇和排列組合。在一天之中，我進出好幾個生活形態；但不管進入哪一個生活形態，我身上總是帶著其他生活形態的片段（所以，在我工作的研究團隊中，我的行為表現「沾染了」我下班後參與的其他生活形態的區域和地方色彩；我在鄰里構成的生活形態中的活動，處處可見我隸屬和分享生命的宗教團體的痕跡——以此類推）。我一生經歷無數個生活形態，在每一個生活形

態，我和一組不同的人分享知識和行為規範；而這些人各自代表一個由他們參與的不同生活形態所構成的獨特組合。因此，沒有一個生活形態是「純淨」的，也沒有一個是靜態的，一次拍板定案即永恆不變。進入生活形態的過程，並不是死記硬背的消極學習過程，不是扭轉、鑄造、修剪我的理念和技術，使之符合我現在想要投靠的生活形態的嚴格規定。我一進入一個生活形態，那個生活形態便出現變化；我們**雙方**都改變了，我帶來的嫁妝（我隨身攜帶的其他生活形態的影子），改變了我新加入的生活形態的內涵，所以當我進入這個生活形態之後，它就不復從前的模樣了。因此生活形態時時刻刻在改變。每一個進入的動作（學習、精通和使用構成該生活形態的語言）都是一個創作行為：一次轉型。換言之，語言和共享語言的共同體一樣，是開放和動態的實體。它們只能存在於不斷改變的狀態中。

這便是為什麼瞭解的問題（以及困惑和溝通不良的威脅）總是不斷出現的原因。重新嘗試把溝通變得極其簡單，絕不至引起誤會（強制規定每一個字只有一個明確的，人人必須遵守的定義，藉此「凍結」語言蘊含的詮釋），是既無益也不可能有什麼幫助的事情，因為語言使用者各自心中有一套特殊的詮釋，不斷把不同的生活形態帶入互動之中。在互動過程中，字彙的意義經歷了微妙但穩定和不可避免的變化。它們取得新的色彩，與過去無關的東西建立新的聯繫，取代舊的意義，並經歷其他種種變化，最後無可避免改變了語言本身。我們可以說，溝通的過程──旨在達成共識、去異求同、同意詮釋的行動──阻止了任何生活形態在原地踏步。要領會生活形態的這個

230

奇妙特性，不妨想一想溪流中的漩渦；每一個漩渦看起來都有固定的形狀，因此它們似乎「一成不變」，可以維持自己的「身分」很長一段時間；然而，我們都知道，漩渦不可能留住一粒水分子超過幾秒鐘，漩渦的內容永遠處於流動狀態。萬一你覺得這不過說明了漩渦本性軟弱，為了它的安全——它的「存活」——最好阻止河水流動，則請你記住，河水停止流動的那一天，就是漩渦「死亡」的日子。如果沒有新的河水不斷流入流出（還有，別忘了，新的河水必然帶來多少有點不同的有機和無機成分），漩渦不可能「活」下去（不可能保持它的形狀，它的分開和持續存在的身分）。

我們可以說，語言或生活形態，就像漩渦或像河流本身一樣，恰恰因為有彈性，永遠流動，能不斷吸收新的物質和吐掉「用過的」物質，所以才能夠存活和保持自己的身分、自己的**「相對自主性」**（relative autonomy）。然而，這也表示生活形態（一切語言、一切知識體）一旦變成封閉、僵化和抗拒改變，就會死亡。它們活不過自己最後一次的典制化（codification），以及促成典制化企圖的精確性。換言之，一般而言語言和知識需要帶一點曖昧性，才能保持活力，才會凝聚不散，才有用處。

但是，討厭「亂七八糟」的現實，喜歡整頓秩序的掌權者，必然把曖昧看成阻撓他們目標的障礙。他們自然而然傾向凍結漩渦，傾向禁止一切不受歡迎的成分輸入他們控制的知識，傾向密封「生活形態」，好讓自己獨攬大權。尋找毫不含混的知識（「確鑿無疑」的知識，因沒有競爭者），與努力使現實秩序井然，適合自信、有效的行動，遂合而為一。若要完全掌

控形勢，就必須追求一幅清晰明確的「語言地圖」，在這張圖上，字的意義無可懷疑、永無爭議，每一個字斬釘截鐵指向一個指涉物，而此獨一無二的連結關係，約束了每一個使用這個字的人。基於這些理由，知識的曖昧性總是不斷挑起各種行動，企圖把某個知識「定於一尊」，成為義務性和不可挑戰——成為「**正統**」（orthodoxy）；企圖強迫灌輸一種信念，就是唯獨這個知識才是完美無缺和無可挑剔，或至少勝過（更可信、可靠和有用）它的競爭者；同時貶抑其他形態的知識，斥之為低劣可笑的迷信、偏見、成見或無知的表現——無論是什麼，總歸是偏離真理、應受譴責的「**異端邪說**」（heresy）。

這種雙管齊下的努力（左手抓住正統寶座，右手杜絕或消滅異端邪說），目標是控制詮釋權。掌權者旨在取得獨佔的權利，由自己一人決定選取哪一種可能的詮釋，然後把它變成人人必須服膺的**真理**（真理的定義是，有很多競爭的詮釋可能都是假的，而只有一個可能是真的；錯誤很多，真理則天下無雙；真理的概念本身已包含壟斷、排他性、無競爭的推定在內）。壟斷權力的慾望，表現在把贊成另類詮釋的人打成異議份子，表現在對多元意見的普遍不能容忍，表現在言論審查和極端情況下的言論迫害（例如中世紀時，宗教法庭把異教徒活活燒死；在史達林清黨時期，異議份子慘遭槍斃；在當代獨裁政權下，仍有無數良心犯遭到囚禁）。

本性使然，社會學特別不適合這種「關門」、「鎖國」的心態。社會學是對日常生活經驗的廣泛評論；各種詮釋交叉影響，一個詮釋從其他詮釋汲取養分，轉過頭來又滋養了其他詮釋。社會學不與人競爭，反而同其他詮釋人類經驗的論述（例

如文學、藝術和哲學）分享力量。別的不提，社會學思考至少
232 動搖了對任何詮釋是唯我獨尊和完美無缺的信仰。它使我們看
清楚經驗與生活形態的多元性，它證明每一個生活形態都是一個
獨立存在的實體，一個有自己邏輯的世界，同時揭穿了它們自
給自足的假面具。社會學思考不但不遏止，反而促進經驗的交
流。坦白說，社會學增加了曖昧性，因為它破壞了「凍結水流」
和關閉入口的企圖。凡是執意建立自己設計的秩序的掌權者，
在他眼中，社會學自然是「亂七八糟」世界的一部份；社會學
是問題，不是答案。

　　社會學對人類生活和人類共處所能提供的最大服務是，促
進共同瞭解與容忍，瞭解與容忍是人類共同自由的最重要條
件。社會學思考必然促進瞭解，由瞭解而產生容忍，容忍則使
瞭解成為可能。借用美國哲學家羅逖（Richard Rorty）的一句
話，「如果我們照顧好自由，真理和美德自己會照顧自己」。
社會學思考幫助我們照顧自由。

# 再接再厲：進一步讀物

*Thinking Sociologically*

社會學動動腦

233　　　這本書最多只能讓你稍嚐一下社會學的滋味，略知一二你能從社會學研究結果和詮釋當中學到什麼東西。此刻你可能已有相當不錯的概念，知道社會學在講些什麼，如何照亮你的生命和圍繞著你的世界。但千萬不要騙你自己，以為你已經學完所有該學的社會學知識了。到目前為止，你學到的東西，離窮盡社會學經年累月累積下來，提供給願意孜孜不倦鑽研的人的浩瀚資訊，差得太遠了。去學校圖書館，看看裡面收藏的社會學書籍吧。你會發現你沒讀過的書何其多，那些書討論的題材何其誘人，如何刺激你的求知慾。的確，社會學是一門有悠久傳統，對整個現代思想有深遠影響的學術科目，因為它討論的議題與我們平日關心的事情息息相關。它也是一門猶在成長中的學科，新的研究成果和新的觀念，不斷擴大已經傲人的成果。去一趟圖書館，可能讓你乘興而去敗興而返，看到那麼多還沒讀過的書，你可能大為洩氣，原本一探究竟的熱情涼了一半，或甚至興起乾脆放棄算了的念頭。

　　　但別洩氣，也千萬不要向放棄的念頭投降。社會學知識也許看起來博大精深，但它們多半討論你知道的及有強烈感觸的事情，而且跟你的經驗相當吻合。你會發現，唸社會學是非常享受的事情，而且肯定在你的能力範圍內。何況，所幸有一些
234　社會學書籍主要是寫給你和其他面對同樣困擾的人看的，這些書的目的是幫助你用比較不痛苦的方式，進入社會學知識的主體。下面簡短介紹其中一些——但絕非全部。此處列的只是一份選單，不是完整的清單。但是當你鑽研下去時，你會越讀越有信心，知道下一步該怎麼走；你會越來越能夠依賴自己的判斷力，知道自己想讀什麼和去哪裡找。

紀登斯（Anthony Giddens）的*Sociology*，可能是最好的入門書。在眾多介紹社會學領域的書籍當中，這本書提供了一張最全面的導覽圖，一份關於社會學著作的最新調查報告——幾乎不可能比它做得更完整了。你可能覺得很難一下子消化整本書，但沒有關係，這不是最重要的事情。把這本書當做參考來源和指南。它會告訴你社會學家有哪些著作，內容大致如何，書內提出哪一類的主張，然後你可以從中挑選你願意專攻和深入探討的領域。有這本書做指南，迷路的機會不大，因為早在你上路之前，它已經替你把行程畫好了。

雖然系統化的導論（紀登斯的書是其中佼佼者）極為有用，是任何初入門的學子不可或缺的工具，但是沒有一本導論能取代直接與學術源頭對話——直接閱讀社會學大師的著作，這些作品形塑了社會學論述，提供了社會學的主題與基本概念。你需要洞悉這些學者絞盡腦汁的作品，才能體會社會學的共同經驗並瞭解其意義；你需要「感覺」社會學理論是如何一點一滴、嘔心瀝血地堆砌起來，如何發展成今天的形狀；你需要知道這許多智者在追求什麼，是什麼東西「讓他們動起來」，他們好奇什麼，希望解決什麼問題。基於這一切理由，如果你不拜讀一下「經典作品」，或至少經典文本的樣品的話，你的社會學思想入門儀式就不能算是完成。這方面有幾部選集，已經幫你做好了萃選工作，使這件令人望之生畏的工作容易了一些。其中最完整的一部選集是Lewis A. Coser暨Bernard Rosenberg編輯的*Sociological Theory: A Book of Readings*（這本選集共出過五版，每一版挑選的作品均做了部分修改）。它根據社會學調查的重要主題來分類，使你可以很方便地看到

235

同一個主題下有哪些不同的理論觀點，如何貢獻了我們對該主題的理解，以及它們如何既互相批判又相輔相成。其他有用的「樣品書」則採取不同的組織方式，以一個精選理論、一位社會學大師爲中心，使你能夠看到整個思想方法如何貫穿範圍廣大的議題。在這類書籍中，特別值得一提的是韋伯作品選集（J. E. T. Eldridge編輯）、涂爾幹作品選集（紀登斯編輯）和馬克斯（Karl Marx）作品選集（T. Bottomore暨Rubel編輯）。至於齊美爾（Georg Simmel）的作品，則沒有類似的選集，不過你可以透過*The Conflict in Modern Culture*（K. P. Etzkorn編輯）和*On Individuality and Social Forms*（D. N. Levine編輯）這兩本書收錄的齊美爾論文，而對他的思想有很好的瞭解。

如果你想用簡單一點的方法，對社會學思想有一個概括性的認識，則Stephen Mennell的*Sociological Theory: Uses and Unities*可以滿足你的大部分需求。David Frisby暨Derek Sayer合著的*Society*，是一本特別有啓發性的小書，書中介紹各種學派的社會學觀點，清楚顯示學術觀點如何改變我們對社會現實的認知。最後，有兩本重要的著作，強有力地說明了社會學面對的兩個認知衝突，一個是社會學應該從事的工作，另一個是它被要求在人類生活中扮演的角色。其中一本是米爾斯（C. Wright Mills）的《社會學的想像》（*The Sociological Imagination*），這本書寫於三十年前，至今讀來依然清新切題。另一本是柏格（Peter Berger）的《社會學導引》（*Invitation to Sociology: A Humanistic Perspective*），清楚表達了過去十年來社會學家面對的議題、疑問和選擇。

取得可靠的社會學技術很重要，但理論造詣再深，也取代
不了僅僅觀察「行動中的社會學」（sociology in action）所能
提供給你的東西：使你能夠運用認知觀點和各種模型概念，而
更好地理解出於私人經驗或公眾討論而顯然非常熟悉的現象。
這方面的好作品能教給你的社會學技術，比最系統化的教科書
還要多，而這類作品多得不勝枚舉。取捨之間，難免流於主觀
判斷和個人偏見，下面提供的選擇當然也不例外。

　　Krishan Kumar的*Prophecy and Progress*會告訴你，人如
何思考我們生活的世界——工業世界、現代世界——及世界改
變的方向。你會發現，講述世界故事的方法何止一種，每一個
故事多少帶有一些真實性，但沒有一個代表全部真相。你也會
看到，隨著時間流逝，一度受歡迎的故事會失寵，被如今看來
更可信的故事取而代之；相反的，有些故事卻歷久彌新，儘管
世界改變了，卻一再被拿來詮釋新的經驗，因而往往替我們塑
造了新經驗的意義。仔細讀Kumar的書，你會學到很多關於知
識與現實之間，關於我們集體對世界的看法與我們集體行動改
造世界的方式之間，錯綜複雜的雙向關係。

　　Benedict Anderson的《想像的共同體》（*Imagined
Communities: Reflections on the Origin and Spread of
Nationalism*）補充了Kumar一書。它說明一些最重要的故事，
即關於民族、民族共同體、民族命運的印象，是如何炮製出
來，後來又如何影響我們的行動、我們的忠誠和敵對意識，以
致到最後，原本只是假裝反映和報導現實的印象，卻弄假成
真；印象凝固之後，變成了「冷酷的人生現實」。但是，由於
被傳述和信奉的故事有無數版本，往往互相矛盾，導致它們呈

236

現的現實也變得模糊不清；現實的曖昧性，僅僅反映了印象的互相矛盾──它們暗示的清晰度和精確性，不符合人類情況屈從於許多彼此獨立的壓力而產生的曖昧性。

陶格拉絲（Mary Douglas）的《純潔與危險》（*Purity and Danger*）會告訴你，人人為了擺脫每一個世界故事的不完整和臨時性而做的努力，以及我們不由自主將世界想像成清晰、直截了當、毫不含混，並且強迫世界符合此一印象的衝動（亦即，設法「走捷徑」，設法劃清界線和嚴防越界，設法壓制一切溢出邊界的東西──所有蘊含不止一種意義的東西）。你會從陶格拉絲這本書學到，所有這種努力皆屬枉然，曖昧性永遠揮之不去，因為生活世界是「流動」的，遠非慣於把事物看成對立、明顯不同的人類知識所願承認和所能吸收的；但你也會學到，我們不能停止努力，也永遠不會放棄，因為我們需要清晰度才能過我們的日子。

高夫曼（Erving Goffman）的《污名》（*Stigma*）與《日常生活中的自我表演》（*Presentation of Self in Everyday Life*）則告訴你，我們每個人如何適應這種無可迴避的曖昧性，如何適應事情表裡不一的可能性或隱瞞真相的必要性。這兩本書專注於我們最深刻的憂慮：吃力而永遠完成不了的自我身分建構，熱中但經常受挫的爭取旁人認同。你會發現，知道如何扮演好一個角色是一回事，說服他人你扮演得很好卻是另一回事；於是你會恍然大悟，為什麼我們經常對表象感到如此不安，而希望追究事情的核心：發掘我們周遭人物的真面目。在互動過程中，雙方皆想認清對方的真面目，但這種努力必然沒有結果，最後只能在信任的基礎上互動（值不值得信任則是另

一回事）。

Richard Sennett暨Jonathan Cobb合著的*Hidden Injuries of Class*會告訴你，在建構自我身分和爭取認同的吃力工作中，進行協商的雙方地位不平等。有些人講的或重複的故事，享有高度的影響力——具有權威性；有些人則只能從這類權威性故事的角度來看自己和衡量自己的份量；他們自己的故事，就算編出來了，也沒有機會博人青睞。只要他們繼續處於下級地位一天，就會繼續憎恨和遷怒於那些凸顯他們低人一等的權威性故事一天；但他們別無選擇，只能繼續假裝那些故事是真的。書名中的「隱藏傷害」，是指受傷的自尊。必須追求自己並不尊敬的價值，是階級相關的或其他任何不平等最傷人、最令人痛苦的屈辱，雖然這種痛苦表面上看不出來。

Dick Hebdidge的*Hiding in the Light*會告訴你很多關於生活在既曖昧且不平等的條件下的種種問題。讀了這本書，你會明白這種生活的困難所在，但也會學到世世代代的年輕人如何反擊回去。最後你會對顯然稀奇古怪，令人困惑的現象，譬如「青少年文化」，有更好的理解，因為你會透視驚世駭俗的外表下，隱藏著化屈辱為驕傲、反抗壓迫，在依賴大海中切出一座自由島嶼的需要，以及「我有話要說」的「嗆聲」需要。Hebdidge的研究，幫助你更清楚看到依賴與自由之間、限制與自主之間的複雜辯證關係。

讀這些書（以及其他許多我希望你會再接再厲讀下去的書）的時候，不要只注意它們的內容，你也應該留意它們展現的許多不同風格，這些風格告訴你好的社會學工作可以怎麼做。以上提到的每一本書，幾乎在各方面均不同：在選擇和切入論題

的方法上，在觀看問題的角度上，在辯證自己觀點的方法上。
這些差異，不是「好」社會學與「壞」社會學之分（雖然，當
然了，你最後會發現「壞」社會學和「好」社會學一樣多）。
差異的存在，證明我們的經驗是多元、多面向和曖昧不明的，
可以有許多不同，有時候甚至互相矛盾的詮釋方法。儘管有這
許多差異，這些書有一個共通點，就是一致專注於我們的經
驗，不企圖簡化經驗的複雜性，不暗示並不存在的清晰度，不
尋求簡單容易的解釋；相反的，它們希望揭開與詮釋的，正是
我們日常生活的複雜性。這一點，恰恰是它們之所以是「好社
會學」的典範，之所以如此有益、如此引人入勝的原因。

# 索 引

條目後的頁碼係原書頁碼，
檢索時請查正文頁邊的數碼。

### A

affective action 感性行動 79, 97, 110-11, 134, 137,223
ambivalence 曖昧性 56-8, 65, 159, 184-7, 193-4, 230-2
antagonism 敵對 41, 50-1, 127
appearance 外表 63-4
*authoritarian personality* 威權人格 48
autonomy 自主 28, 114, 128, 137, 165, 168, 183 -9, 230

### B

Bateson, Gregory 貝特森 51-3
*Because- and in-order-to motives* 因為- 和為了- 動機 107-8
boundary-drawing 劃清界線 46, 54-7, 72-6, 159,176-80,183,
  188,211
bureaucracy 官僚制（或譯科層制）79-80, 132-4, 139

### C

calculation 計算 111-16, 143, 169-70, 223
*charisma* 天賜（或譯魅力） 120-2
citizenship 公民資格（身份） 165-8
*civil inattention* 禮貌性疏忽 66-7
coercion 脅迫（或譯壓迫） 87, 115-16, 162, 173, 177, 185
commodities 商品 202
common sense 常識 8-16, 145
communes 公社 76, 97, 101

communication 溝通 38-9, 154-6, 187, 230

community 共同體（或譯社區、社群） 43, 55, 72-6, 85-6, 106

competition 競爭 21, 129, 136

conflict 衝突 104, 129

conformity 順從 46

conscience 良心 118, 132

consumer attitude 消費者心態 200-11

consumer market 消費市場 102-3, 202-7, 212

*contingency* 偶然 189, 191

control 控制 30, 81, 184-5, 204, 216

conversion 改信、皈依 74-5, 160, 175

cooperation 合作 42, 46

crowd 群眾 136-7

culture 文化 142-60, 173, 181, 208


D

decision-making 決策 109-11

dependence 依賴（或譯從屬） 7-8, 22-4, 35, 127, 187,197-8,201

deprivation 剝奪 125

*destructive Gemeinschaft* 破壞性共同體 100

deviation 偏差（或譯偏離） 27, 48, 143

differentiation 分化 40, 54-8, 61, 127-30, 143, 148-9, 150-1, 176-7, 180-1

discipline 紀律 87

discrimination 差別化（或譯歧視）155-6

dissent 異議 77

distinction 差異 61, 150, 201, 210-11

domination 支配 52

Douglas, Mary 陶格拉絲 56-7

Durkheim, Emi1e 涂爾幹 219-23


E

Elias, Norbert 艾利亞斯 30, 49

empathy 移情（或譯同理心） 40, 94, 222-3

*enabling vs disabling* 賦予能力 vs失去能力 164-6

*eroticism vs sexuality* 情慾關係 vs性慾關係 103

*established vs outsiders* 既得勢力 vs 圈外人 49-50

*ethnocentrism* 族群中心主義 174

exchange 交換 38, 69, 90, 101-6

exclusion 排他性 65,126-9

experts 專家 197-9

explanation 解釋 218, 222


F

*face-to-face* 面對面 44-6, 137-8

family 家庭 42-4, 85, 131

fashion 時髦（或譯時尚、流行） 205

fellow-feeling 感同身受 90, 94, 134, 138

figuration 形構 7-8, 14

*formal vs informal* 正式 vs 非正式 85

*forms of life* 生活形態 228-30

freedom 自由 17-18, 20-36, 66-8, 75, 86, 113,124-9, 146, 164, 190, 197, 201,207-12, 226, 232

Freud, Sigmund 佛洛依德 29-30


G

gatekeepers 186-7, 207-9, 212 守門人

gender 45, 50, 131, 155-7 性別

genocide 61, 133-5, 139 種族滅絕

Giddens, Anthony 96 紀登斯

gift 90 禮物

*goal-displacement* 84 目標移位（或置換）【原文索引誤爲54(頁)】

Goffman, Erving 高夫曼 66, 86

goods 財貨 125, 129-31


H

hegemony 霸權 159

*heresy vs orthodoxy* 異端邪說 vs 正統 160, 231

hermeneutics 詮釋學 222

heteronomy 受制於人 114

heterophobia 懼異症 159, 177

hierarchy 層級 81

homogeneity 同質 65


I

*I and Me* 自我和客我 26-31

identity 身份（或譯認同）98, 102, 106, 170, 205

*imagined community* 想像的共同體 45, 55, 171

indifference 麻木不仁 69 70

influence 影響 117-19

*in-group and out-group* 內群和外群 41-4, 48-9, 57-9,175

insecurity 不安全感 48

instincts 本能 29

internalization 內化 26, 31

interpretation 詮釋 227-31

irrationality 不理性 84, 111, 194

L

labour 勞動 190
language 語言 156, 228
learning 學習 147
legitimation 正當性 118-19, 123, 169
life-project 人生計劃 25-6, 35, 116
life-style 生活風格 73, 102, 122, 205-7, 210-12
life-world 生活世界 12-13
loneliness 寂寞 68
love 愛、愛情 97-106
Luhmann, Niklas 魯曼 98-9

M

mass media 大眾傳播媒體 122
Mead, George Herbert 喬治‧赫伯‧米德 26, 30
meaning 意義 11, 154, 185, 223-4
means and ends 手段和目的 25, 111, 114, 116
*mediated action* 中介的行動 133
Mi1gram, Stanley 密格蘭 13 2
modernity 現代性 180-3, 189-93, 226
monopoly 壟斷 129-30, 185, 231
morality 道德 47, 68-70, 91, 123, 125-41
*myth of origin* 起源迷思 172-3

N

nation and nationalism 民族和民族主義 45-6, 58, 74, 161,170-7
nature 自然 142-60, 181-2, 217

needs 需求 127, 131, 138-40, 199-203
*neo-tribes* 新部落 206-9, 212-13
norms 規範（或譯常軌、常模、常規、常態）107, 143


O
objectivity 客觀性 219, 223
oppression 壓迫 165-6
order 秩序 17, 56-7, 143-6, 158-9, 177-94
organization 組織 77, 80-3, 131-3, 187
orthodoxy 正統 231


P
Parsons, Talcott 帕深思 92-3
patronage 恩賜關係 189
pastoral power 牧師的權力 167
pattern-variables 模式變項 92-5
personal and impersonal 個人和非個人 84, 92, 95, 103,134
power 權力 17-18,113-17, 184-5,191
prejudice 偏見 47-9
privacy 隱私 38, 66, 106
privilege 特權（或譯優勢）36
problem-solving 解決問題 192-4, 198-200, 203
propaganda 宣傳 75
proximity 近距離 39-40, 44, 62, 69-70
purpose 目的 77


Q
*quality vs performance* 素質 vs 表現 92

R

race and racism 種族與種族主義 47, 50, 74, 176

rationality 理性 78, 80-3,111-12,134-6, 188, 190-2, 223-6

reciprocity 互惠 52-3, 99-101

reference groups 參考團體 32-3, 64

religion 宗教 74-5

repression 壓抑 30

responsibility 責任 20, 23, 28, 31, 69, 123-4, 134

role 角色 28, 78-9, 80-5, 97-9, 134, 137

Rorty, Richard 羅逖 232

routine 日常 15, 88


S

*schismogenesis* 分裂創始 51-3

Schutz, Alfred 舒茲 38, 56

science 科學 215-19, 223-4

secrecy 保密 166 9, 187

Sennett, Richard 史耐特 100-3

self 自我 30, 99

self-interest 個人利益 91, 104, 132

self-management 自我管理 168

self-preservation 自我保護 115, 125-41

separation and segregation 分開與隔離 61-4, 148

shame 羞恥 148, 202-3

signs 記號 150-6, 206, 211

Simmel, Georg 齊美爾 68

skills 技術 26,31,80,83, 147, 195-8,202

social distance 社會距離 38, 68

social inequality 社會不平等 113-14, 211-12

socialization社會化 31, 34-5

solidarity 團結 16-17

stereotyping 刻板印象 17, 39

structure 結構 149 50

*subconscious vs superego* 潛意識與超我 30


T

*therapeutic state* 治療性質國家【國家對待人民如醫生對待病人】 166-7

tolerance 容忍 17, 159-60

*total institutions* 全控機構 86

tradition 傳統 39, 119-20

traditional action 傳統行動 79, 109, 118, 223

*trained incapacity* 訓練有素的無能 83

trust 信任 95-7, 119, 122-3, 201-3

*tutelage complex* 監護情結 166


U

uncertainty 不確定性 23, 40, 65, 114, 120-1, 159, 183

understanding 理解 19, 43, 71, 98, I00, 152-3, 202-4, 226-30

*universalism vs particularism* 普遍主義 vs 特殊主義 93

universe of obligations 道德義務範圍 138,40

unreflexive action 不假思索的行動 109 -11


V

values 價值 112-20, 128, 146

violence 暴力 162, 177

voluntary action 自願性行動 108, 112

W

Weber, Max 韋伯 79, 83, 131, 221

X

xenophobia 懼外症 48, 159

Z

zero-sum game 零和遊戲 129, 136

# 亞細亞的新身體—科技、醫療與近代台灣

作者：傅大為
　　　（清華大學歷史所科技史組）
開數： 25 開
頁數： 500 頁
出版年月： 2005.03 月
ISBN: 957-28990-8-2
定價：新台幣 500 元

　　一百多年前，當近代醫學及一切相關體制登陸台灣時，台灣的人民與婦女，沒有多少與之協商的機會，因爲那是帝國勢力下的傳道醫學，或根本是殖民醫學本身。在沒有眞正的協商下，缺席、被動或不參與「醫療的近代台灣」大事業，也算是種反抗吧！到了一百多年後的今天，當代醫學要重新書寫它的進步史時，已是解嚴後的台灣。台灣當代的婦女、性別研究者、女性主義者、 STS 行動者等，這次卻不能缺席或被動。就如 Haraway 的機器動物人（Cyborg）──那跨越、流動在技術、醫學、身體、性別之間的複合有機體，我們需要主動挑戰，進行跨越公、私領域的大協商，並經營前近代、近代，還有近代之後三者間的對話。我們眞的需要突破；台灣婦女還有旁邊新近也貝纏繞的台灣男人，眞需要從一片片近代醫療所纏繞的技術之繭中，破繭而出。幸運的話，曾經纏繞身體的技術之繭，在未來反而可以化爲機器動物人自由飛翔的技術羽翼。

〈誠品好讀〉2005 年三月號重量書評

# 製造甘願

原　著：Manufacturing Consent
作　者：Michael Burawoy
譯　者：林宗弘、張烽益、鄭力軒
　　　　沈倖如、王鼎傑、周文仁
　　　　魏希聖
開　數：23.4 × 17
頁　數：448 頁
出版年月：2005.08 月
ISBN ：986-81076-1-x
定　價：新台幣 450 元

## 社會科學的當代傳奇

　　《製造甘願——壟斷資本主義勞動過程的歷史變遷》一書與作者與邁可‧布若威的生平，已經成為社會學歷史上的一則當代傳奇。1974 年當布若威在芝加哥城南方的機械廠開始工作之時，赫然發現這間工廠，是另一位社會學家唐納德‧羅伊在 1944 年的工作場所。此一跨越三十年的機緣，使得本書能夠比較美國工作現場從「專制」到「霸權」體制的歷史性轉變，成為勞工研究的經典作品。邁可‧布若威從此展開長達二十年的工廠研究：在匈牙利與前蘇聯的生產線上做過工，並在 2004 年成為美國社會學會的會長；其「生產政治」理論廣泛影響了當代台灣與中國的勞工研究，而源起於人類學參與式觀察的「擴展個案方法」也成為重要的社會學方法論之一。

　　2004 中，布若威為製造甘願的中文版作序；與本書相隔三十年後，再次回到本書當年的芝加哥工廠，這位當代馬克思主義大師回首前塵，絕對值得對勞工議題與社會科學有興趣的讀者再三回味。

原著者：*The Blackwell Companion to Social Work (2nd edition)*

編　者：Martin Davies

譯　者：朱道凱、蘇采禾

開　數：23.4 × 17

頁　數：670 頁

出版年月：2005.08 月

ISBN: 957-81076-2-8

定　價：新台幣 720 元

　　過去的社會工作教科書，在架構上往往一開始就劃分五大工作方法，這並沒錯，但缺乏問題意識：「爲什麼會有、要有社會工作？」

　　本書帶給你一個全新的視野，劈頭就談社會工作存在的「理由」，繼之告訴你內行人都很感興趣的「如何運用知識於實務」，並讓你虛擬置身於當代社會議題當中，親身了解政治、權力關係、性別、文化和自由市場經濟怎麼影響社會工作實務。就這點而言，它是一本「解惑」的書。

　　不僅如此，本書同時也是一本可以引發思考的教材，處處可見對社會工作的反思，以及對實務工作者深度的「同理」。初學者可從中認識當代社會工作的輪廓與梗概；實務工作者可從中發現，社會文化、倫理價值如何影響每天的評估與決策；而研究者則可從中聆聽左右各派社會工作精彩的論辯。

台灣大學社會工作學系教授──余漢儀　專文推薦

原著者： Richard Peet

主譯者：國立編譯館

譯　者：王志弘、張華蓀

　　　　陳毅峰、宋郁玲

開　數： 25 開

頁　數： 576 頁

出版年月： 2005.04 月

ISBN: 957-28990-9-0

定　價：新台幣 600 元

　　Richard Peet 過去 30 年來深入研究人文地理思想的主要趨勢，並將之連結到哲學和社會理論上更廣泛的主題。從存在現象學與人文主義地理學開始，本書涵蓋了基進地理學與馬克思主義、結構主義、結構化理論、實在論、地域研究、後結構主義與後現代主義的各種流派，以及女性主義。

　　各章精研若干理論，專注在這些理論裡的重要著作及其貢獻。即使許多思想稠密而複雜，但概念卻淺顯易懂，連學生都可以明白，讀者往往不自覺被吸引，沉浸其中，不知東方之既白。精讀此書，現代地理思想的任何主題，幾乎就納在讀者的指掌之間。

　　本書為地理思想與地理思想史課程的核心讀物，也是本來就內涵哲學與理論的人文地理學，所有課程中的一環。

# 半世紀舊書回味

作　者：李志銘

開　數：23.4 × 17

頁　數：288 頁

出版年月：2005.04 月

ISBN: 986-81076-0-1

定　價：新台幣 320 元

　　一本舊書猶如承載時間記憶的空間容器，許多原本平凡無奇的圖文資料，往往在經過數十年之後散發出某種特殊的歷史感。

　　舊書攤的魅力，主要來自於愛書人對書籍的癡狂迷戀，以及那四處堆疊、不假修飾的「挖寶」情境。相較於現代書店的人書關係，舊書攤其實更能讓「找書」這件事回歸到一種「原始本能」，身處舊書堆的愛書人猶如悠游書海中的書蠹，四處游移觀望卻不希望他人干擾。

　　本書結合了現代西方理論以及本土田野調查，既是一部資料齊備、結構完整的台灣舊書業發展史，同時亦可視為戰後台北都市史的一部分。

在沉湎往日情懷之餘，還可以從這本書了解到舊書業的總體面向，享受著穿越時空探舊書的種種樂趣。——孫中興（台大社會系教授）

志銘給讀者一個非常全面的關於書／舊（救）書／舊書店／舊書業的精彩分析與描述。——畢恆達（台大城鄉所教授）

節奏流暢、引人入勝，打從翻開第一頁時，便很想一口氣讀完。
——辜振豐（《時尚考》作者）

# 科技、醫療與社會

發行者：國立科學工藝博物館

主　編：科技、醫療與社會學會

開　數： 23.4 × 17

頁　數： 256 頁

出版年月： 2005.09 月

ISSN: 1680-5585

## 本期要目

1.審議民主、科技決策與公共討論——林國明、陳東升

　　本文強調對一般不具專業知識的民眾，必須提供實質的機會、充分的資訊，及更多公共討論的管道與機會，使有關科技風險的不同假定與理性，能夠對話、溝通與協商，讓決策在知識的層次更趨於真實。

2.科技的性別政治：理論和研究的回顧與前瞻——吳嘉苓、成令方

　　本文著重性別與階級的複雜交織關係，探討科技更新，是否讓女人負擔更多工作？女性技術是否受到認可？藉由提出性別與科技的研究視野，期許從女性主義觀點能對科技社會提出更周全的解釋，找到介入科技發展的有力建言。

3.從阿片君子到矯正樣本：阿片吸食者、更生院與杜聰明——許宏彬

　　杜聰明透過「更生院」，強制隔離吸食者、匯集實驗樣本，生產合法的知識，確立阿片的負面形貌，而院內的教育、醫療措施，也讓吸食者失去原本的生活型態。在台灣思考近代化與身體規訓時，阿片與近代醫學會是我們不能忽視的重要線索。

4.如何書寫被排除者的歷史：金士伯格論傅科的瘋狂史研究——李尚仁

　　微觀史大師金士伯格對德希達與傅科後期的歷史研究取向提出強烈批判。這篇史學論文回顧傅科、德希達與金士伯格三位學者的爭論，並由金士伯格對傅科的批評入手，比較兩者的歷史研究取徑與方法，探討兩者的差異對於目前歷史學界書寫底層人民、被壓迫者、無力發聲者的歷史的努力所具有的意義。

# 經銷群學書籍之書店名錄 (部份)

| | |
|---|---|
| 博客來網路書店 | http://www.books.com.tw |
| 三民網路書店 | http://www.sanmin.com.tw |
| 誠品網路書店 | http://www.eslitebooks.com |

**台北市**
唐山書店　　　　　　　　　02-23673012
三民書局(重南店)　　　　　02-23617511
三民書局(復北店)　　　　　02-25006600
政大書城(師大店)　　　　　02-23640066
政大書城(政大店)　　　　　02-29392744
台大法學院圖書部　　　　　02-23949278
桂林圖書　　　　　　　　　02-23116451
女書店　　　　　　　　　　02-23638244
桂冠圖書　　　　　　　　　02-23631407
天母書廬　　　　　　　　　02-28744755
**台北縣**
四分溪書坊(中研院內)　　　02-27839605
文興書坊(輔仁大學旁)　　　02-29038317
**基隆市**
誠品書店(基隆店)　　　　　02-24211589
**宜蘭縣**
御書坊書局　　　　　　　　03-9332880
大雅書局　　　　　　　　　03-9353008
**新竹市**
水木圖書(清華大學內)　　　03-5746800
**桃園縣**
誠品書店(統領店)(中壢店)(國際大江店)
**台中市**
興大書齋　　　　　　　　　04-22870401
闊葉林書店　　　　　　　　04-22854725
**台中縣**

東海書苑(東海大學旁)　　　04-26316287
**南投縣**
國立暨南國際大學圖書文具部 04-92913386
**嘉義縣**
中正大學圖文部　　　　　　05-2721073
**台南市**
金寶書局　　　　　　　　　06-2912186
成大圖書部　　　　　　　　06-2376362
台南師範學院圖文部　　　　06-2144383
崑山科技大學圖文部　　　　06-2721352
**台南縣**
國立長榮管理學院圖書文具部 06-2785520
**高雄市**
大統書局　　　　　　　　　07-2220800
好書店　　　　　　　　　　07-2234569
中山大學圖文部　　　　　　07-5250930
高雄師範大學圖文部　　　　07-7519450
樹德文化休閒廣場　　　　　07-6154792
正修文化廣場　　　　　　　07-7330428
實踐大學高雄校區消費廣場書局 07-6679997
高師大燕巢校區生活廣場　　07-6051133
麗書坊文藻校園圖書局　　　07-3598423
**屏東縣**
復文書局屏東師院圖書文具部 08-7230041
**花蓮縣市**
東華大學書坊　　　　　　　03-8661668
花蓮師院文化廣場　　　　　03-8237459

## 全國誠品書店、敦煌書局、金石堂連鎖書店
## 均可洽購